职业教育课程改革创新教材
（电子商务专业）

移动电子商务营销实务

麦艳云　李勇伟　陈兴华　主　编
朱云清　邓镇锋　梁元超　梁　华　刘林凤　副主编

电子工业出版社
Publishing House of Electronics Industry
北京·BEIJING

内 容 简 介

《移动电子商务营销实务》是针对在校学生及企业营销类从业人员编写而成的理论与实践相结合的实用教材。本书分为 11 个学习项目，分别为移动互联网营销认知、微网站搭建、微网店搭建、营销 App 设计、二维码与 H5 引流、内容营销、微信营销、微博营销、社群营销、移动广告及 App 的运营与推广。本书从企业案例的角度，全面、系统地介绍了移动营销相关的基础知识、运营模式、技术，讲授了企业引入移动营销的途径、方法与步骤，旨在培养读者拥有统筹设计移动营销战略的视野和能力，最终使读者形成自身的移动营销知识体系和技能储备。本书从身边的热门移动营销案例入手，循序渐进地展现移动营销思维架构全貌，从推广工具和营销策略两个层面满足技能提升的需要，继而在技能准备的基础上提高到企业移动营销策划实施的高度，并通过案例剖析展示移动营销实战过程，形成面向企业的系统性移动营销思维。

移动电子商务营销是电子商务专业最重要的核心骨干课程，也是市场营销、国际贸易、物流管理等经济管理类专业的拓展课程。本书既可作为职业教育院校电子商务等相关专业在校学生的移动营销教材，也可供企事业单位在职人员阅读参考。

未经许可，不得以任何方式复制或抄袭本书之部分或全部内容。
版权所有，侵权必究。

图书在版编目（CIP）数据

移动电子商务营销实务 / 麦艳云，李勇伟，陈兴华主编. —北京：电子工业出版社，2017.10

ISBN 978-7-121-32513-7

Ⅰ.①移… Ⅱ.①麦… ②李… ③陈… Ⅲ.①移动电子商务—网络营销 Ⅳ.①F713.365.2

中国版本图书馆 CIP 数据核字（2017）第 199385 号

策划编辑：关雅莉　罗美娜
责任编辑：裴　杰
印　　刷：大厂回族自治县聚鑫印刷有限责任公司
装　　订：大厂回族自治县聚鑫印刷有限责任公司
出版发行：电子工业出版社
　　　　　北京市海淀区万寿路 173 信箱　邮编　100036
开　　本：787×1 092　1/16　印张：16　字数：448 千字
版　　次：2017 年 10 月第 1 版
印　　次：2023 年 6 月第 11 次印刷
定　　价：35.00 元

凡所购买电子工业出版社图书有缺损问题，请向购买书店调换。若书店售缺，请与本社发行部联系，联系及邮购电话：（010）88254888，88258888。
质量投诉请发邮件至 zlts@phei.com.cn，盗版侵权举报请发邮件至 dbqq@phei.com.cn。
本书咨询联系方式：（010）88254617，luomn@phei.com.cn。

前言

在扑面而来的移动互联网时代，营销模式正在经历一场前所未有的革命，更快的 4G 网速，功能强大的智能手机或平板电脑，生机勃勃的应用商店和引人关注的各种诸如全屏或可拓展式广告，这些都使得移动 App 比既有媒体更有竞争力，也使得移动营销逐渐杀入主流。目前，移动营销已点燃了一场新的商业营销大战的硝烟，现代企业开展移动营销已是时不我待，谁真正掌握和运用好了移动营销这一商业利器，谁就是现在和未来市场的大赢家。作为电子商务新型人才，更应顺应市场的发展，对移动营销知识、技能、实践的培养与提升是很有必要的。

2015 年 10 月，教育部颁布了《普通高等学校高等职业教育（专科）专业设置管理办法》和《普通高等学校高等职业教育（专科）专业目录（2015 年）》（教职成〔2015〕10 号），将移动商务专业列为独立正式专业。在我国至今全面介绍移动营销的书籍还很少，诸多企业和从业人员根本无指导书籍可看，对移动营销缺乏足够的理解，更难以全面、系统地了解移动营销的内涵和实际应用，再加上传统教学与行业应用的脱节，使得在校学生在毕业以后无法更好、更快地融入企业运作之中。于是，大家集合多年移动营销的工作经验与教学经历中积累的理论知识和实战经验，与企业一同，将企业化工作流程引入教学之中，形成了《移动电子商务营销实务》。

本书分 4 个部分，共 11 个学习项目，按学习理解流程的线性发展由浅入深，旨在培养读者拥有统筹设计移动营销战略的视野和能力。本书不仅是一本介绍移动营销理论的书籍，更是一本突出指导企业实战的法宝。本书独创的四步学习法："明确学习目标—带入项目情景—参考教学指导—同步实训练习"，通过众多实战案例，并以举一反三的形式来强化训练，帮助读者认知移动营销、搭建移动平台、策划移动推广等，使读者在学习后，不仅能理解移动营销的理论知识，更能根据自己行业的实际情况，参照案例学以致用，在本书中找到营销致胜的高招。

第一部分移动营销的认知。通过几个社会热点现象来分析移动营销在我国开展的现况和取得的成就，说明我国企业开展移动营销的必然性和紧迫性；同时介绍了移动营销的基本理论，并分别将移动互联网营销与传统营销、互联网营销进行对比阐述。

第二部分移动营销平台的搭建。分 3 个项目，分别介绍了微网站的搭建、微网店的搭建及营销 App 的设计。以真实平台搭建为例，建立企业微网站，制作企业 App，为企业后续开展移动营销工作打基础。

第三部分移动营销的工具。分 6 个项目，分别介绍了企业开展移动营销的利器，它们是二维码与 H5 引流、内容营销、微信营销、微博营销、社群营销及移动广告。重点介绍了这些工具的特点和选择策略，详细介绍了各推广方式的具体策划与营销过程。

第四部分 App 的运营与推广。本部分通过对 App 运营与推广相关知识点和技能点的介绍，并结合实际案例分析 App 上线前、上线中、上线后的一系列工作内容，使读者从中掌握 App 推广的实施技能，并能够灵活应用于企业运营中。

本书由麦艳云、李勇伟、陈兴华担任主编，朱云清、邓镇锋、梁元超、梁华、刘林凤担任副主编。谢文婉、杨世德、苏宇正、龙莹、潘昭利、龙洁华、曾宪林等参与了本书的编写，在此表示衷心的感谢！

为了方便教师教学，本书还配有电子教学参考资料包，请有需要的教师登录华信教育资源网注册后免费下载使用。

本书参考和引用了一些网站和纸质媒体发布的最新信息和数据，并得到了不少相关专家教授的支持帮助，在此一并感谢！

由于编者水平有限，本书还有许多需要改进之处，也需要一个不断完善与提升的过程，敬请广大读者批评指正。

编　者

目录

第一部分　移动营销的认知

项目一　移动互联网营销认知

模块一　任务分解 ··· 3
　　任务一　移动互联网认知 ··· 3
　　任务二　移动营销概述 ·· 10
　　任务三　移动营销的宏观环境与未来趋势 ································ 16
　　任务四　互联网思维、互联网+、粉丝经济、网红经济与直播经济 ····· 18
模块二　相关知识 ··· 25
　　一、移动互联网营销的四大关键词 ·· 25
　　二、移动互联网营销的漏斗结构 ··· 25
　　三、移动营销的定位 ··· 26
　　四、移动互联网营销的特性 ·· 28
同步训练 ·· 29

第二部分　移动营销平台的搭建

项目二　微网站的搭建 ··· 32

模块一　任务分解 ··· 32
　　任务一　微网站的策划 ·· 33
　　任务二　微网站的搭建 ·· 35
模块二　相关知识 ··· 42
　　一、微网站与其他网站的区别 ·· 42
　　二、微网站的策划步骤 ·· 43
　　三、微网站的优势 ··· 43
同步训练 ·· 44

项目三　微网店的搭建 ··· 46

模块一　任务分解 ··· 47

    任务一　微店平台的选择……………………………………………………47
    任务二　微店的搭建………………………………………………………50
    任务三　商品的发布与运营………………………………………………52
  模块二　相关知识………………………………………………………………57
    一、微信朋友圈……………………………………………………………57
    二、微信公众平台…………………………………………………………59
    三、微信商城………………………………………………………………60
    四、新浪微博的橱窗………………………………………………………60
    五、微商城六大传播渠道…………………………………………………61
    六、常见的微店搭建平台定位及优势分析………………………………62
  同步训练…………………………………………………………………………62

项目四　营销App的设计……………………………………………………………64
  模块一　任务分解………………………………………………………………65
    任务一　App营销认知……………………………………………………65
    任务二　App的设计与开发………………………………………………67
    任务三　App的发布………………………………………………………77
  模块二　相关知识………………………………………………………………81
    一、手机App的主流版本…………………………………………………81
    二、App开发语言认知……………………………………………………81
    三、App的开发流程………………………………………………………82
    四、App开发方案的撰写…………………………………………………82
    五、常见App设计工具介绍………………………………………………83
    六、应用市场………………………………………………………………85
  同步训练…………………………………………………………………………87

第三部分　移动营销的工具

项目五　二维码与H5引流……………………………………………………………90
  模块一　任务分解………………………………………………………………91
    任务一　二维码营销………………………………………………………91
    任务二　H5营销……………………………………………………………98
  模块二　相关知识………………………………………………………………104
    一、二维码与二维码营销的定义…………………………………………104
    二、二维码的营销优势……………………………………………………105
    三、二维码营销的注意事项………………………………………………105
    四、H5营销的特点…………………………………………………………106
    五、H5营销的表现形式……………………………………………………107
    六、H5营销的推广技巧……………………………………………………109
  同步训练…………………………………………………………………………109

目录

项目六 内容营销 ··· 112
模块一 任务分解 ··· 113
　　任务一 认识内容营销 ··· 113
　　任务二 内容营销的设计 ··· 116
模块二 相关知识 ··· 122
　　一、内容载体的选择 ··· 122
　　二、内容营销策略 ··· 123
　　三、移动端内容营销的平台选择 ··· 124
　　四、软文内容的编辑技巧 ··· 125
　　五、内容营销六大方法 ··· 126
同步训练 ··· 127

项目七 微信营销 ··· 129
模块一 任务分解 ··· 130
　　任务一 认识微信营销 ··· 130
　　任务二 微信营销的策划与实施 ··· 135
模块二 相关知识 ··· 141
　　一、微信朋友圈内容运营的原则 ··· 141
　　二、微信朋友圈活跃度运营的技巧 ··· 141
　　三、微信营销的基本手法 ··· 142
　　四、微信的七大商业价值 ··· 142
同步训练 ··· 144

项目八 微博营销 ··· 146
模块一 任务分解 ··· 147
　　任务一 认识微博营销 ··· 147
　　任务二 微博营销策划与实施 ··· 155
模块二 相关知识 ··· 162
　　一、微博营销的分类 ··· 162
　　二、微博营销的特征 ··· 163
　　三、微博营销的技巧 ··· 164
　　四、微博营销对企业的价值 ··· 165
同步训练 ··· 165

项目九 社群营销 ··· 168
模块一 任务分解 ··· 169
　　任务一 认识社群 ··· 169
　　任务二 社群组建 ··· 170
　　任务三 社群营销 ··· 178

模块二　相关知识 ··· 181
　　　　一、管理群的群工具 ··· 181
　　　　二、社群的组织模型 ··· 182
　　　　三、活跃度较高的群 ··· 183
　　同步训练 ··· 184

项目十　移动广告 ··· 186
　　模块一　任务分解 ··· 187
　　　　任务一　认识移动广告 ··· 187
　　　　任务二　移动广告的展现形式 ·· 188
　　　　任务三　移动广告的投放 ·· 195
　　模块二　相关知识 ··· 206
　　　　一、广告联盟 ··· 206
　　　　二、App 推广移动广告效果评估数据 ·································· 208
　　　　三、移动广告的投放技巧 ·· 208
　　同步训练 ··· 210

第四部分　App 的运营与推广

项目十一　App 的运营与推广 ··· 213
　　模块一　任务分解 ··· 214
　　　　任务一　认识 App 运营与推广 ·· 214
　　　　任务二　App 运营与推广的实施 ··· 219
　　模块二　相关知识 ··· 244
　　　　一、影响 App 搜索排名的五大因素 ····································· 244
　　　　二、App 运营与推广后的有效措施 ······································ 245
　　　　三、App 数据统计工具 ··· 245
　　同步训练 ··· 246

参考文献 ··· 248

第一部分

移动营销的认知

在最近几年里,移动通信和互联网成为当今世界发展最快、市场潜力最大、前景最诱人的两大业务。它们的增长速度是任何预测家未曾预料到的。迄今,全球移动用户已超过 15 亿,互联网用户也已逾 7 亿。中国移动通信用户总数超过 3.6 亿,互联网用户总数则超过 1 亿。这一历史上从来没有过的高速增长现象反映了随着时代与技术的进步,人类对移动性和信息的需求急剧上升。越来越多的人希望在移动的过程中高速地接入互联网,获取急需的信息,完成想做的事情。所以,出现的移动与互联网相结合的趋势是历史的必然。移动互联网正逐渐渗透到人们生活、工作的各个领域,短信、铃声和图片下载、移动音乐、手机游戏、视频应用、手机支付、位置服务等丰富多彩的移动互联网应用迅猛发展,正在深刻改变信息时代的社会生活,移动互联网经过几年的曲折前行,终于迎来了新的发展高潮。

移动电子商务营销实务

项目一

移动互联网营销认知

> 移动互联网是众多企业开展营销活动的新平台,在移动互联网时代,消费者行为发生变化,营销模式则更强调以用户需求为中心,消费者拥有更大的主动性和主导权,在购买过程中主动通过搜索实现精准定位,同时主动通过分享对其他消费者造成影响。移动互联网时代的营销不再是个体行为,而是一种网络行为,所有用户参与营销过程,受众之间相互进行对话、交互,相互影响,是一个多对多的过程,更强调受众之间的扩散性、交互性及精准性,在营销特点上表现为更高的客户细分度、更短的营销渠道及更强的互动性。

 学习目标

知识目标

1. 了解常见的移动营销方式及其特点。
2. 了解互联网营销、传统营销、移动互联网营销三者的关系与区别。
3. 熟悉移动互联网营销的四大关键词、AISAS 模式和 4D 模型。
4. 了解什么是粉丝经济、网红经济、直播经济、互联网思维和互联网+。

能力目标

1. 初步具备移动互联网营销思维。
2. 能够简单分析移动互联网营销的营销模式。

 项目情景

错过了移动互联网,就等于错过了一个时代。继互联网之后,移动互联网的兴起,再一次带来了挑战与机遇。几乎所有人都看到了移动互联网的价值与前景,但是如何做,这让很多人找不到方向。移动互联网是未来的发展趋势,是人的聚集地。要做营销,自然就要到人流量大的地方去,所以移动互联网成为营销的必争之地。从传播和营销的角度来讲,从互联网到移动互联网,变化是巨大的。信息入口被碎片化,用户时间被碎片化,原有的营销思想、营销工具、营销方式和营销理论体系已经满足不了我们现在的需求。如果想要拥抱移动互联网,实现快速转型与升级,必须突破这个难关。

模块一 任务分解

☑ 任务一 移动互联网认知

智能手机逐渐普及，移动互联网市场的发展潜力巨大，随着移动互联网技术的日益成熟，基于手机平台开发出的各种手机软件极大地扩展了手机的功能，使人们随时随地可以上网购物（见图1-1），再也不受时间与地点的限制。移动互联网的发展极大地改变了人们的生活方式，移动用户的消费也逐渐呈现移动化、碎片化、个性化、多元化等特点，为了满足人们的多种购物需求，电子商务必须不断创新营销模式来获取利润。

图1-1　随时随地上网

移动互联网（Mobile-Internet，MI），就是将移动通信和互联网合成一体，是互联网的技术、平台、商业模式和应用与移动通信技术结合并实践的活动的总称。

移动互联网是移动通信与互联网相结合的产物，主要有宽带和窄带两种形式。宽带移动互联网是指移动终端通过宽带无线通信网络采用HTTP协议接入公共互联网；窄带移动互联网则采用WAP协议接入，其移动终端主要是手机。智能化移动终端及终端应用程序（见图1-2）的大量涌现，带来了移动互联网应用市场的蓬勃发展，用户的使用行为和消费习惯也随之改变。借助于移动互联网，可以便捷地完成诸如信息收集、洽谈交易、咨询服务、资金支付等多种商务活动，移动互联网因此成为企业营销的重要媒介。

图 1-2　智能化移动终端和终端应用程序

一、移动互联网用户消费的特点

易观智库产业数据库 2015 年 12 月 20 日发布了《中国移动互联网市场季度监测报告》。如图 1-3 所示，2015 年第 3 季度，中国移动互联网用户规模达到 7.8 亿人，环比增长 4.8%，同比增长 10.2%，这得益于流量资费的持续下降以及 4G 用户的爆发式增长。

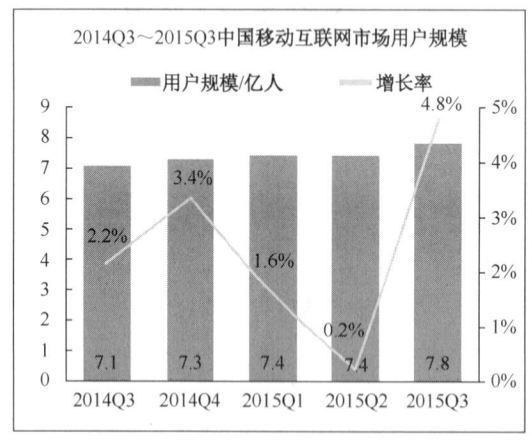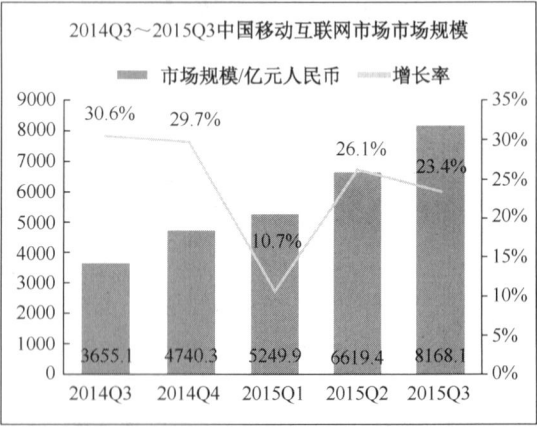

图 1-3　2014Q3—2015Q3 中国移动互联网用户规模和市场规模

在 2015 年第 3 季度，移动互联网市场规模达到 8168.1 亿元人民币，环比增长 23.4%，同比增长 123.5%。其中，流量费占据了 9.9%，首次跌破 10%；移动购物占比 64.2%，网上零售市场的"移动化"时代已正式到来；此外，移动娱乐和移动营销分别占比 2.3% 和 3.1%，移动营销市场规模达到 255.2 亿元人民币，环比增长 15.3%，同比增长 90.3%。移动生活服务首次突破 20%，市场份额持续扩大，达到了 20.5%，旅游、团购和出行领域是增长的主要来源，如图 1-4 所示。

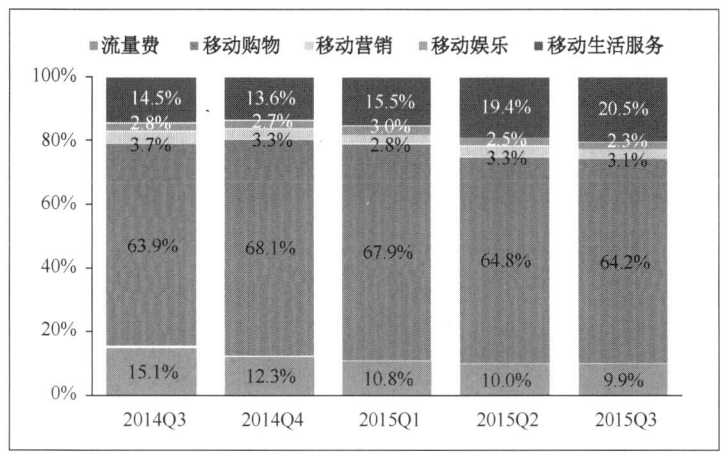

图 1-4　2014Q3—2015Q3 中国移动互联网市场结构

随着生活节奏的加快，人们很少有整段的时间去逛街购物，闲暇时间十分零碎，实体店对消费者的购物时间和地点存在很大的限制，已经逐渐满足不了人们的购物需求。移动互联网技术、智能终端及终端应用程序不断发展和更新，现在人们可以随时随地上网进行购物、搜索比价、查询信息、浏览自己感兴趣的新闻等。

移动互联网时代的用户消费特点主要表现在以下几个方面。

1. 消费移动化、碎片化

随着智能手机及移动互联网技术的发展，智能手机用户可以利用上下班、入睡前等碎片时间进行购物，并且可以在很短的时间内浏览大量的商品，不受时间与地点限制地对各个店铺的性价比进行比较，最终选择自己心仪的商品。

2. 消费需求呈现个性化

随着科学技术和时代的发展，人们逐渐摆脱了工业时代的标准化，在信息化时代，更加注重个性的张扬，新成长起来的消费者群体具有十分鲜明的个性化需求，我国的模仿型排浪式消费阶段已经基本结束。

3. 消费入口呈现多元化

在智能手机与移动互联网技术流行的时代，各种各样的手机客户端给用户提供了很大的便利，用户买东西可以直接打开天猫、淘宝客户端，想聊天可以直接打开微信、QQ 客户端，用户所有的需求都被细化成每一个客户端，实现了用户消费入口的多元化，如图 1-5 所示。

图 1-5　多元化的用户消费入口

4. 消费决策逐渐理性化

俗话说"货比三家"，消费者对不同店家的同种商品进行比较，可以形成理性、合理的消费习惯，但是在传统的消费模式下，碍于路程等原因，消费者很难做到货比三家，但随着人机互动技术的成熟，消费者能够便捷地对多个店家的同种商品进行对比再进行购买。手机移动平台有搜索功能，用户不断添加关键词可以缩小搜索范围，更快、更加准确地找到目标商品。此外，多种第三方平台的兴起也为消费者提供了更多的消费参考。

二、移动互联网带来的营销变革

（一）传统营销与互联网营销的不同

随着计算机互联网技术的迅速发展，互联网经济已经成为一种新型的经济形式，而与之相关的互联网营销也迅速成为新的市场营销途径。互联网营销具有营销空间的无缝隙化、顾客的主导性、市场配置的协作性等特点，它与传统营销相比有很大的不同。如果要简单概括传统营销和互联网营销的区别，可以说互联网营销是传统营销的延伸和放大。换句话说，互联网营销让传统营销插上了腾飞的翅膀。

互联网的特点赋予了互联网营销新的特点，使互联网营销所依赖的基础和特殊的商品交易环境与传统营销相比产生了极大的改变。传统营销与互联网营销的区别如下。

1. 营销理念不同

传统的营销管理强调4P：产品、价格、渠道、促销（Product、Price、Place、Promotion）组合，而互联网营销则追求4C：顾客、成本、便利、沟通（Customer、Cost、Convenience、Communication），如图1-6所示。

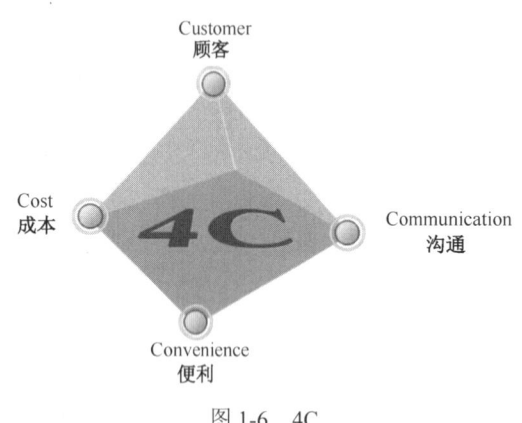

图1-6　4C

2. 营销目标不同

传统营销策略的工作重心更多的是围绕4P展开的，其注重和强调的是企业利润的最大化，而不是客户是否得到了最好的满足，不是他们的产品是否符合客户的需求。而互联网营销更加关注4C，其各环节的工作也都是围绕着4C展开的，强调以顾客为中心，通过满足顾客需求，为顾客提供优质、便利服务而实现企业价值，通过满足顾客的个性化需求，最终实现企业利润。

3. 沟通渠道不同

无论哪一种营销理念都必须基于一个前提，那就是企业必须实行全程营销，即必须由产品的设计阶段开始就充分考虑消费者的需求和意愿，从而反推逐步优化产品，而非盲目地闭门造车。

但在传统的营销模式下，这一点往往难以做到。原因在于，消费者与企业之间缺乏合适的沟通渠道或沟通成本太高。消费者一般只能针对现有产品提出建议或批评，对尚处于概念阶段的产品难以涉足。此外，大多数的中小企业也缺乏足够的资本用于了解消费者的各种潜在需求，他们只能凭自身的能力或参照市场领导者的策略进行产品开发。

而在互联网营销环境下，这一状况能轻松得到改观。即使是中小企业也可以通过电子布告栏、微信、微博或电子邮件等方式，用较低的成本在营销的全过程中对消费者进行即时的信息搜索，消费者也有更多的机会对产品从设计到定价和服务等一系列环节发表意见和建议。这种双向互动的沟通方式提高了消费者的参与性和积极性，更重要的是它能使企业的决策有的放矢，从根本上提高消费者满意度，创造出更加符合消费需求的产品。

4. 营销方式不同

传统的营销方式以销售者的主动推销为主，而客户处于被动接受的状态，这样很容易使顾客与企业之间的关系僵化，甚至给顾客带来很多不便和烦恼。从长远来看，这种营销模式并不利于企业的长期发展。

互联网营销方式更加强调以顾客为中心，更注重维持与顾客的关系，通过分析顾客的喜好、需求，为顾客提供优质的产品和服务，而客户在需求的驱动之下也会主动通过互联网寻求相关产品或服务的信息，从而使企业与顾客的关系变为真正的合作关系，有利于企业的长期发展。

互联网营销与传统营销相比在方式上的最大区别在于是否以顾客为主导。在互联网时代，顾客拥有比过去更多的选择自由，他们可以根据自己的个性特点和需求在全球范围内寻找满足品，不受地域限制。通过进入感兴趣的企业网址或虚拟商店，顾客可获取产品更多的相关信息，使购物更显个性。

5. 营销媒介不同

传统的营销活动主要依靠营销人员与顾客的直接接触与放送广告（见图1-7）的形式对顾客进行轰炸，使顾客被动接受；而依托互联网产生的互联网营销，作为一个新的理念和营销方式，与传统营销相比，具有跨时空、多媒体、交互式、整合式、高效性、经济性和技术性等特点。这种营销方式主要以互联网为基本平台，通过计算机、手机、电视机等互联网终端为顾客提供服务（见图1-8），从而实现营销目的。

图1-7 传统营销采用的户外广告

图1-8 互联网网页广告

6. 购物场景不同

在传统的营销中，从商品买卖过程来看，消费者一般需要经过看样、选择商品、确定所需购买的商品、付款结算、包装商品和取货（或送货）等一系列过程。这个买卖过程大多是在售货地点（见图1-9）完成的，短则几分钟，长则数个小时，再加上为购买商品去购物场所的路途时间、购买后的返途时间及在购买地的逗留时间，无疑大大延长了商品的买卖过程，使消费者为购买商品在时间和精力上付出很多。

图 1-9 传统购物场景

随着生活节奏变快，消费频次增多，交通拥堵愈演愈烈，传统的购物显然已经不能满足消费者，而互联网营销正好解决了这些问题。互联网营销为人们提供了一个便捷快速的购物场景，它使购物过程不再是一种沉重的负担，甚至有时还是一种休闲、一种娱乐，无论是售前、售中还是售后，一切只需敲敲键盘或点点屏幕就能完成。互联网营销分别从售前、售中和售后简化了购买过程。

售前：由于互联网空间的开发性与广阔性，商家可以向消费者提供丰富的产品信息及相关资料（如质量认证、专家点评等），甚至是客户对产品的评价等。消费者可以在比较各种同类产品的性能价格以后，做出购买决定。

售中：由于互联网营销完全可以在网上操作，因此消费者无须驱车到可能很远的商场去购物，交款时也无须排着长队耐心等待，最后也无须为联系送货而与商场工作人员交涉。相反，这一切都可以在网上完成，而且在这个过程中，消费者完全可以坐在家里逛虚拟的网络商店，然后用电子货币结算。

售后：在使用过程中如发现问题，消费者还可以随时联系卖方，得到来自卖方的及时的技术支持和服务。

总之，互联网营销能简化购物环节，节省消费者的时间和精力，将购买过程中的麻烦减少到最少。消费者则可在全球范围内寻找最优惠的价格，甚至可绕过中间商直接向生产者订货，因而能以更低的价格实现购买。此外，互联网营销也能为企业节省巨额的促销和流通费用，使降低产品成本和价格成为可能。互联网时代，消费者迫切需要用新的快速方便的购物方式和服务，以最大限度地满足自身需求。消费者价值观的这种变革，呼唤着互联网营销的产生，而互联网营销也在一定程度上满足了消费者的这种需求。通过网上购物，消费者便可实现"闭门家中坐，货从网上来"。虽然，传统营销与互联网营销相比具有很多弊端，但是，互联网营销与传统营销并不能相互替代。因为互联网营销的全部过程都是完全虚拟的、不可视的，所以消费者与企业间的信任很难建立，而在这一点上，传统营销则占据了更多的优势。所以，作为处于同一经济环境下的不同营销方式，二者不能互相取代，而是将长期存在、优势互补，并最终走向融合。

（二）移动互联网营销与互联网营销的不同

随着科技的发展、时代的进步，传统媒体日渐式微，一个以各种新兴通信和传播工具为基础的移动互联网营销新媒体时代已经崭露头角。在各种媒体数量激增、受众日益细分的格局下，消费者的媒体接触习惯已发生了根本改变。越来越多的消费者逐渐减少对传统大众媒体的依赖，尤其是网络媒体用户基本属于年轻群体，他们更乐于投入到方便快捷的移动互联网新兴媒体之中。

随着年轻一代的成长，移动互联网营销的趋势演变成巨大的浪潮。移动互联网营销与互联网营销相比有以下优势。

1. 不受时空限制的移动性

同传统的互联网营销相比，移动网络营销的一个最大优势就是移动用户可随时随地获取所需的服务信息和娱乐。消费者不再需要固定自身的地理空间来上网，他们可以在地铁上、在公交车上、在走路散步、在看电视时等个性化自主的时空上，只要有网络、有移动终端，便可实现消费行为。

2. 营销的高精准性

对于大多数企业而言，长期以来困扰他们的问题就是，广告投放无法准确找到自身的目标受众，企业表示："我们都知道我们的广告费有一大半可能是浪费了，可是我们却不知道到底是浪费在了哪里。"这是悲哀的，也是无奈的。在移动互联网时代，企业可以利用大数据技术手段准确地对移动用户的行为进行分析，并且基于 LBS（基于移动位置服务）地理位置进行精准定位推送营销，也就是在合适的时间、合适的地点，做合适的事。

3. 信息的获取更为及时

通过便携、功能强大的智能手机装载应用从而聚合各种信息，人们更乐意从手机终端来获取自己所需要的信息，移动电子商务可实现信息被随时随地访问，这本身就意味着信息获取的及时性。但需要强调的是，同传统的电子商务相比，用户终端更加具有专用性。

4. 提供基于位置的服务

移动互联网能获取和提供移动终端的位置信息，与位置相关的商务应用成为移动电子商务领域中的一个重要组成部分，如 GPS 卫星定位服务、LBS 定位服务。

5. 支付更加方便快捷

在移动互联网中，用户可以通过移动终端访问网站、从事商务活动。服务付费可通过多种方式进行，可直接转入银行、用户电话账单或者实时在专用预付账户上借记等，以满足不同需求，如微信支付、支付宝和各大银行的手机银行 App 等（见图 1-10）。

图 1-10　手机支付 App 和手机银行

6. 有效地降低了营销成本

移动互联网营销不仅使企业宣传品牌的方式多元化，而且大大降低了营销成本。例如，过去很多企业投入大笔资金来搭建一个官方网站，定期或不定期发布企业动态和产品信息，不停地更新网站和推广，但效果往往并不理想。而移动互联网营销提供了更多免费的开放平台，并且可以共享资源，如社交类App、社区类渠道等。

移动互联网新媒体不仅提供低成本的平台，而且提供低成本的传播。很多品牌的信息，在传统媒体时代，要斥巨资去推广，而在移动互联网时代，只要内容有创意，网民觉得有价值或有趣，他们就会疯狂地帮企业免费传播。

一个不争的事实是，有些事情，在社会化媒体的推波助澜下，传播的速度令人惊讶，几乎达到了一夜之间传遍天下的地步。这种成本低但见效好的传播模式，在当前企业竞争激烈、生意难做的情况下备受欢迎。

7. 提升了广告的创意空间

移动互联网发展使社区营销、精准营销、事件营销、病毒营销、数据库营销、反向沟通、互动体验、口碑传播、焦点渗透等各种新的广告形式和营销方法不断出现。创意可遇不可求，一旦拥有了创意，并通过用户的参与，整个营销的效果就有极大提升。

移动互联网新媒体不断拓展新的营销传播方式和手段，弥补了传统媒体创意枯竭的问题。通过移动互联网新媒体这个载体，将更多创造性的元素融入整合营销传播当中，对于企业战略转型与整合营销传播的完善和发展都具有关键意义。而创意创新经济自身蕴含着巨大的能量，创意元素成为企业和产品竞争中最为重要的一环。

8. 需求优势，加强消费者的购物效率

移动互联网营销是一种以消费者为导向、强调个性化的营销方式。移动互联网营销具有企业和消费者的极强互动性，从根本上提高了消费者的满意度；移动互联网营销能满足消费者对购物方便性和随时随地的需求，省去了去商场购物的距离和时间的消耗，提高了消费者的购物效率。

9. 巨大的数据库营销宝藏

移动互联网营销另一个好处就是能轻而易举地得到大量的用户信息。在大多数人看来，自己的信息只不过是交往时必要的谈资，但在网站中，用户就是精准的潜在消费者。目前的技术，完全有能力根据用户的基础信息和实时交流内容，通过语境和语义的分析，算出用户在哪方面有需求或有消费潜力。

用户为了交到志同道合的朋友或吸引"粉丝"，努力地给网站提交自己精准的个人信息，而且完全自愿且主动。这包括姓名、年龄、职业、爱好、工作等，而用户在与朋友在线交流的过程中，无意间又透露了最近的行踪、烦恼和开心的事情是什么、工作中遇到了什么问题、最近想买一个iPad还是iPhone等。这些免费而主动的行为，才是在越来越尊重个人隐私的大时代背景下，各企业争抢的资源和财富。

☑ 任务二 移动营销概述

移动互联网环境下，人们的上网习惯、消费习惯、娱乐习惯等生活方式都发生了很多变化，2016年天猫"双十一"全球狂欢节总交易额超1207亿元，无线交易额占比为81.87%，由此可见一斑。大众的目光、时间、消费都转移到了移动端，于是商家们开发了大量的手机App，来吸引大众的注意力，导致人们的手机中充满着大量的信息、新闻、广告、娱乐、社交、游戏等。

移动互联网营销是指使用手机、掌上电脑、笔记本电脑等移动通信设备与无线上网技术结合所构成的一个互联网营销体系。同时采用国际先进移动信息技术，整合了互联网与移动通信技术，将各类网站及企业的大量信息及各种各样的业务引入到移动互联网中，为企业搭建一个适合业务和管理需要的移动信息化应用平台，提供全方位、标准化、一站式的企业移动商务服务和电子商务的全新营销策略。

一、认识移动营销

（一）营销理论的发展

自 1964 年市场营销组合的概念被提出以来，随着历史发展，其理论也经历了从 4P 到 4C、4R、4D 的发展历程，如图 1-11 所示。

20 世纪 50 年代末，4P 理论被奉为营销理论的经典；20 世纪 80 年代，针对 4P 存在的问题，由消费者、愿意付出的成本、购买商品的便利和沟通构成的 4C 理论面世；20 世纪 90 年代中期，顺应营销实践发展的 4R 理论诞生，即与顾客建立关联（Relevance）、提高市场反应速度（Reaction）、建立长期和稳固的关系（Relationship）、重视营销回报（Reward）。

传统 4P、4C、4R 营销理论建立起的体系并没有坍塌，也没有过时，只是在移动互联网经济时代，信息沟通在互联网的影响下，认知和行为逐渐改变，如媒体的多元化、信息的碎片化、活动的社群化、行为的网络化和社交化。相对于传统营销时代，信息的不对称被逐渐打破，消费者的话语权在回归，消费意识在觉醒，4D 模型[需求（Demand）、数据（Data）、传递（Deliver）、动态（Dynamic）]由此产生。

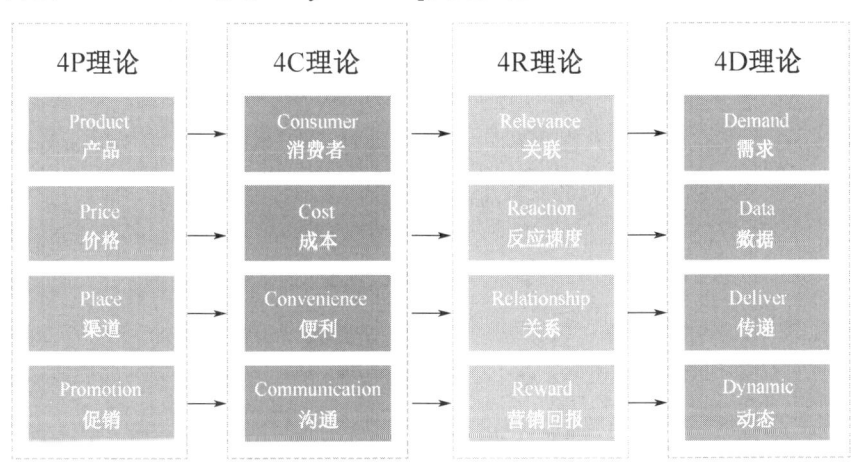

图 1-11　4P、4C、4R 和 4D 理论演变

（二）移动互联网 4D 营销理论模型

移动互联网经济时代，涵盖 Demand（需求）、Data（数据）、Deliver（传递）、Dynamic（动态）四大关键要素的 4D 营销理论模型，以消费者需求为基础，以互联网思维为灵魂，重新定义企业营销模式，如图 1-12 所示。

1. Demand（需求）——聚焦消费者需求策略

作为市场营销理论的基石，Demand（需求）经历了从产品本位（以"消费者请注意"为宣传理念）、消费者本位（以"请注意消费者"为座右铭）到聚焦用户需求策略（以"我了解消费者"为核心竞争力）的演化。

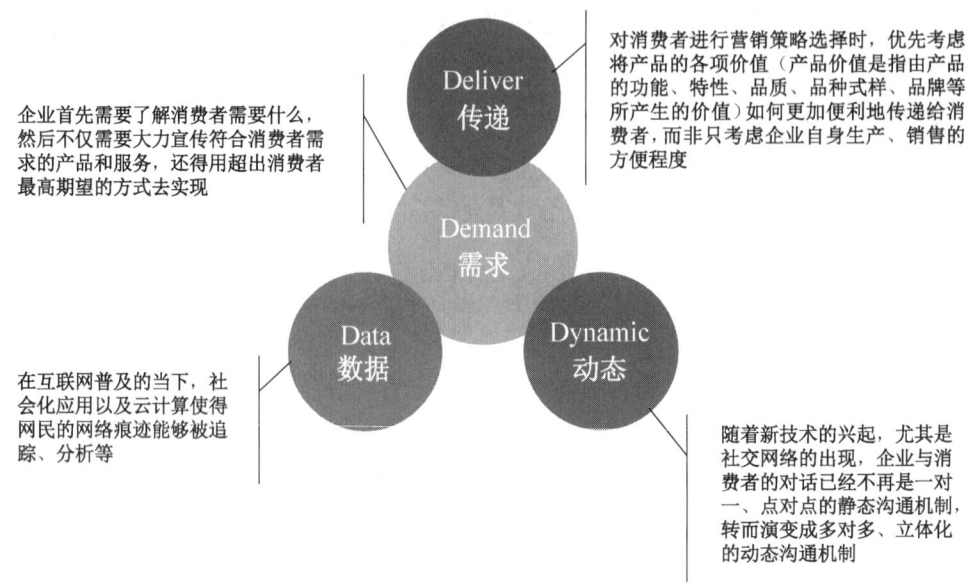

图 1-12　4D 营销理论模型

在 4D 模型下的聚焦用户需求策略中，对于消费者而言，移动互联网时代下获取信息的方式日渐多元化。对于企业而言，他们不再被动地生产过时的产品，而是主动预测消费者将来的需求，创造出消费者尚未意识到需要的产品。而科技的发展为企业获取消费者全方位的信息、分析和预测市场需求提供了条件，获取和掌控消费者需求信息也被视为企业的一种能力。

2．Dynamic（动态）——企业与消费者动态立体式沟通

随着新技术兴起，尤其是社交网络的出现，企业与消费者的对话已经不再是一对一、点对点的静态沟通机制。通过社交网络的传播模式，消费者可以看到信息在社交网络上的传播过程，如 1-13 所示。

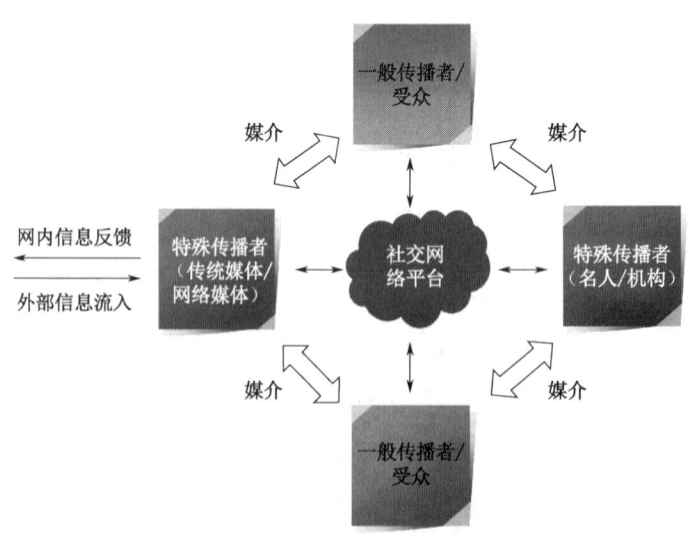

图 1-13　社交网络的传播模式

随着互联网的普及，消费者对于品牌的感知和购买决定逐渐深受网络和社交媒体的影响。用户可以通过网络上的用户评论平台，与其他用户分享他们对于产品、服务和体验的评论，网络口碑逐渐形成。研究发现，网络口碑能够通过消除不一致认知等手段，帮助用户决定购买何种商品，而且用户更容易采纳与自己有相同经历的用户评论，而不是其他的一些搜索结果。

口碑营销在低成本下快速传播，也给商家带来了机会。企业在与目标消费者沟通的同时，也需要和目标消费者喜欢的社交网络意见领袖进行沟通。

具体来说，这种沟通有以下几种形式：①线上线下闭环，即统一线下活动和线上宣传，反复推动，由线上发起线下活动，再由线下活动引发线上讨论，形成闭合回路；②多渠道整合传播，即整合多种传播渠道，多管齐下，以一个声音覆盖所有媒介，吸引消费者的注意力；③病毒式口碑传播，即通过体验建立口碑，由意见领袖或活跃个人传播，由点及面逐渐引起追捧和发酵，形成如病毒蔓延般的传播趋势。

企业只有转变为立体、动态的沟通机制，才能达到实时响应，全面覆盖。

3．Deliver（传递）——直接把产品价值传递给消费者

传统的渠道原则和便利策略既无法有效识别消费者的需求，又无法以最快的速度响应消费者的需求。新互联网经济时代，营销渠道向"移动化"升级，把握每一个消费者关注的机会，快速完成交易成为关键。

在价值传递模式中，顾客化定制原则以顾客为中心，企业无须增加任何额外的制造能力，而顾客逐渐参与到越来越多的核心运作过程中，企业运作由顾客订单驱动。顾客化定制比大量定制在营销方面更加个性化，顾客参与的环节和控制权更多，提供了创造更大价值的可能性。

在目前的阶段，渠道下沉、O2O模式以及顾客参与式体验均是这一原则的典型代表。以O2O模式为例，它要求企业在零售商品的"五流"（客流、商品流、信息流、资金流、物流）中都积极向客户传递与产品价值有关的信息：从PC端到移动端都有产品的图片、其他用户的评价等相关信息传递给消费者；用户付款后可以对产品进行评价；企业也可以及时修改产品设计以满足消费者新的需要；在物流过程中，消费者可以实时跟踪产品的位置，企业还可以中途取消、修改、追加订单。

这种模式的特征是，把渠道简化至"生产商—消费者"模式，或者采取"消费者—定制—生产—消费者"模式，不经过中间更多环节，直接把产品的价值传递给消费者。随着购物时间扩展到了全天候，购物空间大大延伸，价值传递过程的渠道更加丰富，销售量增长，产业链优化，消费者个性化需求得到满足。

4．Data（数据）——精准定位个性化营销

随着搜索引擎、社交网络的普及，以及"人手一机"的智能移动终端应用，移动互联网时代信息承载的方式日趋丰富。人们的地理位置、年龄、社交活跃度、购物记录、性格特征等都可以通过网络数据获得。

维度众多、动态变化的数据首先为企业分析消费者的行为和特征提供了基础。随着企业发展从粗放型向集约型转变，经营管理决策也向着精细化管理的方向过渡。"无数据，不真实"。离开了精确的、具有前瞻性的数据分析工作，企业的精细化管理、正确的经营管理决策及快速的降本增效也就无从谈起。

数据分析工作的下一步就是精准定位，而精准定位的结果就是个性化营销。在这一过程中，企业以数据为基础，通过进一步地挖掘和分析，找到这些数据相对应的人群，再针对这些群体进行个性化的对比，以此展开"一对一"的服务，令顾客的个性化需求得到满足。

传统的营销模型在互联网思维的冲击下已不能很好地指导当前企业的营销实践，4D模型契合了移动互联网时代背景，以消费者需求为基础，以互联网思维为灵魂，重新回归商业的本质，让电子商务真正发生于生产者和消费者之间，促进双方的良性互动。

二、移动营销的特点

作为营销信息传播的新手段，移动互联网营销的主要特点有以下几个。

1．传播效果可能改善

虽然互联网上有海量信息，但这些信息的传播效果并不理想。原因在于，受自身接受能力的限制，用户通常不会关注网上的所有信息，而只会关注位置、形式较为特殊的少量信息。移动终端尺寸有限的显示屏限制了导入界面的信息量，可以较好地减缓或避免互联网的信息过载问题。这样，用户在浏览和阅读时就能更好地关注那些被导入的信息，所导入信息的传播效果也就可能随之而改善。

2．传播内容相对精准

互联网具有较大的开放性，其终端的使用对象不易确定，无法根据使用者的喜好提供有针对性的信息，这就使得营销信息在传播的过程中有相当多的一部分是无效的。大多数用户采用手机登录移动互联网，手机的私密性使企业可以基本确定其使用者。因此，在进行移动互联网营销时，企业就能够根据用户的特征、偏好、所处地理位置等方面的不同情况，相对精准地传送相关的营销信息。

3．便利与顾客的互动

移动终端的便携性使人们可以随时随地接入互联网，极大地便利了企业与顾客之间的沟通及互动。通过移动互联网，企业可以适时发布营销信息，顾客则可及时了解这些信息。另外，视实际需要，顾客可随时登录网络查阅有关信息，还可就其感兴趣的商品等对企业进行咨询，企业则可以对顾客的询问做出及时的应对和反馈。简言之，手机本身就是通信工具，它可以便利地实现企业与顾客之间的良性互动。

三、移动营销的模式

在移动互联网时代，营销方式正从传统的AIDMA营销模式[Attention（注意）、Interest（兴趣）、Desire（欲望）、Memory（记忆）、Action（行动）]逐渐向含有网络特质的AISAS模式发展，如图1-14所示。

AISAS模式是由电通公司针对互联网与无线应用时代消费者生活形态的变化而提出的一种全新的消费者行为分析模型。它强调各个环节的切入，紧扣用户体验。

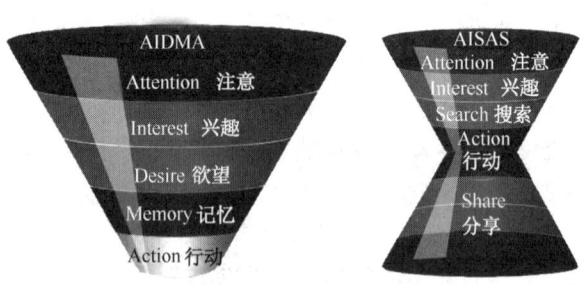

图1-14　AIDMA与AISAS模式

AISAS 模式表示：①Attention——引起注意；②Interest——引起兴趣；③Search——进行搜索；④Action——购买行动；⑤Share——人人分享。

AISAS 模式的转变。在全新的营销法则中，两个具备网络特质的"S"——Search（搜索）、Share（分享）的出现，指出了互联网时代下搜索和分享的重要性，而不是一味地向用户进行单向的理念灌输，充分体现了互联网对于人们生活方式和消费行为的影响与改变，如图 1-15 所示。

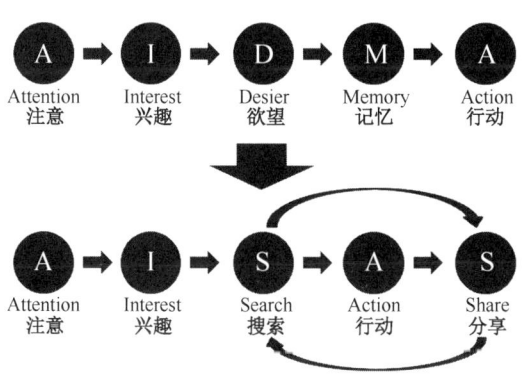

图 1-15 AISAS 模式的转变

利用移动互联网营销的特点，企业可以以新的模式实现网络营销。目前，主流的移动互联网营销可以分为基于目标用户的精准营销和基于信息分享的社会媒体营销两种模式。

（一）精准营销

精准营销是在充分了解消费者信息的基础上，根据其特征和偏好有针对性地开展一对一的营销。移动互联网的使用者大多数是固定不变的，由此就可以新的网络技术深入洞察消费者的兴趣和需求，并建立针对每个具体客户的数据库。在分析客户数据的基础上，可根据不同客户的特征及偏好等信息进行精准营销，同时还可以根据客户的信息反馈有针对性地调整产品及其营销，以更好地满足顾客的需求。

（二）社会媒体营销

社会媒体营销以移动互联网用户之间的信息分享为基础，病毒营销、事件营销和体验营销都是其典型形式。

1. 病毒营销

病毒营销通过引导人们给朋友发送信息或邀请朋友加入某个应用，以类似于病毒传播的方式传播营销信息，如图 1-16 所示。病毒营销的关键是要使人们产生传播意愿，并使其能轻易完成信息的传播。如能成功运用，病毒营销可将信息爆炸式地传递给成千上万的人，可迅速提升企业及其产品的知名度。

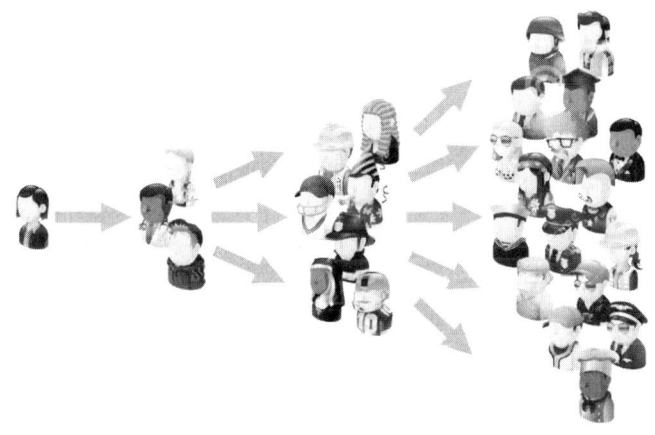

图 1-16 病毒营销

2. 事件营销

事件营销是企业通过策划、组织和利用具有新闻价值、社会影响及名人效应的人物或事件，吸引媒体、社会团体和消费者的兴趣与关注，以求提高企业或产品的知名度、美誉度，树立良好品牌形象，并最终促成产品或服务的销售的手段和方式。

事件营销利用发生的某个或某种事件进行营销传播。移动互联网和社交网络的发展，使人们不再局限于传统的交流方式，信息的获取也不再局限于传统的渠道。用户能通过移动互联网对热门事件进行评论和转发，使其影响力能在极短的时间内以滚雪球的形式迅速扩大，这就为事件营销提供了更大的发展平台。公司可以通过策划议题、制造名人事件等方式，激发用户的评论及自主传播，使营销信息尽可能达到最佳的传播效果。

3. 体验营销

体验营销是通过看（See）、听（Hear）、用（Use）、参与（Participate）的手段，充分刺激和调动消费者的感官（Sense）、情感（Feel）、思考（Think）、行动（Act）、联想（Relate）等感性因素和理性因素，重新定义、设计的一种思考方式的营销方法。

体验营销通过使用户在消费过程中能亲身体验产品或服务，来满足消费者的体验需求，移动互联网则可使消费体验过程更加人性化和真实化。同时，移动互联网较强的信息交互性，也可使企业在用户体验的过程中收集到充足的信息，为产品和服务的改进提供可供参考的数据。

☑ 任务三　移动营销的宏观环境与未来趋势

一、移动营销的宏观环境

随着国内政策的有序规划与支持，市场环境也越来越有利于移动互联网发展，移动营销在国内的发展愈来愈成熟。

（一）政策环境

近年来，随着移动互联网的发展及国内经济重心的转移，政府对于移动互联网的关注度越来越高，已经上升到国家层面。为了让行业能够健康、快速发展，政府不断出台相关政策与法规鼓励和规范行业发展。

2011年，移动互联网、LTE、物联网、云计算、移动支付成为"十二五"期间的发展重点，使得互联网和移动互联网在"十二五"期间空前融合。

2014年，政府密集出台移动互联网相关政策，对移动终端硬件进行规范化管理，设立移动互联网安全问题的管理规范。

2014年年底，《移动视频广告投放标准协议》成为国内首个规范移动视频广告投放的指导纲领。

2015年7月4日，国务院发布关于积极推进"互联网+"行动的指导意见。

2015年9月5日，国务院印发了《促进大数据发展行动纲要》。

从国家政策和法规及领导人的公开讲话可以看出，政府对于移动互联网的发展给予了高度重视，移动互联网营销将继续快速发展。

（二）经济环境

近年来国内宏观经济持续增长，国民经济虽然增速放缓，但长期增长的趋势保持不变，

人均收入的提高为移动互联网业务消费和使用提供了经济保障（见图 1-17 和图 1-18）。电信业、广告业和互联网行业之间的彼此渗透和介入将有效刺激移动互联网的良性竞争。

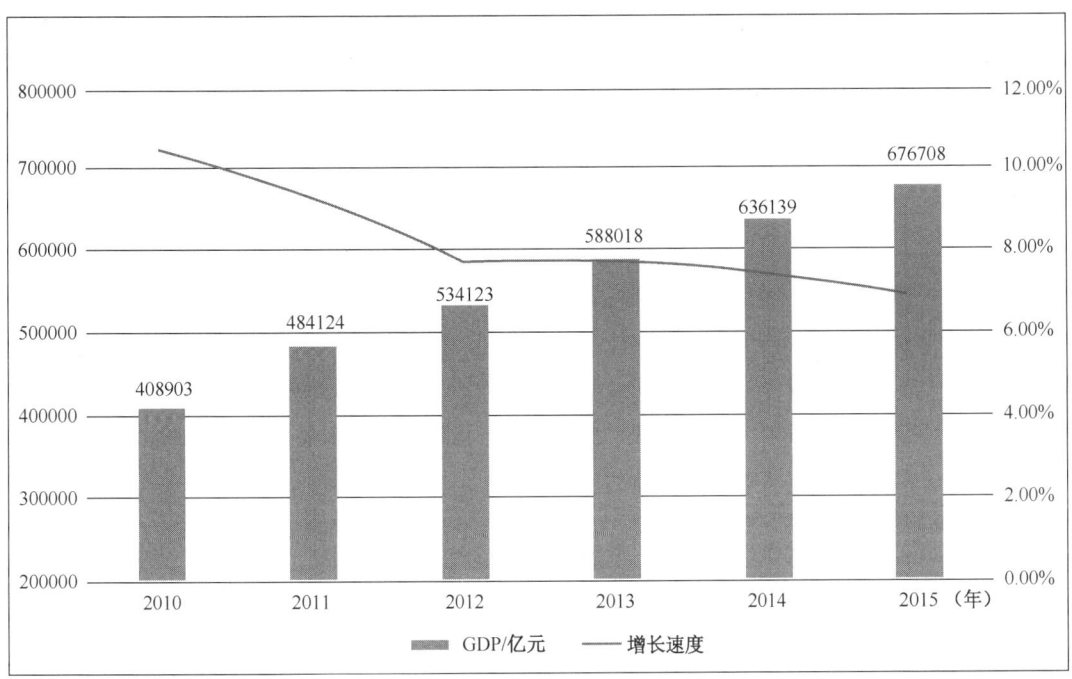

图 1-17　2010—2015 年 GDP 及增长速度

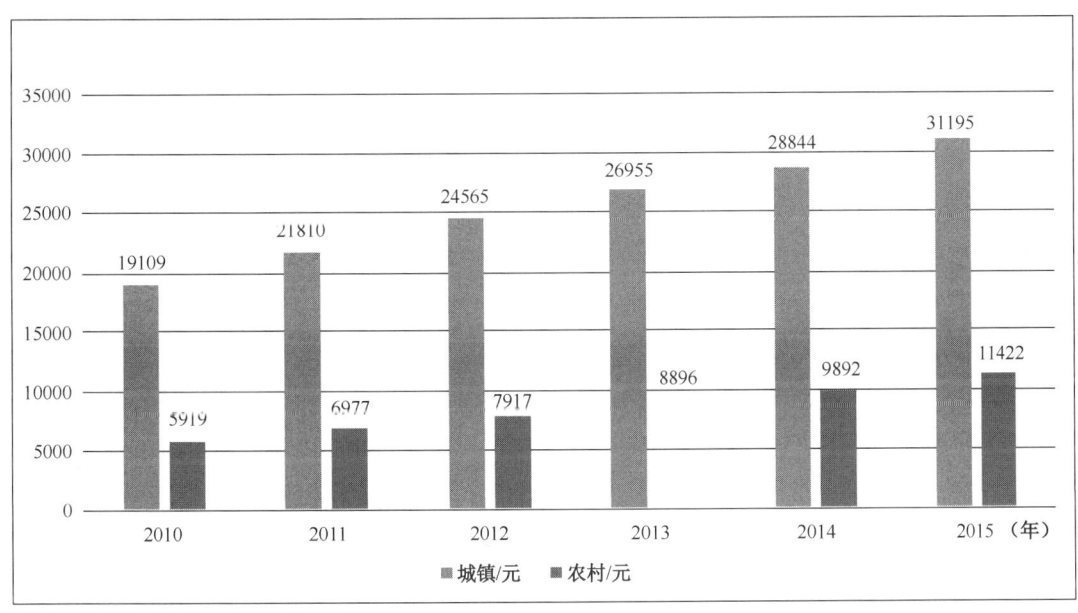

图 1-18　2010—2015 年城镇和农村居民可支配收入

（三）用户和技术环境

随着智能手机的普及和移动基础设施的完善，互联网用户开始向移动端迁徙。艾媒咨询的数据显示，2015 年中国的手机网民规模达 6.79 亿人，其中超过 40% 的手机用户日均使用时长达到 4 小时以上，用户与移动终端设备的亲密度加深。同时，伴随着 HTML5、大数据和跨屏追踪等技术的完善，针对移动端的信息展现已经建立了拥有自身规范的体系，移动营销将成为主流选择。

二、移动营销的未来趋势

1. 移动营销与技术融合加速

随着移动互联网、物联网的发展，未来会有越来越多的物品连接到互联网中，并变得智能化。随之而来的将是海量数据，对这些数据的分析、解读及利用可以带来巨大的商业价值。

2. 移动营销价值网全面渗透

移动互联网的广泛应用弱化了传统媒体对营销的限制，营销的潜能将得到释放。随着移动互联网和各个行业的交融，营销间的界限日益模糊，移动互联网对各个行业的营销影响呈现出更多的共性。产品平台化、规模化，多维度整合，跨屏程序化 DMP+DSP 加速了移动营销价值网的全面渗透。

3. 以人为本：移动广告与消费者的生活融合

场景化 O2O——链接更加立体和轻盈，内容互动，产生共鸣；不断强化的空间及网络连通性，以及不断加剧的市场动荡；大时代小世界变化中的中国消费者，数字化生活，数字空间。如何接近这些目标群体，可以说既是庞大、复杂的过程，同时也会是一个充满惊喜与刺激的过程。

4. 社群与场景驱动营销变革

在移动技术的发展带动下，社群开始加速进化，社群先行者身体力行，探索社群发展之路，未来将有更多的公司构建自己的社群或与社群开展链接，也会有一些榜样企业通过社群思维对用户进行管理。利用小场景撬动大营销，走进用户，贴近用户，避免场景营销成为企业"自嗨"。

5. 强化媒体属性，企业移动营销内嵌式变革力量增强，移动整合营销升级

后移动互联网时代，巨头把持流量，成本提升，广告将变得不再那么重要。每个公司都应该是一个媒体公司，每个公司都应该加强自身的媒体属性，无论是创始人驱动、产品驱动，还是情怀驱动，甚至节操驱动，越来越多的公司凭借自身的积累积极发挥其媒体属性，开始引领整合营销。

6. 多方共进

每个公司都会是互联网公司，每个公司都是大数据公司，打破行业边界，链接信息孤岛。可预测的用户行为、可引导的用户轨迹，广告会变得更加有效，营销会变得更加丰富。第三方在监测和评估体系中将会发挥重要作用。

☑ 任务四　互联网思维、互联网+、粉丝经济、网红经济与直播经济

一、互联网思维

当年雷军带着他的小米手机一路高歌猛进，杀进手机这样一个传统行业，同时也将一

种陌生的思维方式带入了大众视野——"互联网思维",短短几年时间将名不见经传的小公司造就成一个市值450亿美元的大企业。到底什么是互联网思维呢?互联网思维是在(移动)互联网+、大数据、云计算等科技不断发展的背景下,对市场、用户、产品、企业价值链乃至对整个商业生态进行重新审视的思考方式。

雕爷牛腩(见图1-19)是一家"轻奢餐"餐厅,充满了互联网式玩法。在菜品方面,同时只供应12道菜,追求极致精神;在网络营销方面,微博引流兼客服,微信做CRM;在粉丝文化方面,形成了自己的粉丝文化;而在产品改进方面,配有专门团队每天监测舆情,针对问题持续进行优化和改进,这些正好完美地诠释了什么叫互联网产品思维。互联网思维就是围着用户,将体验做到极致,然后用互联网方式推广。如果不透彻理解互联网思维的精髓,是很容易流于形式的。因此,准备向互联网转型的传统行业,必须理解什么是真正的互联网思维。

图1-19 雕爷牛腩

(一)以用户为中心

传统企业想要进行转型,首先要摒弃"客户是上帝"这种思想。在这种思维方式中,只提供服务给付费的人。然而,在互联网思维中,使用产品或服务的人,才是上帝。互联网思维最重要的就是"以用户为中心"的用户思维。很多通过互联网思维获得成功的企业,他们的产品不仅免费,甚至有的倒贴钱进行宣传。2015年以来,很多外卖网站打得不亦乐乎,用户购买早餐有的打五折,有的甚至免费。很多传统企业都不明白这种方式,认为这种行为违背了正常的分销策略。但互联网思维就是这样,首先要积攒用户,以用户为基础建立商业模式。所以,在抢夺用户上,互联网公司绞尽脑汁,打车送现金、免费吃早餐等方法层出不穷(见图1-20)。

(二)要让用户尖叫

小米的董事长雷军曾说过,极致就是把自己逼疯,把别人逼死。在"10"后的年代里,所有的产品高度同质化,怎样才能从众多产品当中脱颖而出?如果企业的

图1-20 外卖网站红包

产品或者服务能够做到极致,好得超出客户的预期,自然就会脱颖而出获得成功。但是这不是一蹴而就的,好的产品需要不断地纠正、完善,才能够获得成功。

很多传统企业把产品售卖后,就不再管用户的使用情况。而在互联网思维中,产品售卖出去,仅仅是一个开始。把握住消费者需求的变化,利用用户的参与和反馈逐步改进产品,快速迭代,才能够逐渐取得成功。例如,免费的杀毒软件其实不止 360 一家,小红伞、Avast 等国际知名杀毒软件都有免费版供用户使用,但随着 360 不断更新,它贴近消费者需求,最终甩开其他产品,成为真正的巨头。

(三)重视用户体验

在这个社会化媒体时代,好的产品即使不投放广告,也会自然而然形成口碑传播,甚至成为社会话题。即使产品做得再好,如果不重视用户的体验,最终也只能走向消亡。现在手机市场中,苹果的 iOS 系统炫酷的界面和流畅性明显高于安卓系统,但其市场占有率只有 12%,远低于安卓系统 63%的市场占有率。苹果过高的价格定位是其中一个原因,但更大的原因在于安卓系统的开放性,让用户能够更深入地参与到系统的优化与更新中。

传统企业如果只看到了砸钱,而没有认识到用户体验才是王道,那么很可能遭受挫折。例如,之前占据市场很大份额的凡客诚品,因为盲目扩张,看不起传统服装业,扬言收购LV,这就是放弃了"体验至上"的思维方式,结果用户纷纷放弃凡客诚品。最后,它的用户数量大幅下降,现在员工只剩下几百人。

(四)商业模式转变

互联网思维强调的,首先不是获得盈利,而是获取用户,这正是与传统思维的不同之处。传统企业"酒香不怕巷子深"的理念,在互联网时代,已经显得格格不入。互联网企业的模式是通过传播让用户在看到产品前就已经了解到产品有多好,甚至让用户自发地宣传成为"粉丝"。例如,小米手机的营销方式就是这样,如图 1-21 所示。

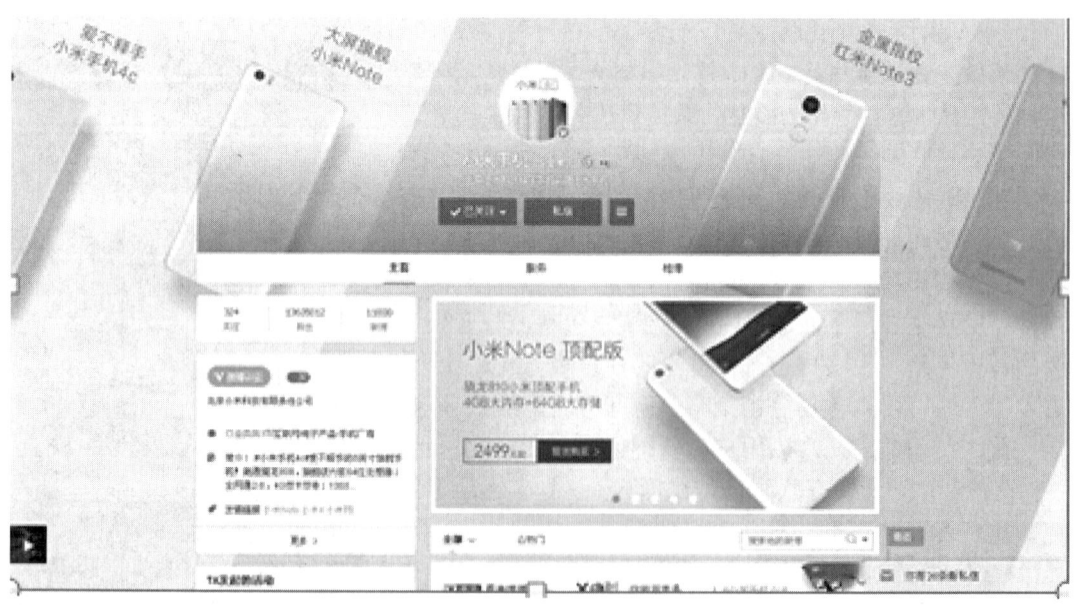

图 1-21 小米手机官方微博

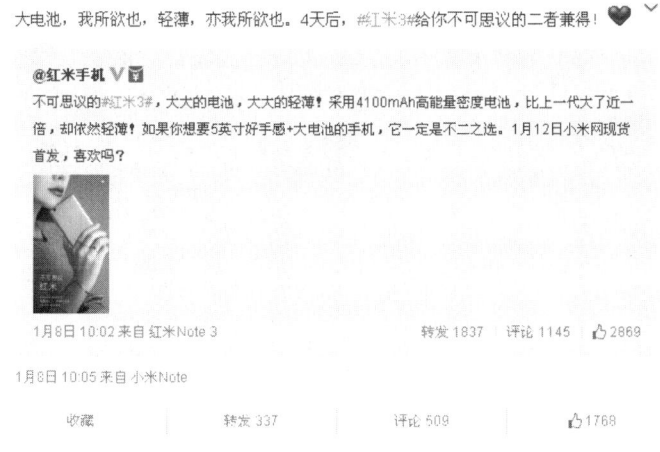

图1-21 小米手机官方微博（续）

企业通过免费策略争取用户，达到一定程度后，就可以为企业带来质变，甚至自发带来传播。腾讯QQ也是在宣布免费后，才得到爆发式的增长，最终成为互联网巨头之一的。当然，无论是传统企业还是互联网企业，盈利都是最终目的，产品免费是手段，目的是打造一个新的价值链，通过广告、增值服务等方式进行盈利。

综上所述，企业是否融入互联网思维可以从以上几点看出端倪。一些标榜互联网思维的企业仍然在使用传统的商业模式，将盈利模式寄希望于用户的付费。遇到这种企业，只要发现它没有把使用产品的人当作上帝、产品更新迭代不是为了用户需求、重视盈利甚于用户数量的增加，那么就可以认定这家企业的"互联网思维"只是挂羊头卖狗肉，是注定不会成功的。

在酒店管理系统行业中，厂商众多，都在宣称自己的产品是符合"互联网思维"的，而实际上良莠不齐。住哲酒店管理系统之所以脱颖而出，市场占有率第一，遥遥领先于其他厂商，是因为其产品是真正符合互联网思维的。为用户，住哲首家推出免费PMS（Property Management System，酒店管理系统）；为极致，住哲两周一次快速迭代；为流畅，住哲为产品大幅瘦身；为服务，住哲快速反应解决用户需求。这些足以说明住哲才是真正意义上的互联网思维的实践者。

二、互联网+

通俗来说，"互联网+"就是"互联网+各个传统行业"，但这并不是简单的两者相加，而是利用信息通信技术及互联网平台，让互联网与传统行业进行深度融合，创造新的发展生态。

"互联网+"具体如下特征。

（1）跨界融合。跨界，让创新的基础更加坚实；融合，让群体智能得以实现。跨界融合使研发到产业化的路径更垂直。融合本身也指代身份的融合，客户消费转化为投资，伙伴参与创新等，不一而足。

（2）创新驱动。创新驱动正是互联网的特质，用所谓的互联网思维来求变、自我革命，也更能发挥创新的力量。

（3）重塑结构。信息革命、全球化、互联网业已打破了原有的社会结构、经济结构、地缘结构、文化结构、权力、议事规则、话语权也不断在发生变化。

（4）尊重人性。人性的光辉是推动科技进步、经济增长、社会进步、文化繁荣的最根本的力量，互联网的力量之强大最根本地也来源于对人性的最大限度的尊重、对人体验的敬畏、对人的创造性发挥的重视。

（5）开放生态。开放的生态环境对"互联网+"来说是必不可少的。生态是非常重要的特征，而生态的本身就是开放的。"互联网+"其中一个重要的方向就是要把过去制约创新的环节化解掉，把孤岛式创新连接起来，让研发由人性决定的市场驱动，让创业并努力者有机会实现价值。

（6）连接一切。连接一切是"互联网+"的目标，这种连接是有层次的，连接对象也是有差异的。

三、粉丝经济

"粉丝"一词伴随偶像产生，已经风行多年，因为互联网的快速发展赋予了新内涵，即使不追星，只要关注了一个微博、一个微信公众号，你都会成为别人的粉丝。"粉丝"群体的出现不仅仅是社会现象，更是经济现象。自媒体、网红都有极强的吸粉能力，在互联网上备受热捧。

粉丝经济（Fans Economics）泛指在社交网络时代，架构在粉丝和被关注者关系之上的经营性创收行为，通常情况下有着较高知名度的明星、偶像和行业名人是社交平台上被关注的热点，并因此有着很高的经济价值。

粉丝产业包括以下几类。

1. 直接购买被关注对象的内容产品

粉丝直接购买名人和明星相关的内容产品，如演员歌星们的演唱、演出的录音带、录像带、电视剧 VCD 等，这是最为基本的粉丝消费行为。

2. 直接购买被关注对象代言的产品

粉丝还会购买明星们所喜欢或代言的商品，如品牌的手机、计算机、饮料、化妆品等。明星的广告效应也正来自于粉丝的支持。

3. 购买相关的衍生品

粉丝会不吝钱财购买与明星相关的东西，如明星出版的书籍，明星喜欢吃的、穿的、用的物品等，印有明星头像的衣物等，这些物品未必本身和明星相关，但是粉丝爱屋及乌，也就一起消费与明星相关的商品。

四、网红经济

网红经济是指以一位年轻貌美的时尚达人为形象代表，以红人的品位和眼光为主导，进行选款和视觉推广，在社交媒体上聚集人气，依托庞大的粉丝群体进行定向营销，从而将粉丝转化为购买力。

网红经济的商业模式可以简单归结为网红依赖于社交网络的发展和自身内容的输出，成为具有影响力的 KOL（关键意见领袖），然后将 UGC（用户生产内容）深化或向 PGC（专业生产内容）转化，增强与粉丝之间的黏度及其认同感，从而通过影响其某些行为或决策来实现变现，如图 1-22 所示。

1. 社交平台是网红流量的来源与基础

无论是微博，还是新兴的短视频、直播平台，它们都像是一个极大的流量"蓄水池"，网红需要通过自身的内容输出将"蓄水池"中的流量引流变现。在各类社交平台中，微博以"弱关系、开放式"的特点成为最大、最容易实现影响力变现的社交平台。2015 年微博影响力峰会上（见图 1-23），微博宣布月均阅读量高于 10 万的"头部作者"有 25.3 万，每条微博的平均阅读量达到 9800 次，而这些作者在 2015 年前 11 个月内共计获得收入超过 2 亿元，平均每位作者年收入近 800 万元。其中，来自微博的广告分成收入达 1.28 亿元，仅粉丝打赏就给作者带来超 4400 万元收入，付费阅读推出不到半年，200 多位作者就获得了 2800 万元的收入，这与活跃在微博上的网红和意见领袖的影响力变现能力是分不开的。

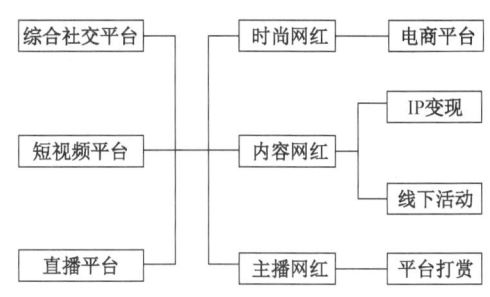

图 1-22 网红经济的商业模式

图 1-23 2015 年微博影响力峰会

2. 网红经纪公司是网红的主要供给方

网红靠自己搏出位的机会越来越少，依靠专业和优质的团队打造、包装与营销才是大趋势。例如，杭州如涵、杭州缇苏等网红经纪公司将一些"单打独斗"的网红聚集起来，进行公司化运营。平日里，网红利用自己的人气和魅力负责在微博、微信等社交平台上对自己的粉丝群进行定向营销，平台则将精力集中在店铺的日常运营、供应链建设及设计上。此外，如网红商学院、网红学院这种 IP 打造机构，还可以通过内容方面的策划将网红 IP 化，形成多领域的变现。

在国外，这类网红经纪公司相对成熟一些，Maker Studios 可以说是全球最大的网红经纪公司，旗下拥有数万名网红，覆盖全球几十亿粉丝。Maker Studios 开创的多频道网络播放平台模式，已成为美国网红经济的典型模式。Maker Studios 有自己的签约团队，根据每个网红的粉丝量、流量、影响力和变现能力进行分类签约，然后通过大数据分析，比对网红所处的垂直领域，制作专业的吸粉视频，帮助网红持续创造内容，至于盈利模式主要就是广告费分成。

3. 网红经济的变现渠道

目前网红经济变现的渠道主要是电商、广告、直播平台打赏等，其中广告是最为初始阶段的变现模式，而网红电商则是目前最有利的变现模式。针对不同类型的网红，变现方式有所不同。时尚网红大多建立自己的个人服装品牌或其他电商平台来实现变现。内容网红的变现模式则相对多元化一点，他们可以依靠广告来获取收益，也可以将自身内容转化成 IP 输出，实现变现。对于主播网红，更多的是在直播期间，通过表演让粉丝送虚拟礼物打赏变现。

五、直播经济

在 2016 年的市场情势下，直播已不仅仅是一种表演形式，而是用户获取信息、满足需求、互动娱乐、社交的重要途径，成为用户消耗剩余精力的主要方式。从小酱、王思聪、王健林直播所带来的影响力和推广力可以看出，直播无疑成为引爆实体商业营销的下一个突破点。艾媒咨询发布的《2016 年中国在线直播行业专题研究》显示，2015 年中国在线网络直播的市场规模约为 90 亿元，网络直播平台用户数量已经达到 2 亿人，大型直播平台每日高峰时段同时在线人数接近 400 万人，直播经济成为文化产业中增长最快的新业态之一。

网络直播的形式可分为现场直播、演播室访谈式直播、文字图片直播、视音频直播或由电视（第三方）提供信源的直播，而且具备海量存储、查寻便捷的功能。网络直播和电视直播在大的范畴中是相似的，但是在很多方面网络直播有其自己的优势与特点。

1. 快捷性

随着网络的普及，更多的用户愿意通过手机、笔记本电脑等易于携带的通信设备获取信息。在无线网络技术越来越发达的今天，这些便携式通信设备已达到了接收流媒体信息的要求。而一些需要进行直播的大事件总是转瞬即逝的，如果受众需要观看直播，身边却没有电视进行播放，就无法了解到事件发生的过程。事后想要进行重播的观看，也必须在指定的时间进行观看。网络直播就很好地解决了这个问题，在网络、硬件和软件条件的支持下，用户只需要在想观看直播的时候打开身边携带的便携式通信终端，通过网络连接，即刻就能观看到。

2. 互动性

多媒体网上直播不仅可以让用户从文字、图片、声音、视频中全面地了解事件发生的过程和最新的动态，让受众与事件发生现场更近一步，而且受众可以通过论坛或即时留言板发表自己的看法，与在线关注同一事件的用户一起讨论。这样的受众与受众之间的交流，传统媒体很难做到。

3. 灵活性

传统的广播电视媒体播出时受到了线性传播的限制，如一个节目播出后，如果想重复观看，只能等待电视台的重新播出，受众没有自主选择的权利，这样让受众十分被动。而网络媒体解决了这样的矛盾，网络进行直播后，相关的视频资料依然可以储存在网络平台上，受众如果错过了直播观看，依然可以在任何时间，通过网络平台对录制的视频进行点播，这样的观看更加灵活，更加贴近受众。

网络直播有着独有的特性，其交互性更强，可以与各行业结合，增加用户黏性，形成社群经济；另外，网络直播更加符合移动化的趋势，其商业模式可以由传统简单的眼球加广告向搭载多种商业模式转变。

模块二 相关知识

一、移动互联网营销的四大关键词

大家都知道宣传是一个企业营销的根本,而宣传的主体就是信息。下面就从信息的角度分析移动互联网营销的四大关键词。

（一）分享

移动互联网时代是一个便于信息分享的时代。企业做移动互联网营销,做的文章、内容、图片、活动就是为了便于受众分享,刺激受众分享（见图1-24）。分享得越多、越主动,营销就会越成功。

（二）互动

移动互联网营销可以即时互动,这是移动互联网营销的最大特点。互动越多,客户黏度越大；客户越分享,营销也就会越成功。

（三）植入

移动互联网用户不管下载哪个App或者关注哪个公众账号,都可以接收到企业推送的植入了产品、广告的各种信息。

图 1-24 移动互联网分享式营销

（四）成交

任何营销的目的都是成交。在移动互联网时期,成交的本质没有发生任何变化,相比传统时期和PC互联网时期,有两个重要的侧重点：第一个是成交的速度,因为移动互联网的成交就在客户的手机上,而手机在客户的手中,企业可以在客户消费欲望最强烈的时候让他"碰"一下手机屏幕就可以完成成交,所以在处理成交的时候一定要快速；第二个是成交是继续营销的开始,在微博出现之前,成交往往是一个营销和销售的完结,但是在微博出现之后可以发现,一个成交结束时,通过客户在5秒内做的一个转发动作,和客户成交就通过客户的口碑传播出去,小到餐馆订餐,大到过几十亿元的合作,成交完或者签完合同拍照留念,然后发微博、发朋友圈,虽然时间短,动作简单,却完成了在目标人群中口碑传播的全过程。

二、移动互联网营销的漏斗结构

从关注者到粉丝,从粉丝到消费者,从消费者到继续传播者之间都是有距离的,这个距离就叫作目标人群。

从图1-25中能看出移动互联网营销中的漏斗结构，目标人群是每一层的核心元素，只有每一层的目标人群找对、操作正确，才能有最后一个最大的阶梯。目标人群就是每个阶梯所针对的对象，是企业产品的直接购买者或使用者。目标人群要解决的根本问题是，企业准备向哪些市场区间传递价值。

企业与市场营销渠道中的各种力量保持密切关系的目的是有效地向其目标人群提供产品和服务。目标人群的需求正是企业营销努力的起点和核心。因此，认真分析目标人群需求的特点和变化趋势是企业极其重要的基础工作。

就目标人群而言，不同的目标人群有不同的细分变量，这些细分变量就构成了目标人群的细分法则。遵循法则细分目标人群，就会发现自己的产品最应该优先卖给哪些人、哪些人最容易买产品。

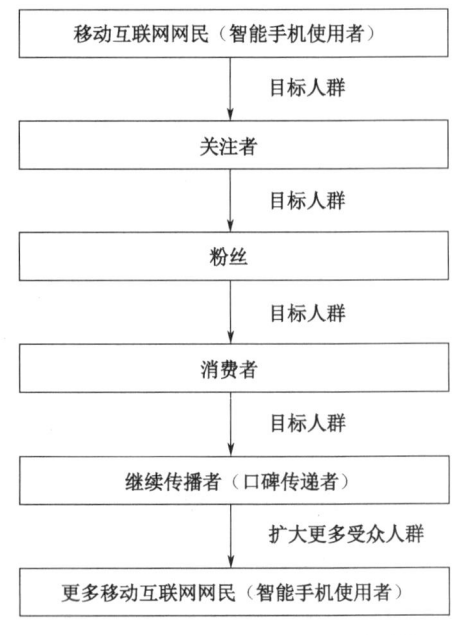

图1-25 移动互联网营销的漏斗结构

三、移动营销的定位

（一）营销目标人群细分法则

人口细分是指按人口特征细分市场，包括以下因素：年龄、性别、家庭人口、收入、教育程度、社会阶层、宗教信仰或种族等。

心理细分是根据个性或生活方式等变量对客户细分。

行为细分是对目标人群行为进行评估，然后进行细分。

社会文化细分是按社会文化特征细分市场，以民族和宗教为主进行细分。

使用者行为细分是按个人特征细分市场，包括职业、文化、家庭、个性等。

要细分目标人群，针对不同的目标人群制定不同的营销策略，首先要搞清楚目标人群的需求，在充分了解目标人群的需求后再制定目标人群的营销对策。

1. 目标人群需求的差异性

目标人群需求的差异性是指不同的目标人群之间的需求是不一样的。在市场上，目标人群总是希望根据自己的独特需求去购买产品，根据目标人群需求的差异性可以把市场分为"同质性需求"和"异质性需求"两大类。

同质性需求是指由于目标人群的需求的差异性很小，甚至可以忽略不计，因此没有必要进行市场细分。而异质性需求是指由于目标人群所处的地理位置、社会环境、自身的心理和购买动机不同，造成他们对产品的价格、质量和款式上需求的差异性，这种需求的差异性就是市场细分的基础。

2. 目标人群需求的相似性

在同一地理条件、社会环境和文化背景下的人们会形成相对类似的人生观、价值观的亚文化群，他们的需求特点和消费习惯大致相同。正是因为消费需求在某些方面的相对同质，市场上绝对差异的目标人群才能按一定标准聚合成不同的群体。所以目标人群的需求的绝对差异造成了市场细分的必要性，消费需求的相对同质性则使市场细分有了实现的可能性。

3. 企业有限的资源

现代企业由于受到自身实力的限制，不可能向市场提供能够满足一切需求的产品和服务。为了有效地进行竞争，企业必须进行市场细分，选择最有利可图的目标细分市场，集中企业的资源，制定有效的竞争策略，以取得和增加竞争优势。

（二）产品卖点分析

销售人员在提炼卖点时，切忌不分主次地将各种卖点混杂在一起介绍给顾客，而应从众多的卖点中，提取那些能对消费者心理有强烈作用的卖点作为核心卖点。卖点的介绍要简明扼要，通俗易懂。语无伦次的卖点介绍会让消费者心生厌烦，使用过于专业化的语言也会让消费者望而却步。因此，要用简洁通俗的语言贯穿卖点介绍的始终，慎用专业语言。

（三）竞争对手分析

1. 客观分析

客观分析即从竞争对手或市场相关产品中，圈定一些需要考察的角度，得出真实的情况。此时，不需要加入任何个人的判断，应该用事实说话，主要分析市场布局状况、产品数量、销售情况、操作情况、产品的详细功能等。

2. 主观分析

主观分析是一种接近于用户流程模拟的结论，如可以根据事实或者个人情感，列出对方门店的优缺点与自己所销商品的情况，或者竞争对手竞品与自己产品的优势与不足。这种分析主要包括用户流程分析、产品的优势与不足等。

3. 竞争对手的销售商品类别分析

竞争对手和周边门店的商品类别销售数据对商品的销售有非常重要的参考价值。例如，一家做时尚休闲服饰品牌的商店，商品类别非常广泛，而隔壁有一个定位与自己完全相符的专业牛仔品牌专卖店，这时自己的牛仔服饰销售数量肯定会受到冲击。那么在订货管理中就要避开与之相近的牛仔款式，而挑选与之有一定差异的牛仔款式，并减少牛仔服饰的订货数量。

又如，自己的同类竞争品牌，其衬衫销售较好，而自己销售的T恤则更为强势，这样自己在订货管理中应把重点放到T恤上，同时研究该品牌衬衫的特点，在自己的衬衫订货当中加以区别。当然，这里订货管理的订货量减少是指订货数量，而不是指款式数量，如果减少了款式数量就会让整体的陈列和搭配不合理，从而影响整体门店陈列的形象。只有充分发挥自身品牌优势，避开对手的强势，才能在激烈的市场竞争中处于更强的地位。

4. 竞争对手的促销调查与分析

竞争对手和周边门店的促销对自己的销售有着非常大的影响，这一点在现今的百货商场销售中显得尤为突出。曾经有两个相邻的定位相似的百货商场，在节日的促销战中，A商场制定了"满400减160，满800减320"的活动，B商场得到这一情报后马上制定对策——"满400减160，满600减180，满800减320"。这两个看似相同的促销活动，却让B商场在此次活动大获全胜。虽然其活动力度完全相同，但由于此时商场内的服装大部分吊牌价格在600~700元，这让B商场的活动更有优势，这不得不说是对竞争对于促销方案的调查而起的作用。

所以，在经营过程中，对于促销手段的调查应该进行合理的分析，同时应该注意扬长避短，发挥自己的优势，最终达到最佳效果。上面提到的商场促销的案例就充分说明了这一点，不仅要注意分析竞争对手的促销手段的方法，还要分析自身的产品及价格体系，同时还要考虑消费者的购买行为及消费习惯等。只有将各种数据进行有效的综合分析，才能取得最终的活动效果，从而赢得市场先机。

对于竞争品牌的调查和研究，是为了自己更好地找到市场切入点，而不是竞争对手做什么自己就做什么，最终走向价格战的误区。所以，不能只是天天待在门店里面，要走出去，观察当地的整体市场，多了解对手的数据和情报，并将所收集到的信息记录归档。在收集和整理出的数据和信息中，切忌把自己的优势与对手的弱势进行比较和参考，这样只会让自己为自己辩解。分析对手的信息和数据要持之以恒，往往越是难以调研到的数据就越有价值。及时地了解对手的销售数据和销售特点，运用到自身身上，可以有效提升企业的竞争优势。

四、移动互联网营销的特性

移动互联网时代，人们利用智能手机可以订阅微信公众号获取信息和服务，通过新闻、外卖、天气等生活服务类手机客户端来获取各种服务、资讯或者参与互动，商家也可以向目标客户推送优惠、产品等信息。随着时代的变化，营销方式也在改变，移动互联网营销的方式主要包括"推（Push）""拉（Pull）"和"交互式（Interactive）"3种方式。

（一）推

推用于公共信息发布。应用领域包括时事新闻、天气预报、股票行情、彩票中奖公布、交通路况信息、招聘信息和广告等，如墨迹天气等。

（二）拉

拉主要用于信息的个人定制接收。应用领域包括服务账单、电话号码、旅游信息、航班信息、影院节目安排、列车时刻表、行业产品信息等。这些主要针对有需求、进行订阅的用户，如海底捞服务号（见图1-26）、海诺旅游服务号等。

图1-26 海底捞服务号

（三）交互式

交互式方式包括电子购物、博彩、游戏、证券交易、在线竞拍、咨询等。这种手法使得用户与商家充分互动，并且在互动的过程中还能够完成在线的电子商务交易，如百度糯米团（见图1-27）等。

同步训练

一、实训概要

本次实训为移动互联网营销认知。学生通过本项目的学习，要具备基础的移动互联网营销思维，掌握移动互联网营销的营销模式和营销方式，为之后的学习打下基础。

图1-27　百度糯米团App

二、实训素材

移动电子商务实训平台软件、网络、案例资源。

三、实训内容

任务一　移动互联网认知

教师布置任务，学生分组讨论并填写下表。

营销类型	不同点
传统营销与互联网营销	
互联网营销与移动互联网营销	

任务二　移动营销概述

教师布置任务，学生阅读案例分析，分组讨论并填写下表。

营销模式		案例名称及分析
精准营销		
社会媒体营销	病毒营销	
	事件营销	
	体验营销	

任务三　移动营销的宏观环境与未来趋势

教师布置任务，学生分组讨论并填写下表。

案例名称及分析	发展趋势

任务四　互联网思维、互联网+、粉丝经济、网红经济与直播经济

教师布置任务，学生分组讨论并填写下表。

类型	案例名称及分析
互联网思维	
互联网+	
粉丝经济	
网红经济	
直播经济	

实训任务完成后，教师安排小组之间互相进行评比，随后教师对各个小组的案例分析做出评价。

第二部分
移动营销平台的搭建

移动互联网的出现，为商家提供了更多接触客户的途径，同时也改变了传统的产品销售渠道和销售市场。移动端如何布局成为电商企业考虑的重中之重，移动端营销平台构建也成为电商企业的首要任务。

移动营销平台是移动互联网生态链的重要一环，移动营销平台包含App、微网站、微店等，无论是何种移动营销平台，其构建的原则都是要满足用户在各种场景的需要，不论用户从 Online 和 Offline 过来后要去向哪里，都应有相应的平台去迎接用户，并满足用户的特定需求。App 和 WAP 网站如同传统互联网时代的企业网站，而微信和微电商如同传统互联网时代的天猫、淘宝，二者的区别在于前者是可以完全掌控在企业自己手中的营销资源，而后者的主动权更多地掌控在别人的手里，企业只有摸透了它们的规律，才有可能使用好这些工具。

项目二 微网站的搭建

依托于广大社交媒体而存在的微网站,不仅可利用其发布传播功能实现地区渠道信息传播,加强客户对企业产品的了解,更可以直观地展示企业产品形象,甚至完成移动端的在线交易。那么如何搭建微网站,利用微网站提升并展示企业形象,做到更好地与客户互动,就成了微网站搭建的指导目标。

学习目标

知识目标

1. 了解常用的微网站搭建平台。
2. 了解微网站策划的相关知识。
3. 明确微网站搭建的要点。
4. 熟悉微网站如何搭建。

能力目标

1. 具备独立完成微网站策划的能力。
2. 具备使用移动平台搭建微网站的能力。

项目情景

TK 公司是一家经营烘焙用品的公司,主营业务为烘焙培训、烘焙原料、烘焙用具的交易,公司长期经营一个美食性质的公众平台,为了适应时代潮流,便于后期的移动营销工作展开,TK 公司决定利用微信公众平台进行微网站的运营,便于公司的产品展示与业务咨询。

模块一 任务分解

微网站源于 Web App 和网站的融合创新,是一种兼容 iOS、安卓、WP 等各大操作系统,可以方便地与微信、微博等应用进行对接,适应移动客户端浏览市场和对浏览体验与交互性能要求的新一代网站。移动网络的不断发展，使移动互联网端营销也走进了人们的视野，现代人平均每 6 分钟就要看一次手机，这就像平均每分钟要呼吸多少次一样，手机已经变成了人的第六感官。这也就提醒我们一定要把视野和发力点聚焦到手机上来。

根据国家工业和信息化部的数据，当前我国的微信用户已超过 6 亿。微信已广泛渗透到公民的日常生活当中，成为大众沟通、交流、联络和聚集的新方式。微网站不仅可利用其发布传播功能实现地区信息传播渠道，加强公众账号粉丝对产品的了解，更可以直观地展示企业的产品，甚至完成移动端的在线交易。

将企业微网站植入微信公众平台，关注公众平台即可访问网站。微网站中显示的所有文章及板块，都可以通过设置关键词而实现自动回复。公众平台搭配"微网站"，可以达到如虎添翼的宣传效果，在保留公众平台所有优势的前提下，提升展示形象，更好地与客户互动。

任务一　微网站的策划

一、微网站的策划要点

（一）找准营销点

企业建立微网站，目的就是要通过此渠道来吸引人参与。因此，一定要找准营销点。寻找营销点时，要考虑能给消费者带来的利益到底是什么，如何能彰显自己企业的特色，如何使自己与其他企业予以区分。

图 2-1 为京东商城的微网站，京东商城以数码电器为自己的主要品类，同时兼有服装等其他业务，所以电器类占据了主要的分类，并且通过首发、品牌、特价 3 个功能区划分，体现出了自己的经营特色。

（二）合理安排结构

微网站的栏目设计和页面布局一定要简洁大方，内容一定要精简，不要设计得过于复杂。色彩的搭配一定要和目标人群的年龄相符合。整体的结构和主题一定要贴切。

图 2-2 为某茶类企业的微网站，栏目设计简洁大方，内容一目了然，方便消费者选购。同时网站界面清新爽朗，契合了其春日周边游的主题。

图 2-1　京东商城的微网站　　　　图 2-2　某茶企业的微网站

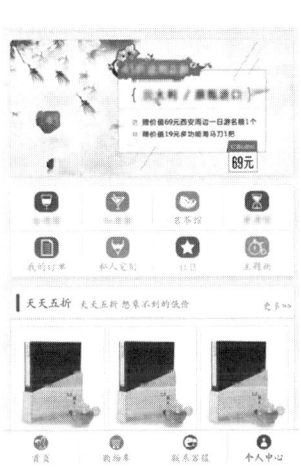

（三）内容简洁，图文并茂

一般用户在浏览时，如果文字过多且不吸引人，是没有耐心看下去的，所以尽量用最少的文字表达出意思，更多以图片、图文结合的形式加以展现会更加吸引人。

图 2-3 用整幅图片填充背景，再配以简单的文字，视觉上非常具有冲击力，而且这样做迎合了用户的浏览喜好，简约时尚，极具吸引力。

二、微网站的搭建策划

由于 TK 公司所经营的微信公众账号柠檬可乐是以美食研究、美食欣赏、美食制作为主要推送内容的公众账号，面向的关注者都是美食爱好者。研究证明，色彩对一个人对美食的态度与食欲的激发有很大作用，尤其是红色、橙色、黄色等暖色调，是非常理想的食欲激发色。所以很多快餐店会采用红色、橙色、黄色作为主色调。

根据需要，TK 公司完成了前期的微网站搭建初步策划表，如表 2-1 所示。

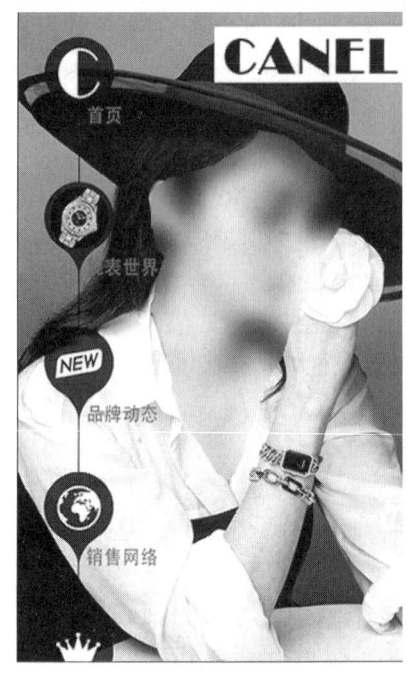

图 2-3　某手表的微网站

表 2-1　TK 公司的微网站搭建策划表

首页	网站主题	美食烘焙主题
	网站色彩	橙色、红色、黄色
	栏目设计	蛋糕类配方
		面包类配方
		饼干类配方
		烘焙用料
		达人交流
		联系我们
	页面布局	顶部 Banner 大图轮播，中间图片带标题文字，单击标题进入二级栏目或内容页，底部企业信息
内容页	页面布局	瀑布流标题或产品列表
	色彩搭配	红色、橙色、黄色
	内容设置	文字内容页采用图文结合的表现形式，商品内容页链接至商品详情页面

☑ 任务二 微网站的搭建

目前市面上有很多微网站开发平台，这些平台建设出的网站大多由 HTML5 表现出来，有良好的展示效果，并且平台上有很多模板可供选择。腾讯官方也有相关微信服务市场业务，由于业务调整，已于 2016 年 3 月 1 日正式停止此项服务，所以要进行微网站的搭建，需要通过寻找适合的第三方平台进行。经过对微网站建设市场的考察，TK 公司最终选择第三方微网站建设平台"微盟"来进行自己的微网站搭建。

进入微盟网站，注册微盟账号。账号注册成功后就可以进入微盟管理后台，这一步需要将已有的公众账号与微盟账号进行绑定，有手动绑定与扫描二维码授权绑定两种绑定方式，如图 2-4 所示。

图 2-4 绑定微信公众账号

将微盟账号与公众账号绑定后，即可使用微盟的拓展功能对公众账号进行拓展。要进行微官网的建设，首先需要对微官网页面进行设置，在微盟的管理微信账号页面单击公众账号后的"管理"按钮，如图 2-5 所示。

图 2-5 管理微信公众账号

进入管理页面后，可以看到在页面的左侧有微盟为会员提供的服务，选择"微官网"服务，如图 2-6 所示。

之所以选择使用第三方微网站搭建平台进行微网站的搭建，是因为第三方的微网站搭建平台通常会给出模板，用户不需要了解网站编码和程序，只需要简单地设置，就可以实现微网站搭建、上线和运营。微网站建设的第一步是进行首页的设置，包括微网站的标题、关键词等。

图 2-6 微官网的功能

一、微官网设置

在"微官网"的下拉列表中选择第一项"微官网设置",这个选项是让用户进行微官网的标题、触发关键词、关键词匹配模式、图文消息封面、图文消息简介的设置的,设置完后保存。首页地址是指微官网首页地址,如果需要链接微官网首页地址时,可以用此地址,每个商户的微官网地址是唯一的。在设置柠檬可乐烘焙坊的基础信息时,考虑到官网以烘焙为主题,而图文消息封面是用户的第一印象,所以使用了诱人的面包或蛋糕制品图片作为封面,这样能让用户在第一眼看到的时候就明白官网的性质,如图 2-7 所示。

图 2-7 微官网的基础设置

二、首页幻灯片

为了增强微官网的视觉效果,微官网支持首页幻灯片,在设置首页幻灯片时,要注意贴合网站的主题。TK 公司的网站主题是烘焙,那么首页的幻灯图片也必须以烘焙或烘焙的周边材料作为主题,这里选用了正在烘焙中的饼干图片和杯装蛋糕图片,单击"首页幻灯片"→"添加幻灯片"按钮,输入幻灯片名称、幻灯片显示顺序,外链网站,选择是否显示,单击"保存"按钮即完成幻灯片的添加工作,如图 2-8 所示。

图 2-8 添加首页幻灯片

三、分类管理

分类管理是用于显示在首页的菜单栏,分类时要注意,按照主题相应规律来进行分类,如服装类网站可以分为女装、男装、童装等,针对 TK 公司的产品和所选定的模板布局,TK 公司将网站分为 6 个菜单栏,包含烘焙类配方与烘焙类用品,以及交流通道等。其中配方类分为蛋糕、面包、饼干三类。为了进行公司商品的销售,还需要添加"烘焙原料"一栏,烘焙原料这个分类直接链接到微店铺中。在"分类管理"中单击"添加分类"按钮,然后进行相应的设置,就可以完成分类,如图 2-9 所示。

分类名称:用于显示在首页的菜单名称。
分类描述:菜单的一句话描述,有些模板会用到,另外,列表页简介也会用到。
显示顺序:菜单显示的先后顺序。
分类封面:图片模板需要显示图片封面。
是否官网显示:是否显示在首页菜单,选中"显示"单选按钮就会显示。
图标:图标是在图标模板或菜单导航时显示的,目前微盟内置 100 多套图标库,后期还会再增加。
回复类型:微盟微官网强大的内链系统,支持回复的类型有图文、电话、导航、活动、业务模块,如图 2-10 所示。

业务模块，如图 2-10 所示。

图 2-9　添加分类

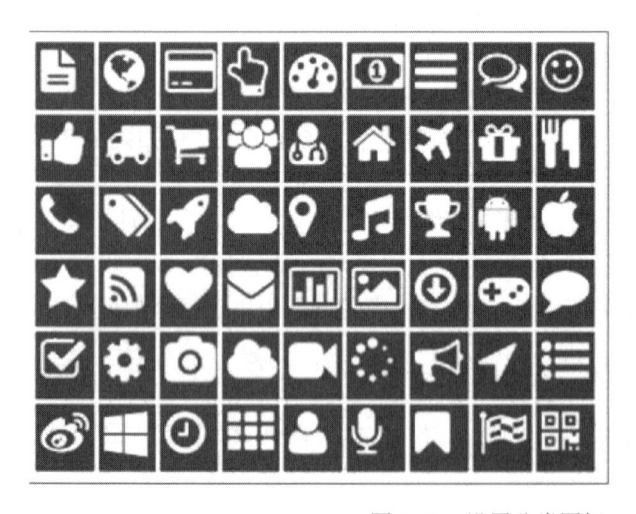

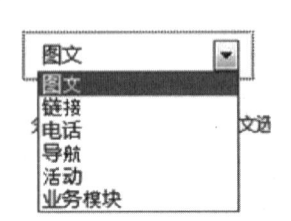

图 2-10　设置分类图标

图文：直接链接到对应分类的图文列表。

电话：可以添加电话号码，首页就可以一键拨号。

导航：对地理位置进行标注，首页调用百度地图直接一键导航，如图 2-11 所示。

活动：链接微盟系统所有开始进行的活动，如刮刮卡、优惠券、大转盘，如图 2-12 所示。

图 2-11　微导航

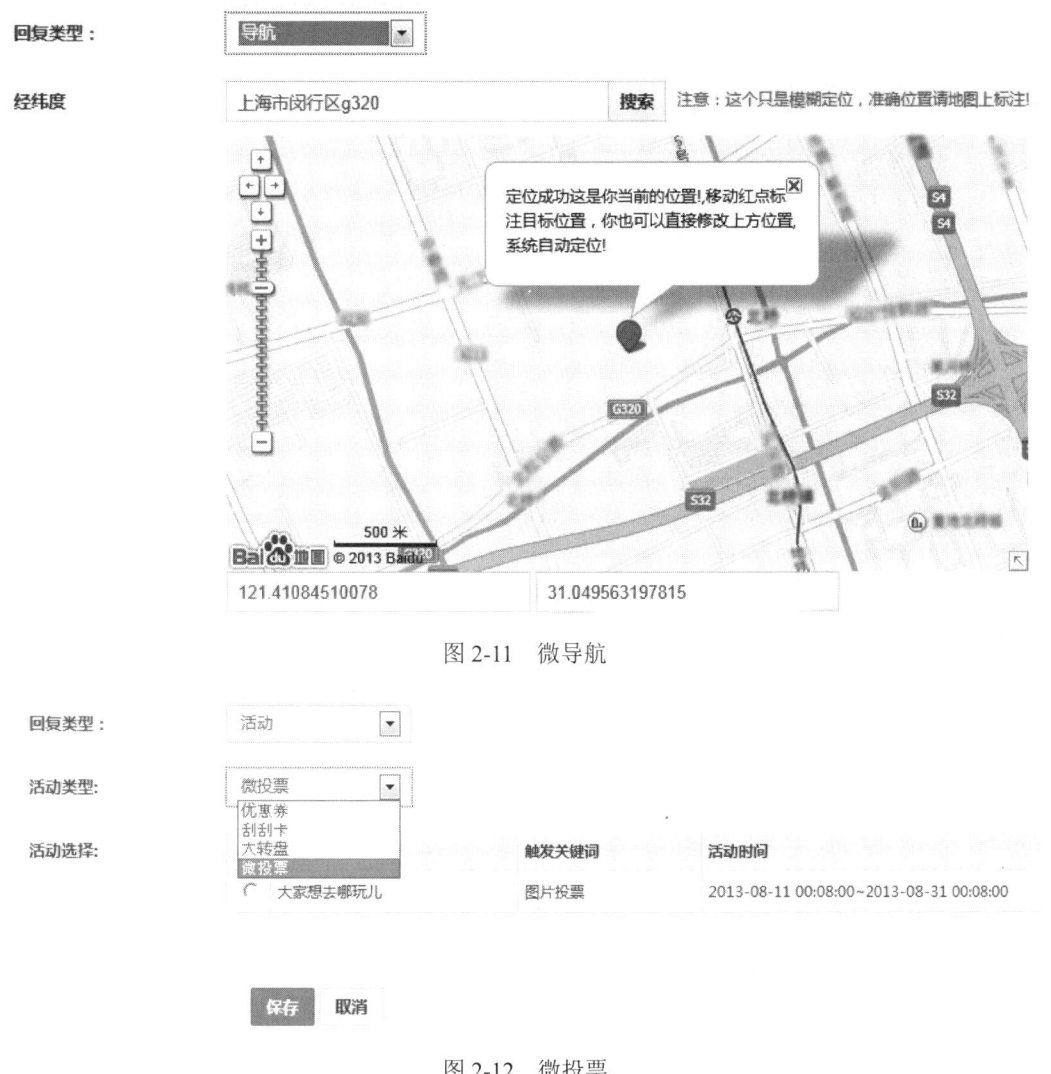

图 2-12　微投票

业务模块：可以链接微盟系统的所有业务模块，如微官网、会员卡、微预约、微医疗等，如图 2-13 所示。

图 2-13　可链接到微官网的业务模块

选择好对应的业务类型，单击"保存"按钮即完成分类的添加。
重复上述动作，完成其他分类的添加。

四、文章添加

为了更好地利用整合资源，微官网文章的添加与图文回复是共用一套的，所以文章的添加需要在图文回复里添加。可以在网络转载一些烘焙的文章，或者把一些原创的烘焙配方编写成文章添加到微官网中。

单击"回复设置"→"图文回复"按钮，添加图文，图文添加的设置同之前一样，在选择所属文章分类时选择上一步创建的分类即可，这样在微官网里如果当前分类设置为图文，添加的就是图文列表，如图2-14所示。

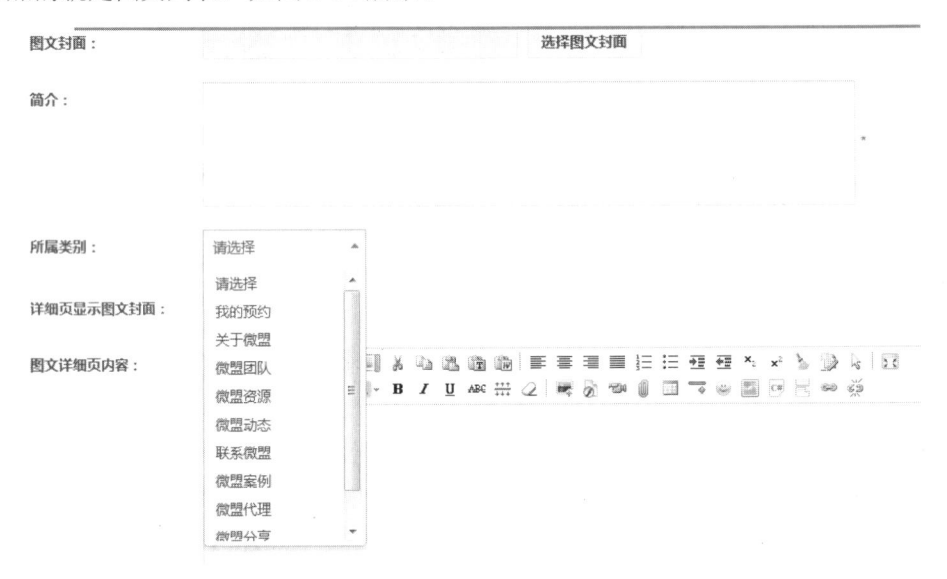

图2-14 选择图文

五、模板管理

微官网目前支持首页模板、列表页模板、详情页模板。几十种模板可以任意组合，考虑到网站的性质和前期的设计，暖色比较适合食品类网站，同样看到网站中所给出的模板，"简洁"这一套模板比较适合当前的设定，选中即可，然后打开手机端或单击预览，扫描二维码即可预览效果。

图2-15 微官网模板选择

六、快捷与版权

快捷菜单是点击首页左下角小圆链接的快捷交互功能，企业通过设定一些常用快捷功能，如电话、导航、首页、在线咨询等快捷工具，可以很好地方便用户与企业进行在线沟通。单击"新增快捷菜单"，填写快捷名称、显示顺序，设置是否显示、对应图标及回复类型即可完成快捷菜单的创建，如图 2-16 所示。

图 2-16　编辑快捷

颜色与版权：快捷导航按钮显示的颜色，默认是红色，可以按需要修改，如图 2-17 所示。

版权是页面底部显示的版权，默认是显示公众号名称，可以自行修改。

图 2-17　编辑版权信息

完成以上操作，微官网的初步建设就完成了，在微信公众账号中回复"官网"两个字，就可以看到进入官网的图文消息，单击图文消息就可以进入到建设好的微网站，进行浏览，如图 2-18 所示。

图 2-18　微网站预览

模块二　相关知识

一、微网站与其他网站的区别

（一）与传统网站的区别

与传统网站相比，微网站主要有以下几个特点。

（1）可移动性。

（2）用户群体的特性：手机用户。

（3）网站载体的特性：手机屏幕。

虽然微网站营销拥有广大的客户群体，但如何做好传统企业在 WAP 领域的营销活动，目前还是一个很新的话题。与传统互联网一样，企业要开展 WAP 网络营销，也需要建设自己的 WAP 网站。虽然在表现形式上，微网站要弱于一般的网站，对于图片、动画等表现力度不够，但麻雀虽小，五脏俱全。

目前微网站制作时主要采用 WML 语言进行编写。另外，由于手机的屏幕尺寸和 CPU 处理能力有限，专门为手机进行优化的网站为了方便用户浏览，要求微网站的设计应适应手机浏览。

（二）与手机网站的区别

1. 手机版 WAP 网站

手机 WAP 网站使用的是 WML 协议，是指手机 WAP 浏览器可浏览的网站，网址的开头是 WAP。它用的协议和计算机上的网站是不同的，之后随着智能手机的普及、网速的提升及手机浏览器的快速成长，这种基于 WML 协议制作的网站很快就退出了历史舞台，现在的手机可以直接浏览 HTML 网页了。微网站是独立的，不依附于任何平台，可以根据客户的想法任意地制作，只要有利于访问即可。

简单来说，移动端的网站应该分为微信网站、微网站，手机网站就是 WAP，微信网站是嵌入在微信中，以微信为传播平台的移动端网页展示。

2．手机微站

有人也把手机微站称为手机网站，微站和微网站有着本质的区别。

手机微站就是通过微信可浏览的网站，人们习惯称它为微站，它和手机 WAP 网站不同的是，在手机安装微信的时候就已经安装了微信浏览器，它可以支持微信自己的协议，制作微信网站的时候可以加入微信的开放 API 接口来调用一些微信的功能，如分享微站资讯到朋友圈、转发给联系人等。它和手机 WAP 网站的区别是，它可以调用微信的功能，而微网站不能。

二、微网站的策划步骤

（一）现状分析

企业在搭建微网站之前，首先要对企业的自我现状进行分析。这包括企业网络业务的现状、企业自身的运营模式、微网站的发展现状，以及企业未来的发展规划等。

（二）市场调研

这里的市场调研，主要包括调查市场上已经存在的同类或相关产品的微网站，研究其页面模块的组成，以及主题色彩的选取、销售模式、基本的运营情况、目标用户群体的年龄分布和性别比例、消费者态度等。然后取长补短，结合自身，从而给企业自建微网站打下良好的基础。

（三）制定策划方案

根据企业现状和对市场调研分析的数据，制定策划方案。由材料分析得知，网站内容的策划，可以分为首页和内容页两大模块，其中首页包括网站主题、网站色彩、栏目设计、页面的布局等；内容页包括色彩搭配、页面布局、内容的设置等。

（四）制定项目执行周期

根据网站各模块的需求，合理分工，规划好工作周期，保证网站能够在预期内准时上线，投入运营。

三、微网站的优势

微网站的出现，让移动互联网交易变得极其便捷。对很多企业来讲，建设微网站，就是把自己的生意装进了用户的手机里。那么为什么微网站一经出现，就受到了广大企业和个人用户的好评呢？具体来说，它有以下优势。

（一）网站自身的特色

（1）其不用注册域名，更方便。

（2）不用购买空间，更节约。

（3）不用进行网站备案，更省事。

（4）有多款行业模板供随意选择，具有多种内页列表展现方式，布局采用 DIV+CSS 技术，简洁大方，拓展性强，不限制页面数量与容量，页面图片可任意编辑，自动适应屏幕比例，移动客户端界面的视觉效果强，版面丰富，布局灵活，扩展性强。

（5）应用 HTML5 技术提升浏览体验与交互性能，访问速度更快、更安全，用户体验更佳。

（6）内置一键导航功能，可个性化定制功能模块、自定义微网站导航。

（7）提供在线支付、购物等多种电商移动互联网开发。

（二）可实现的功能

（1）自动显示独立网址。

（2）自由编辑商家简介。

（3）随时发布最新公告。

（4）精选商品的展示和预定。

（5）发布各种优惠信息吸引顾客。

（6）通信方式的添加与修改。

（7）支持微视频功能。

（8）保留 PC 版网站的报名、留言等常用功能。

（9）积分统计与奖励。

（10）支持添加外链。

（三）与微信对接

因为单个的微网站推广起来的难度并不亚于一个 PC 网站，而与此同时，因为微信公众平台向第三方开放了链接端口，企业和个人都可以将自己想要推广的网站或链接，放在微信公众平台里去推广，所以在实际操作中，大部分企业都是将搭建好的微网站的链接地址放在微信公众平台里。这样做就等于利用微信公众平台这个工具来管理自己的微网站。如此一来，不仅方便了企业对用户的管理，节省了生产运营成本，使微网站可以更好地传播，也使得微网站可以适用微信公众平台的功能。

同步训练

一、实训概述

本次实训为移动微网站搭建实训，学生通过本项目的学习，要能够利用移动端或 PC 端相关平台对微网站进行搭建，并能够完成微网站搭建后的基本设置，熟练地将微网站与微信公众账号进行绑定。本项目要求学生在完成知识模块内容的学习后，能够独立进行微网站的搭建，并独立完成网店的美化工作等。

二、实训素材

相关实训软件、智能手机实训设备、微网站搭建软件。

三、实训内容

任务一　微网站的策划

教师布置任务，学生在教师所提供的素材中选择合适的素材，进行微网站搭建前的前期策划，并完成下表。

首页	网站主题	网站的性质	
	网站色彩	网页主色调、色彩搭配	
	栏目设计	首页	
		……	
		……	
		……	
	页面布局	页面布局的初步构想	
内容页	页面布局	页面布局的初步构想	
	色彩搭配	网页主色调、色彩搭配	
	内容设置	确定内容如何进行排版、内容页的整体展现方式	

教师检查学生所搭建的移动微网站，安排小组之间互相进行评比。

任务二　微网站的搭建

学生处理相关网站图片，利用微网站搭建软件对网站进行搭建，模拟经营环节，完成图片处理、图片设置等过程。

教师根据学生的经营状况，对学生的微网站进行点评，并进行实训评比。

项目三

微网店的搭建

微网店作为移动端的新型产物，任何人通过手机号码即可开通自己的店铺，并通过一键分享到 SNS 平台来宣传自己的店铺并促成订单成交。微网店的出现，将电子商务的门槛降到了历史最低点，微网店作为一种变革创新的商业模式，它整合了移动端和 PC 端、B2C 和 O2O，为品牌供应商和创业者提供了一个全新的电子商务云销售交易平台。因为微电商简化了电子商务网上开店流程手续，减少了营销成本，在一定程度上满足了移动端中小卖家的业务需求，因此它具有更为广阔的市场前景。

那么如何选择合适的微网店平台、如何开设微网店、如何装修店铺、如何利用移动营销平台做到更好地与客户互动？带着这些疑问，我们开始本项目的学习。

学习目标

知识目标

1. 了解各类微网店搭建平台。
2. 了解开设微网店的方法和步骤。
3. 了解微网店如何进货、上架及维护产品。
4. 了解微网店运营的基本要素。

能力目标

1. 具备搭建微网店的能力。
2. 具备微网店平台基本运营的能力。

项目情景

在"互联网+"的大力推动和"大众创业，万众创新"的影响下，市面上出现了大量的以生活服务为切入点的 O2O 平台，利用互联网进行销售的商品已经不仅仅局限在服装、家居类商品、小饰品上，食品、蛋糕同城速递等服务类行业也逐渐利用互联网进行宣传与交易。

很多明星、有名的微博博主，不仅在淘宝网开设自己的品牌网店，甚至还在全国主要城市投资实体店铺。明星微博博主"星座不求人"根据粉丝的需求，准备推出一系列与星座相关的周边产品。经过一些考察得出结论,如果开设淘宝店铺,不仅需要大量的时间维护网店,还需要一定的资金储备,而星座周边产品不是热门商品,也不是生活必需品。所以博主决定开设微信小店,与自己的微信公众账号进行绑定,一来为了适应移动电商的发展,购买商品的同时,达到品牌宣传的效果;二来让微信客户可以更加方便地购买商品。

模块一 任务分解

任务一 微店平台的选择

随着互联网时代的发展,网络购物日渐呈现出垂直细分、去中心化、入口多元化等多重特征,移动互联网的微信小店、拍拍微店、口袋微店、有赞、微盟等系列微店、微商的出现,降低了开店门槛,简化了流程手续,减少了营销成本,在一定程度上满足了移动端中小卖家的业务需求。但面对如此众多的微店平台,作为商家该选择什么微店入驻呢?

一、"微店"(口袋购物)

微店 App "微店"几乎已经成为一个行业词了,但目前所普遍认可的最早的微店产品是口袋购物旗下的"微店" App,如图 3-1 所示。

上线于 2014 年年初的"微店",几乎可以说是"划时代性"地采用了用手机号开网店的模式,将电商的准入门槛拉到历史最低,商品的上架、编辑等功能也非常简单。这个"傻瓜式开店工具"很快引发了一股个人开店的潮流。当然,其他的开发者也纷纷效仿跟进,开发了各式各样的"××微店""××小店"。

图 3-1 "微店"界面

"微店"的特点是上线早、门槛低、运营简单，它的商家类型倾向于有货源的个人（如代购），这让口袋购物的这款"微店"应用能够迅速地累积用户，抢占市场，截至目前，"微店"依然是店铺数量最多的微网店平台。

二、萌店

萌店是基于人与人之间的信任关系，以消费者为中心的 B2V2C 的开店平台。作为移动端的新型产物，萌店具备任何人下载 App 并注册手机号码后就可开通自己的萌店店铺的优势，并通过一键分享到微信、微博、QQ 等 SNS 平台来宣传自己的店铺并促成交易，降低了开店的门槛和复杂手续，且不收任何费用。另外，萌店具有海量一手正品货源供个人开店者分销，与众安保险合作提供商品正品保障，并且提供了多种推广渠道和多种支付方式，同时，萌店无须囤货，支持代发，可以让开店变得更简单，如图 3-2 所示。

图 3-2　萌店界面

三、有赞微小店

从成立时间（2012 年）上来看，有赞比微盟要早得多。从目前的产品架构来看，有赞与微盟是比较类似的，都有两大业务主线：B2C 模式的微商城搭建、B2C2C 模式的微分销体系（有赞微小店 App）。有赞微小店与其他开店软件最大的区别是，微小店内提供了海量精选的分销商品，即使用户没有自己的货源渠道，也可以通过售卖分销商品，赚取高额利润，如图 3-3 所示。

四、拍拍小店

拍拍是京东集团全资控股公司，也是国内比较知名的移动社交电商平台。拍拍基于用户连接的核心——社交关系、中心化与去中心化相结合的流量渠道，根据移动社交场景重构电商生态。

从界面设置来看，京东拍拍小店（见图 3-4）和有赞微小店风格类似，采取了简洁的底部四大图标分类，分类清晰。而口袋购物的"微店"则采取了两页滑动来展示功能，所以显得有些复杂；从功能来看，京东的拍拍小店功能相对较全，既有对自身小店的管理设置，又有微店市场的全景展现，同

图 3-3　有赞微小店界面

时还能发现附近的优质店铺及店长笔记。此外，还具备一些其他两个平台不具备的功能，如转发赚钱、一键代理（搬家）、扫一扫等功能。

在整个开店的生态链当中，包括供货商、分销商、个人等角色，而平台的作用就是要保证各方利益能够达到最好，分销商希望有大量的供货商提供好的货源，供货商希望有大量的分销商帮助销售商品，从这个角度来说，谁有大量的分销商资源或者供货商资源入驻平台，谁将会在微店市场中占据有利位置。

五、微信小店

2014年5月29日，微信公众平台宣布正式推出"微信小店"，将形形色色的小店搬进微信里（见图3-5）。登录微信上的服务号，即可获得轻松开店、管理货架、维护客户的简便模板。这不但让曾经的那句"微信，不仅仅是聊天工具"成为现实，也让移动电商大战正式拉开帷幕，微信小店一经推出便引发热议。

图3-4 拍拍小店界面

微信小店的开通方式很简单，只要已经是获得了微信认证的服务号，即可自助申请。只需登录微信公众平台网页版，进入"服务中心"，即可看到"微信小店"的入口，按照操作提示即可申请开通。微信小店基于微信支付通过公众账号售卖商品，具有开店、商品上架、货架管理、客户关系维护、维权等功能。商家通过微信小店，也可为用户提供原生商品详情体验，货架也更简洁。

此前微信公众平台已经对外开放了支付功能，企业和商家，特别是电商行业对于微信公众平台的能力需求有了进一步的提升。之前如果要实现电商功能，可能需要有很强的技术开发能力，有了微信小店，商家即使没有任何技术开发能力，也可以开启电商模式，对商品进行分类、分区陈列，真正实现"零成本"开店。同时，部分有开发能力的商家，还可通过API接口的方式，自行开发商铺系统，通过相关的接口权限更方便地管理商品数据等内容，实现更多功能。

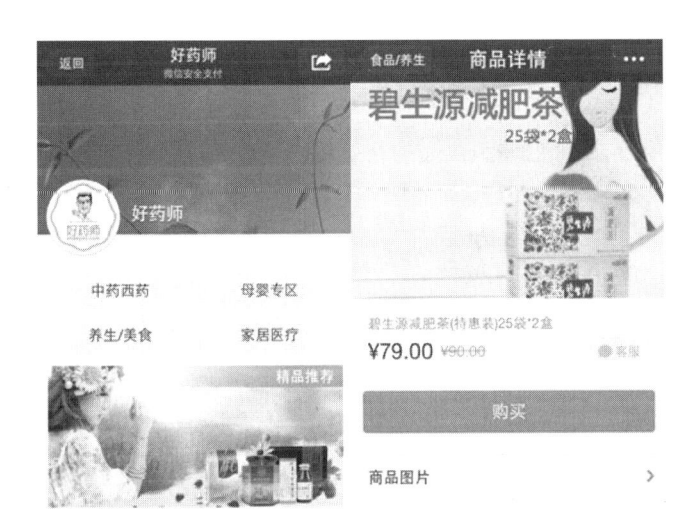

图3-5 微信小店店铺展示

任务二 微店的搭建

对比过目前市场主流的 5 款微网店平台软件后,博主决定使用微信旗下的"微信小店"平台进行微网店建设。

一、微信小店注册

微信小店是为了丰富微信支付场景而扩展的新功能,具备添加商品、商品管理、订单管理、货架管理、维权等多种功能。只有经过微信认证并开通微信支付功能的服务号才能看到申请入口。

微信小店搭建必须具备以下条件。
(1)公众服务号。
(2)开通微信支付接口。
(3)缴纳微信支付接口的 2 万元押金。

其中,服务号和微信支付都需企业认证。如果这些都已经准备齐全,就可以通过以下几个步骤来建立自己的微信小店了。

二、微信小店搭建

博主有独立的微信公众账号"星座不求人",在申请公众账号时,已经通过微信官方的审核认证,现在只需要开通微信支付功能即可(见图 3-6)。

这里微信支付要缴纳 2 万元的保证金,申请认证需要支付 300 元的费用。认证不一定一次成功,但支付 300 元费用即可获得 5 次申请的资格,如果 5 次都没有成功,就需要另外支付 300 元认证费。

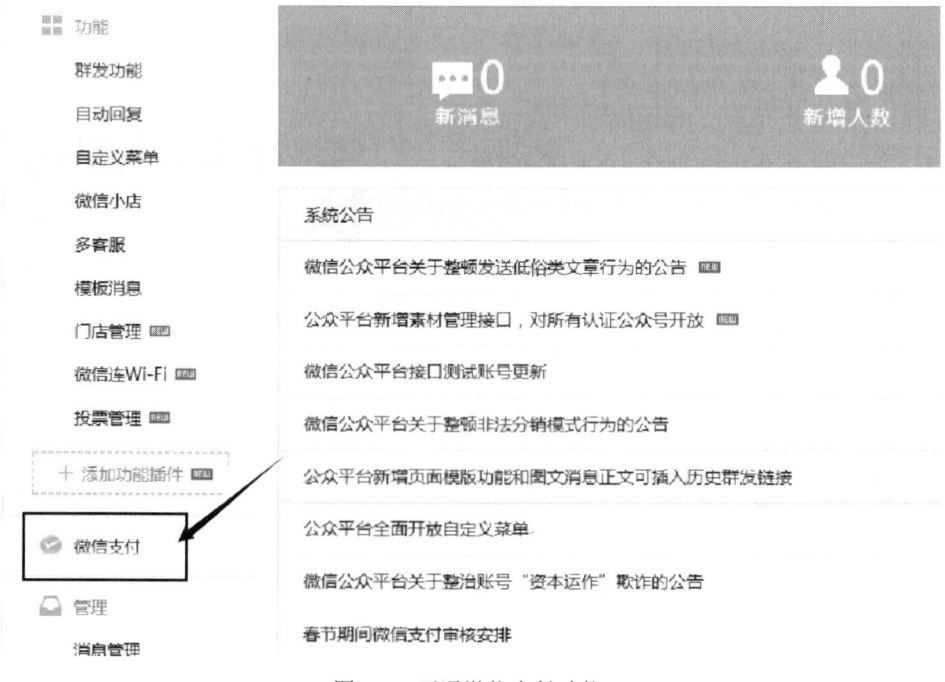

图 3-6 开通微信支付功能

然后是等待微信官方的审核，一般是 1~3 天，审核成功后会提示审核通过，用户就可以开始通过微信商铺功能给小店设置货源了。

成功开通微信支付功能后，在微信公众平台左侧列表中选择"添加功能插件"选项，如图 3-7 所示。

找到"微信小店"并添加该插件，如图 3-8 所示。

图 3-7　选择"添加功能插件"选项

图 3-8　添加"微信小店"插件

添加好"微信小店"插件后，在公众微信首页左侧列表中就会显示"微信小店"选项，如图 3-9 所示。

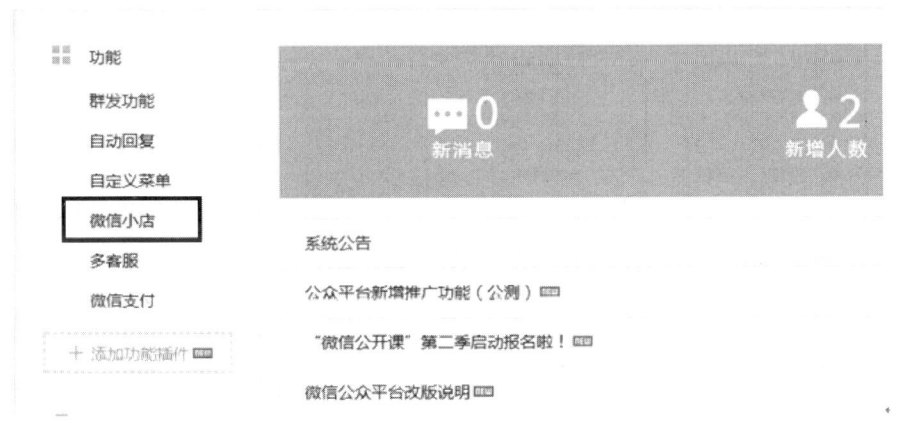

图 3-9　"微信小店"插件添加成功显示

安装完所需要的插件，成功开通了微信小店，店铺开通成功后就开始产品发布和店铺运营。

☑ 任务三　商品的发布与运营

一、商品发布

步骤一，首先添加商品，在"微信小店"页面，选择"添加商品"选项卡，如图 3-10 所示。

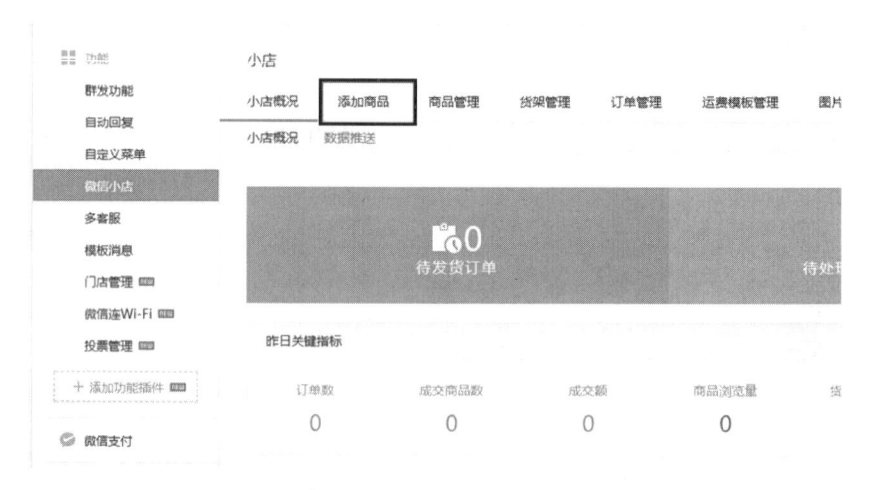

图 3-10　"微信小店"页面

在页面下方可以看到分类选择列表框，按照提示进行选择，如图 3-11 所示。

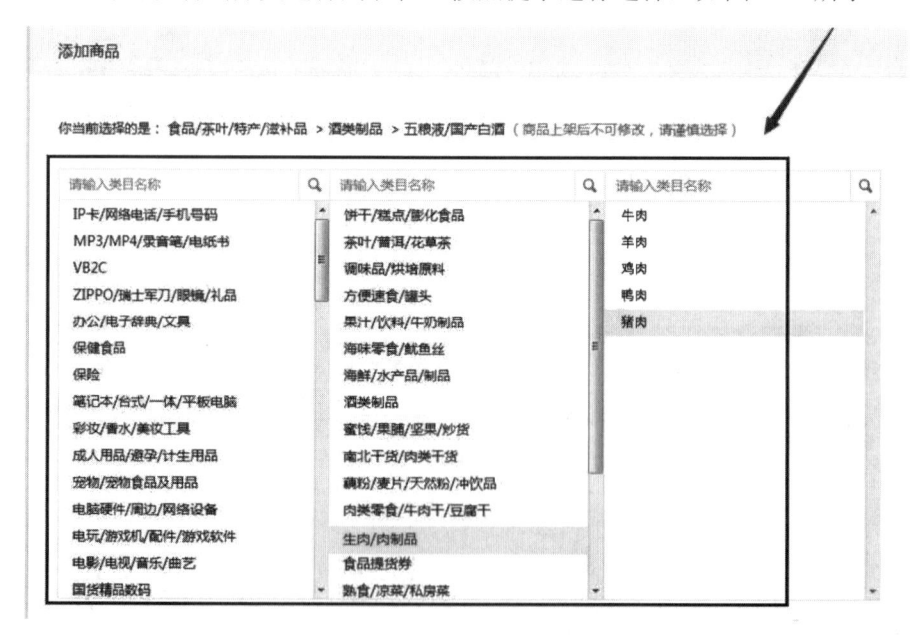

图 3-11　选择产品类目

如果没有找到合适的商品分类，可以直接在此窗口左侧第一个输入框"请输入类目名称"中输入产品名称进行搜索查找，系统会自动推荐相关的类目，选择好合适的商品类目后，再单击下方的"确定"按钮。

注意：上架成功后商品类目不可修改，所以在产品上架时一定要选正确的商品类目。

步骤二，进行商品属性设置，这个设置可以有选择性地填写商品属性。如果在选项中，没有自己想要添加的内容，可以进行自定义设置。设置商品的属性后，系统自动保存，以后再添加相同选项时，可以直接选择，如图3-12所示。

图3-12 填写商品属性的相关信息

步骤三，对商品进行商品分组，同类产品可以放到一个分组内。这个模块也可以新建分组，根据商品的不同属性、不同需要进行设置，然后设置商品名称、商品规格，如图3-13所示。需要注意的是，后台商品信息的设置，在微信小店前端的商品信息里都会显示，所以请仔细填写。

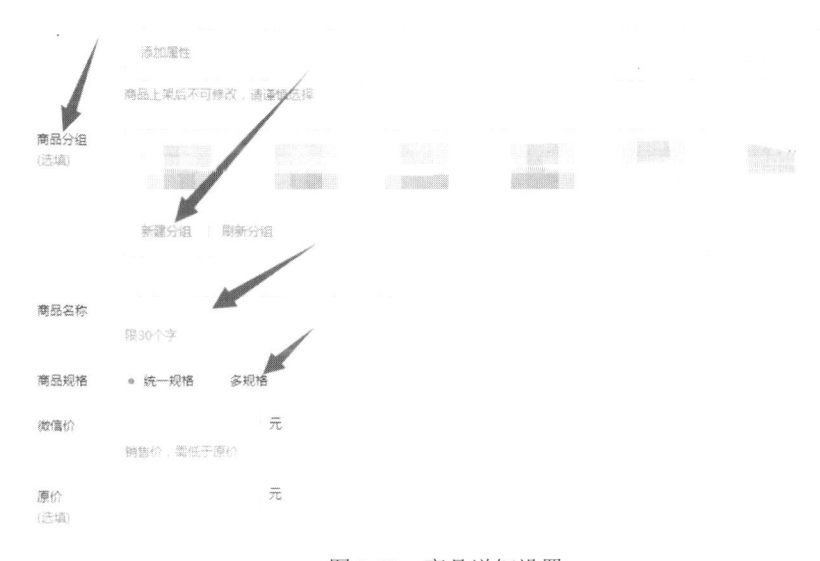

图3-13 商品详细设置

步骤四，填写商品价格、库存、条码等信息（各个类目不同，需要填写的商品信息不同）。接着添加商品图片，微信小店有图片库，可以上传商品图片，上架商品时商品的图片就可以从图片库获取，或者直接本地上传到图片库，如图 3-14 所示。

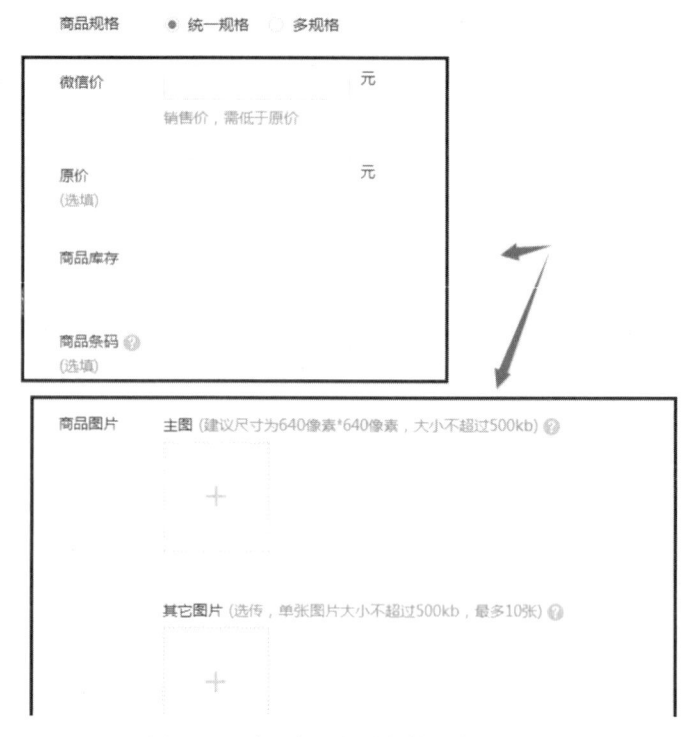

图 3-14　填写商品相关价格、库存、图片信息

步骤五，商品主图尺寸一定要按照规格添加，图片尺寸为 640×640，大小不超过 500KB。虽然商品详细页可以选择性添加，但为了提高转化，商品详细页面最好还是添加。商品详细页可以添加图片和文字，可以根据所出售的商品，添加相应的商品图片和营销文字，如图 3-15 和图 3-16 所示。

图 3-15　微信小店前端商品页面展示 　　图 3-16　微信小店前端商品详情页显示

步骤六，填写物流、售后相关信息，并设置相关商品上架时间，填写上架商品信息，如图 3-17 所示。

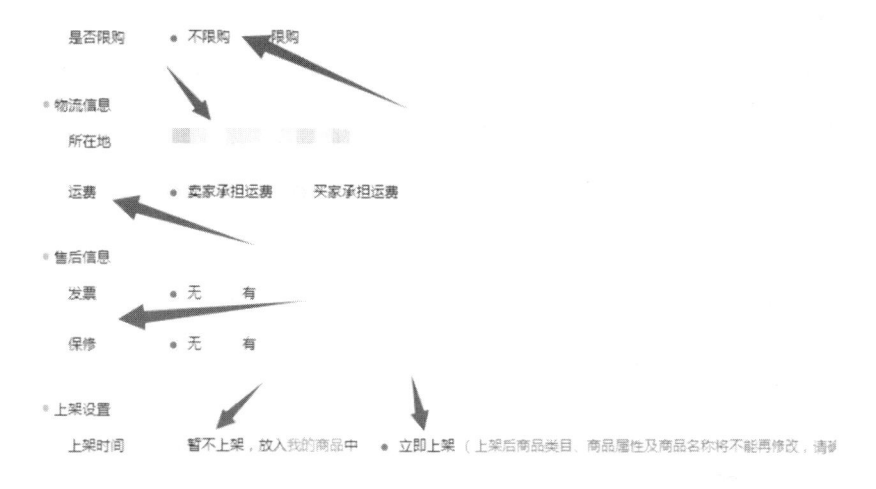

图 3-17 设置商品的物流信息、售后信息

最后保存所添加的商品，保存成功后可以继续添加商品，或者对之前添加的商品进行上架管理，如图 3-18 和图 3-19 所示。

图 3-18 继续添加商品

图 3-19 商品管理

当产品选择"立即上架",则商品类目、属性、名称信息将不能更改,所以选择上架前要对相关信息进行核对,确保无误。产品上架后,在前台就可以看到完整的商品信息,如图 3-20 所示。

二、微信小店的运营

(一)微信小店的经营策略

1．店铺的定位

店铺定位要从产品、经营者、团队工作能力来综合考虑。只有明确店铺的定位,店铺营销策略才会清晰。

2．有计划、有绩效地安排推广工作和任务

推广工作需要合理计划,分配好一切可以利用的优势资源,定时定量地去完成计划任务,注意不要过度盲目地推进工作。

3．合理碎片化的互动周期分布

维系一个粉丝、一个潜在客户或者是准客户都要合理分配时间,保持一定的时间间隔进行客户回访工作。注意不要过度推送信息或者商品,以免引起客户的反感。

图 3-20 微信小店产品首页显示

4．以人为本,个性化销售

从推广起初就要对每个粉丝的各方面状况了如指掌,再加上后期的碎片时间的交互访问(带有一定挖掘性质),需要清楚客户在什么时间、什么状态需要什么产品,利用之前的互动沟通的价值。

5．后续服务延伸提升品牌黏性

任何销售都需要对客户主动进行售后服务,主动解决客户的问题,做好产品口碑,做好品牌传播。

(二)微信小店推广

1．利用粉丝进行推广

(1)合作互推。

微信互推的效果比微博互推的效果好。获得 1000 粉丝后开始找粉丝合作互推,每次效果好都会获得上百粉丝,所以微信合作也很重要。

(2)微博大号推广。

利用微博大号推广微信公众号,微信能在最短的时间内获得粉丝。也可以利用自己的资源跟别人互换资源。

(3)其他线上推广。

在豆瓣、贴吧、空间等平台进行推广。可以把微信小店的二维码做成签名图片,这样每发表一次文章或者评论他人的帖子,都是对店铺进行一次宣传。这种推广方式一般不容易被删除,也是比较常见的推广方式。

（4）大号带小号。

通过加好友的方式，有一批好友之后就可以为微信公众号进行推广。这种推广的优势是可以发送群名片或微信小店信息，进行推广；劣势是容易被其他好友举报，因此在小号推广时需要考虑推送的方式和内容。

（5）基于 LBS 的推广。

可以设置好诱导的个性签名，然后利用微信"查看附件的人"功能。当被附近的其他微信用户看到时，如果被签名吸引，就有可能获得账号关注。

（6）微信摇一摇。

微信"摇一摇"功能的目标就是，让别人看到我们的签名或者加我们为好友，"摇一摇"功能的优点就是没有地域的限制，它是按照最近同时摇手机的用户配对的。

（7）漂流瓶。

利用"漂流瓶"功能，每天丢几千个漂流瓶，写一些诱导性的留言内容（内容也可以是宣传微信公众号、微信小店信息等），让陌生人主动添加好友。

（8）活动推广。

活动推广包括互联网和微信活动。

在微博上发起活动，关注就有机会获得礼品。

在微信上发起活动，介绍身边的朋友就可以获得礼品。

2．利用微信公众号推广

（1）利用好信息中的"阅读原文"。

微信信息中不能放超链接，只有在"阅读原文"中可以放超链接，通过"阅读原文"可以给企业网站增加客户，也可以链接店铺或者产品信息。

（2）在微信公众平台设置关键词自动回复。

把每次发送的文章都设置上对应关键词，如输入"1"，查阅"最新活动信息"，输入"2"进行售后咨询，还可以在"实时消息"中看到客户的提问，把一些客户常见问题统一整理，通过关键词设置，为客户推送答案，节约客服沟通时间。

（3）微信二次开发。

微信可以二次开发，如客户查询产品信息、跟客户 CRM 系统对应、提醒客户等。

模块二　相关知识

一、微信朋友圈

微信朋友圈指的是腾讯微信上的一个社交功能，于微信 4.0 版本 2012 年 4 月 19 日更新时上线，用户可以通过朋友圈发表文字和图片，同时可通过其他软件将文章或者音乐分享到朋友圈。用户可以对好友新发的照片进行"评论"或点"赞"，用户只能看相同好友的评论或赞。

（一）基础功能

1．图片动态

微信朋友圈可直接发布图片动态。图片可以选择拍照或者从相册中选取，一次最多可以分享9张图片。但图片发布出来后会有压缩,不同平台的压缩比率不同。通常来说,iOS下发布的图片清晰度高于其他平台。

发布图片的同时可以配上文字说明。

2. 小视频

微信朋友圈可以在选择发布内容的时候,选择拍摄小视频发布分享。小视频当前支持最长8秒钟的小视频分享。

朋友圈中显示的小视频默认自动播放,但无声音。单击小视频进入单独播放画面时可播放声音。在微信设置中可以关闭小视频的自动播放以节省流量。小视频也可以通过在聊天列表界面下拉直接拍摄发布,以达到快捷分享的需要。

最新版微信中,小视频已支持拍摄后暂时保存稍后发送。但发布后的小视频无法转发或收藏。

3. 纯文字信息

长按发布朋友圈的相机图标,可以进入发布纯文字动态的界面。首次进入会提示这是一个内部测试的功能,可能会在版本更改中取消。纯文字动态支持保存最近一次的草稿,上次编辑未发送或者清空的内容在下次打开时会自动恢复。纯文字动态无法被转发或收藏。不支持位置标示、分组查看和@某人(提醒某人查看)。

4. 网页和链接

微信朋友圈支持其他应用的分享。其他应用可以通过接入微信的分享端口,在应用内部直接分享内容到朋友圈中。分享到朋友圈中的内容以链接形式存在。音乐类应用分享的歌曲可以在朋友圈中点击播放图标直接播放而无须打开链接。

5. 广告

在最新版本中,微信朋友圈开始推送广告,形式和一般朋友圈类似,为"图片+文字"。

广告朋友圈会在右上角显示"推广"字样。第一版中仅有"VIVO""可口可乐"和"宝马"3条广告,基于内部算法分别推送给不同用户。广告朋友圈和一般朋友圈类似,会随着时间线而被新的朋友圈往后推进,并不是固定位置。

6. 评论和点赞

朋友圈分享可以评论和点赞。自己发表的评论可以随时删除,点赞再点击一次可以取消。每条消息只能进行一次点赞操作。朋友的朋友圈下的评论只有同时也是自己的联系人时才可以看到。

(二)高级功能编辑

自己的朋友圈分享可以随时删除。图片和链接可以收藏和转发,收藏支持标签管理。图片还可以编辑权限为"仅自己可见"。

1. 拉黑

朋友圈支持"不看TA的朋友圈"与"不让TA看我的朋友圈"。

iOS版本中的设置方法如下。

(1)单击底部栏中的"朋友们"图标,并进入"朋友圈"。

(2)在想拉黑的人头像上长按一秒左右。

(3)这时候就会弹出菜单,选择"设置朋友圈权限"命令。

(4)之后就可以进行设置了。可以选择"加入朋友圈黑名单"(TA将无法看到你的朋友圈内容）和"不看他（她）的照片"（你将无法看到他的朋友圈信息）。

也可以通过在联系人资料页单击右上角的"…"按钮进入设置。添加新好友时也可以直接设置。在"设置"→"隐私"中可以查看朋友圈黑名单。

2. 分组

朋友圈支持分组分享。在发送图片和小视频时可以选择"谁可以看"，其中可以选择已经创建的分组，将朋友圈消息发送给指定分组好友，或者指定分组好友不可查看。也可在此页面中管理分组。

3. 地点和@

发送图片和小视频时支持添加地点信息，需要手机打开"允许应用使用位置信息"。位置可以选择已有地标，也可以创建新地标。

高级玩法：目前对于地标的创建无审核，通过创建个性化的地标可以起到为朋友圈分享添加"小尾巴"的效果，如风靡一时的"来自八星八箭64G纯金镶钻iPhone 6 Plus"即是通过创建个性地名达成的。发送图片和小视频时同时可以@某人，被@的联系人会收到提示消息提示查看该条朋友圈。

二、微信公众平台

微信公众平台，简称WeChat。曾命名为"官号平台"和"媒体平台"，最终定位为"公众平台"，无疑让我们看到一个微信对后续更大的期望。和新浪微博早期从明星战略着手不同，微信此时已经有了亿级的用户，挖掘自己用户的价值，为这个新的平台增加更优质的内容，创造更好的黏性，形成一个不一样的生态循环，是平台发展初期更重要的方向。利用公众账号平台进行自媒体活动，简单来说就是进行一对多的媒体性行为活动，如商家通过申请公众微信服务号通过二次开发展示商家微官网、微会员、微推送、微支付、微活动、微报名、微分享、微名片等，已经形成了一种主流的线上线下微信互动营销方式。

正如线上线下微信互动营销的代表，率先提出标准的行业通用模板和深定制的微信平台开发理念相结合，形成了线上线下微信互动营销的开放应用平台。

1. 服务号功能

公众平台服务号是公众平台的一种账号类型，旨在为用户提供服务。

（1）1个月（自然月）内仅可以发送4条群发消息。

（2）发给订阅用户（粉丝）的消息，会显示在对方的聊天列表中，相对应微信的首页。

（3）服务号会在订阅用户（粉丝）的通讯录中。通讯录中有一个公众号的文件夹，打开可以查看所有服务号。

（4）服务号可申请自定义菜单。

2. 订阅号功能

公众平台订阅号是公众平台的一种账号类型，旨在为用户提供信息。

（1）每天（24小时内）可以发送1条群发消息。

（2）发给订阅用户（粉丝）的消息，将会显示在对方的"订阅号"文件夹中。双击才可以打开。

（3）在订阅用户（粉丝）的通讯录中，订阅号将被放入"订阅号"文件夹中。

备注：在微信4.5版本之前申请的订阅号可以有一次机会升级到服务号，新注册的微信公众平台账号在注册到第四步时有一个订阅号或者服务号的类型选择，一旦选择就不可以改变了，一定要确定好。作为企业推荐选择服务号，因为后期对服务号腾讯会有一些高级接口开放，企业可以更好地利用公众平台服务客户。

个人申请，只能申请订阅号。

3．企业号功能

公众平台企业号是公众平台的一种账号类型，旨在帮助企业、政府机关、学校、医院等事业单位和非政府组织建立与员工、上下游合作伙伴及内部 IT 系统间的连接，并能有效地简化管理流程、提高信息的沟通和协同效率、提升对一线员工的服务及管理能力。

三、微信商城

微信本来是一款手机端的社交平台，微信的第三版更新后，出现了微信 PC 端。自微信公众平台诞生，短短两年时间就突破了 6 亿用户，这样的惊人数据吸引着无数商家的眼球，庞大的人群后面隐含着巨大的商机。微信第三方平台顺势而发，推出微信电商服务产品"微信商城"，助力企业开启微营销，抢占 6 亿微信市场制高点。微信异样地火爆起来，成为许多商家的一种营销方式，许多商家开始试水微信。

微信商城系统是微信第三方平台基于微信而研发的一款社会化电子商务系统，同时又是一款传统互联网、移动互联网、微信商城、易信商城、App 商城五网一体化的企业购物系统。

（1）会员系统。

完善的会员管理系统，具有自动保存密码、会员等级、积分管理、积分兑换、导入导出等功能。

（2）支付功能。

支持微信支付、财付通、快钱、银联、货到付款等多种支付方式，解决了商家因单一支付方式给消费者带来的不便。

（3）购物车/订单/结算功能。

完善的购物车和订单生成系统，在线结算方便快捷。

（4）自定义菜单。

拥有商品分类、资讯中心、新品促销等板块，分类清晰，除了微信自定义菜单外还扩展到内页中自定义菜单。

（5）产品管理系统。

强大的产品管理系统，可以自定义参数，具有导入导出等完善功能。

（6）促销功能。

多种促销规则、积分赠送、会员优惠等让商城具备超强营销力。

（7）抽奖功能/投票功能。

微信商城可同时进行多种即时抽奖活动。可以发起多种图文和柱状的投票活动。

（8）分佣系统。

充分利用微信的社会化人际关系特点，以流量、推荐会员、购买抽佣的形式为营销工具。

四、新浪微博的橱窗

微博用户可以在客户端直接发布商品。通过微博微电商达人认证的用户还可以优先体验微博橱窗高级展示功能，在一条微博里最多可推荐 9 件商品。进一步激活微博粉丝经济，加强微博兴趣社交的关系黏性,同时完善微博"广告+电商"的商业生态。

用户在微博发布器中选择"商品",然后选择要发布商品的图片,填写价格、库存等信息,并填写商品推荐理由,即可完成商品发布。发布的商品将出现在信息流里,进入商品详情页后即可购买。

除了发布自己的商品外,用户还可以推荐第三方电商平台的商品。目前已接入的电商平台包括淘宝、天猫、微卖等,未来还将接入更多电商平台和品牌商家。这将给微博上各领域达人提供更便利的变现方式。

在手机新浪微博客户端上,进入我的个人中心可以看到"粉丝服务",单击进入粉丝服务,如图 3-21 所示。

目前微博还支持淘宝和聚美优品的链接,直接添加商品链接即可,如图 3-22 所示。

图 3-21 橱窗位置显示　　　　　图 3-22 微博橱窗界面显示

五、微商城六大传播渠道

(1)PC 端官方门户网站——集广告播放、商品展示、会员管理、交易管理等于一身,购物、旅游、美食、休闲娱乐以及各种生活服务应有尽有,应享尽享。为商家提供时尚的展示平台,为用户提供便捷的购物环境,与手机网站无缝链接,可覆盖所有群体。

(2)手机端官方门户移动网站——与 PC 端官网等无缝链接,把全方位的购物信息、消费娱乐、交流互动、在线交易等应用集中在你的手中。

(3)移动 3D 虚拟购物中心——全球唯一的手机端 3D 立体虚拟购物商城,华丽、超酷、时尚、舒适、360 度自由旋转、360 度产品展示,让你体验前所未有的购物享受。同时具有自动定位、海量搜索功能,用户进入 3D 购物中心,首先会自动定位你所在的区域,然后带你进入你所在地区域的 3D 购物大厦,你可以随意走进每个楼层、每个商铺、每个展柜,直至让你 360 度欣赏每一款产品。当然还可以进入你的个人中心进行收藏、购买、支付等各种应用及操作。

（4）手机端 App 定位搜索综合平台——集吃、喝、玩、乐、衣、食、住、行、全方位消费导航与搜索于一身，并与 PC 官网、手机官网、3D 立体购物中心、会员管理系统等融为一体，既是时尚的广告平台，又是便捷的购物中心。与强大的移动互联网应用功能相结合，必然成为移动网络时代的超级应用大平台。手机端 App 定位搜索综合平台将是我们未来全力推广的主要平台。

（5）微信公众平台——微营销之所以成为未来的主要营销渠道，其主要原因是微博、微信庞大的终端资源，以及低廉的成本投入和精准、高效的广告效果。

（6）店面框架动态广告联动平台——时尚、动感的框架视屏广告是较为流行的传媒载体之一。而我们区别于其他平台的是，我们将以加盟商的店面为平台，广告内容以宣传加盟商的产品或服务为主，联动周边不同行业商家的广告滚动播出，避免同行业之间的竞争。店面框架动态广告联动平台与网上广告平台的相辅相成，达到了空中开花、地面结果的广告效应。

六、常见的微店搭建平台定位及优势分析

微店服务平台已是一片红海，然而口袋微店、有赞微商城、拍拍小店这 3 个产品却领先其他同类产品，占据了一定的市场份额，并具有一定的行业知名度，对其做产品定位及优势分析，如表 3-1 所示。

表 3-1 常见的微店平台定位及优势分析

微店服务平台	有赞微商城	拍拍小店	口袋微店
产品定位	去中心化的全民开店	全民开店分销	全民开店
优势	1. 基于微信公众号的 CRM 2. 丰富的营销工具与粉丝互动 3. 订单处理体系 4. 分销市场品质保证	1. 腾讯商家提供足够多的流量 2. 完善的京东电商、物流体系 3. 商家与周边的商家链接	完善的微店体系，保证卖家和消费者的利益，如 CRM、担保交易、七天退款等，应有尽有
平台特色	自建厂家、分销商、个人、企业等平台形成行业壁垒。覆盖整个产业生态，强大的营销工具，建立商家自有 CRM 以此来对粉丝（微信、微博、朋友圈等）进行二次营销	除了京东腾讯背书，微信支付未收取代扣费用，淘宝、京东一键搬家外，还有围绕商家经营的店长笔记、发现附近的微店，并能互相交流，购物社交囊括其中	微店拥有最多的商家，以及围绕卖家建立了一套完善的体系，有赞、拍拍小店有的功能微店都有，微店在围绕店家的广度上做了很多功能建设，目前下一步微店将布局微店买家版

同步训练

一、实训概述

本次实训为微商店的搭建实训，学生通过本项目的学习，要能够利用微店 App 或者微店网页版进行微商店的搭建，并能够完成微店铺的上货、经营等活动。本项目要求学生在完成知识模块内容的学习后，能够独立进行微商店的搭建，并独立完成店铺上货和基本运营等。

二、实训素材

实训室、智能手机实训设备、联网计算机若干台。

三、实训内容

任务一 微店平台的搭建

教师布置任务，学生在教师所提供的微商店中选择合适的平台进行微店搭建，完成下表，并完成账号注册、微店装修等工作。

微店平台	学生所确定的微商店平台
选择原因	选择这个平台的原因
微店名称	微店的名字
经营商品	所要搭建的网店经营的产品
选择原因	为什么要经营这类商品
店铺风格	店铺装修风格的简单介绍

教师检查学生所搭建的微店铺，安排小组之间互相进行评比。

任务二 商品的发布与运营

学生处置相关商品的图片并进行商品发布，模拟经营环节，完成上货、补货、成交等过程。

教师根据学生的经营状况，对学生的微店进行点评，并进行实训评比。

项目四

营销 App 的设计

得移动者得天下，未来移动互联网会成为各大电商争夺的主要入口，移动端的发展优势是投资人目前投资移动网络一个非常重要的参考因素。现在，企业之所以如此着急抢占移动互联网市场，一方面是因为 App 充斥到了人们生活的各个方面，无论是娱乐、生活、社交还是工作等，App 的影响都无处不在。另一方面，App 营销已经成为很多企业营销布局的重要组成部分。以 App 为载体，企业可以进行企业的品牌推广、挖掘新的消费者，开展销售内容等一系列营销行为，从而使企业或品牌达到理想的宣传效果，其成本甚至比传统广告更低。

因此，在 App 的多赢局面下，各行各业争相开发自己的 App，众多创业者也在开发自己的 App 力争挖掘第一桶金。

学习目标

知识目标

1. 掌握 App 需求分析的方法。
2. 了解 UI/UX 设计的规范。
3. 认知 App 发布的具体流程。

能力目标

1. 具备 App 需求分析能力。
2. 具备 UI/UX 设计能力。
3. 具备 App 发布能力。

项目情景

蚂蜂窝旅行网创立于 2006 年，从 2010 年正式开始公司化运营，是中国领先的自由行服务平台。以"自由行"为核心，蚂蜂窝提供全球 60000 个旅游目的地的旅游攻略、旅游问答、旅游点评等资讯，以及酒店、交通、当地游等自由行产品及服务。

在近几年，随着移动互联网的兴起，手机、平板电脑等移动设备的普及，在线旅游行业正在高速地发展，除了传统的 OTA 行业（即在线旅行社）和一些电商平台外，创业公司层出不穷，各大巨头也纷纷插手分享这块充满诱惑的蛋糕。

旅游类应用按照用户需求划分为资讯、预订、交通、分享 4 种类型，OTA 预订市场发力多年，厮杀激烈，赚取佣金的商业模式相对稳定。蚂蜂窝的旅游攻略即属于协助用户规划行程的资讯类应用。

模块一　任务分解

蚂蜂窝旅行网根据市场需要开发了一款旅游咨询类 App，具体开发流程分 3 个阶段，第一阶段为需求分析，第二阶段为产品设计，第三阶段为产品发布。在正式进入开发流程之前，先来了解什么是 App 营销。

任务一　App 营销认知

一、认识 App 营销

App 是英语 Application 的简述，意指针对手机这种移动连接到互联网的业务或者无线网卡业务而开发的应用程序服务。简单来说就是手机或无线工具的应用服务。

目前，全球进入了一个移动互联网的时代，这是 IT 产业继互联网后开启的又一新时代。随着移动互联网的兴起，越来越多的互联网企业、电商平台将 App 作为销售的主战场。如图 4-1 所示，目前 App 给手机电商带来的流量超过了传统互联网（PC 端）的流量，通过 App 进行盈利成了各大电商平台的发展主要方向。在移动互联网时代。App 营销变得越来越火爆，对于企业来说，谁占领用户的手机桌面，谁就能成为"营销巨头"。

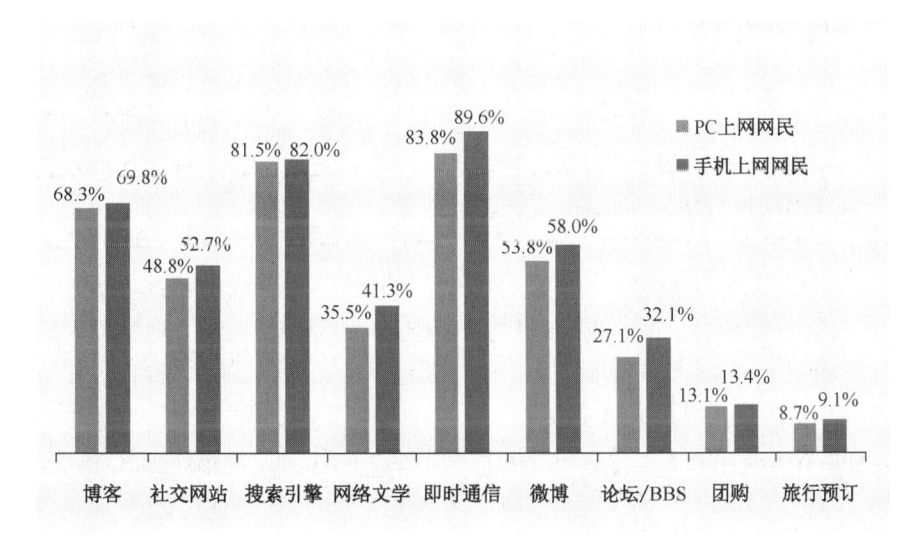

图 4-1　手机端与 PC 端使用率对比

手机 App 是整个 App 营销的核心内容，是品牌与用户之间形成消费关系的重要渠道，也是连接线上线下的枢纽。作为一种符合时代发展趋势的营销工具，App 迅速抢占了移动互联网营销的大平台，逐渐发展成为各大电商互相竞争的主流营销渠道，开启了 App 营销时代。

App 营销变得火热的原因除了用户众多之外，还有 App 与 PC 端在用户体验、设计风格、登录方式、互动性等方面相比更具优势。

（一）用户体验

用户体验方面更加人性化，满足用户的手机浏览习惯。普通的 PC 网站只适合计算机页面浏览，不适合手机页面浏览，一旦普通网站在手机上展示，就会不可避免地出现比例不协调、排版错位变形，甚至乱码的现象。而手机网站是针对手机屏幕和手机分辨率大小而定制的网站，文字和图片的显示比例都适合手机页面的浏览，符合手机用户的视觉习惯和需求，因此，App 已成为企业当今的刚性需求。

（二）设计风格

手机 App 的设计简洁清晰，突出重点。普通的网站和 App 的风格存在"详"和"简"的区别，前者展示的是企业全面详细的信息，面面俱到是其主要特点。而 App 是基于电话、短信、定位、分享、留言本等基本功能上的产物，它只展示企业的核心信息，针对性和目标性强，传输数据量小，访问速度快，这些特点更有利于其在手机终端发挥营销价值。

（三）登录方式

众所周知，能满足客户惰性的产品更具生命力，更容易吸引客户，被客户所接受。访问普通的网站需要通过输入地址或者通过搜索引擎来进行访问，而 App 网站的访问方式更新颖、方便。访问展示型 App 可通过拍摄二维码直接登录访问，省去了手动输入网址的麻烦，很好地迎合了人们的惰性。

（四）互动性

与 PC 版普通网站相比，手机端 App 的留言、分享功能更能促进与客户的互动，增加客户的黏度。

二、App 的创意表现

App 涉及手机阅读、手机电子商务、手机拍照、手机社交与手机游戏等多个领域，满足人们在交通、购物、社交、娱乐、学习方面的多种需求。App 具有丰富的创意、卓越的多媒体表现，并能充分与消费者进行直接互动，已经发展成为企业进行互动营销传播的最新形式。App 营销的创意主要体现在其互动营销的 3 个模式中。

1. 提供详尽信息，立体展示产品

这类 App 针对消费者希望了解产品的需求，提供了一个能够在移动终端上观看产品的渠道。用户只需下载相关 App，利用智能终端摄像头扫描特定图形，就能通过增强现实技术，在智能终端上近距离、多角度、立体化地观看虚拟产品，了解产品的相关信息。

2. 虚拟产品体验，帮用户决策

这类 App 给用户提供了一个虚拟体验产品的渠道，让用户模拟体验产品，帮助推进购买决策。用户打开 App，然后用摄像头对准现实场景，就能看见虚拟产品与现实场景叠加的场景，仿佛看到产品摆放在现实环境中。

3. 给予社交服务，协助情感传递

这类 App 针对消费者的社会属性，提供传递感情服务。用户使用这种 App，能够更加方便地传达情感，通过社交获得快乐。

三、App 营销的优势

1. 持续性强

以 App 作为企业的主要营销方式已经成为各大企业营销的常态。App 营销的持续性强是其特有的优势之一。一旦用户将 App 下载到手机成为客户端，那么持续性使用就会成为必然，建立一群满意度高的 App 用户能更好地驱动 App 成功，但这也意味着 App 必须给用户带来很好的体验，功能必须有价值，这样才能让品牌在用户的下载和更长久的使用中获益。很多企业由于缺乏竞争性的营销战略，虽然在前期开发市场中投入了大量的资金、人力和物力，但是产生的效果并不明显。可能前期销售好，但由于策略缺乏变通，无法实现企业销售的可持续性、稳定性地增长。而 App 营销明显可以弥补这一问题，只要 App 做得足够好，企业的营销思想就会一直存在用户的手机中。

2. 成本低

App 营销的主要特点就是成本低，相比当下任何一种宣传方式，如电视、报纸甚至网络都要低很多。只要开发一个适合本品牌的应用外加适当的推广费用即可，这种模式效果是电视、报纸甚至网络所不能替代的。

3. 促进销售

App 营销是一种通过手机应用推送、传播的移动应用营销方式，所传播的信息影响受众者的意识、态度及行为从而形成营销效果。由于 App 营销具有网络媒体的一切特征，能随时随地接受信息、分享信息，因此它比互联网信息传播更具优势。有了 App 的竞争优势，无疑增强了企业产品和业务的营销能力。

4. 信息全面

App 能够全面地展示产品信息，让用户在没有购买产品之前就已经感受到产品的魅力，降低了对产品的抵抗情绪，通过对产品信息的了解，刺激用户的购买欲望，提升转化率。

5. 灵活度高

App 营销的灵活度非常高，比现有的任何一种宣传销售活动都简单灵活。例如，用户只需要扫描商家二维码即可下载商家 App，用户只需要在手机上打开商家 App 即可看到商家的所有活动信息，并及时参与消费。对于商家来说，也可以随时随地用手机或者计算机发布、管理营销信息，查看实时的营销数据。另外，利用手机和网络，易于开展商家与个别用户之间的交流。用户的喜爱与厌恶的样式、格调和品位，也容易被商家悉数掌握。这些数据对产品大小、样式设计、定价、推广方式、服务安排等，均有重要意义。

任务二　App 的设计与开发

在了解清楚什么是 App 及 App 营销后，正式进入营销性 App 的设计与开发阶段，该阶段共分为 5 个部分，业务需求分析、竞品分析、产品架构设计、产品原型设计、产品功能开发。现以蚂蜂窝旅行网为例，进行营销 App 产品的设计与开发。

一、业务需求分析

（一）行业状况分析

在线旅游行业是指依托互联网，以满足旅游消费者信息查询、产品预订及服务评价为核心目的，囊括了航空公司、酒店、景区、租车公司、海内外旅游局等旅游服务供应商及搜索引擎、OTA、电信运营商、旅游资讯及社区网站等在线旅游平台的产业。蚂蜂窝旅行网所开发的App属于在线旅游行业的一种。

根据艾瑞监测的数据，2015年中国在线旅游市场交易规模达4326.3亿元，同比增长39.9%，预计2017年中国在线旅游市场交易规模可达6544.9亿元，如图4-2所示。

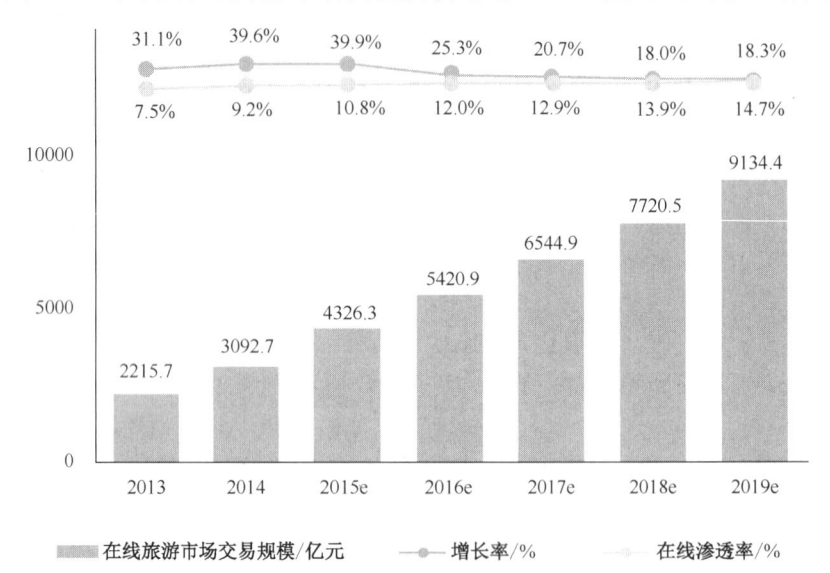

年份	交易规模/亿元	增长率/%	在线渗透率/%
2013	2215.7	31.1%	7.5%
2014	3092.7	39.6%	9.2%
2015e	4326.3	39.9%	10.8%
2016e	5420.9	25.3%	12.0%
2017e	6544.9	20.7%	12.9%
2018e	7720.5	18.0%	13.9%
2019e	9134.4	18.3%	14.7%

图4-2 2013～2019年中国在线旅游市场交易规模及渗透率
（资料来源：http://www.iresearch.com.cn/view/260893.html.）

在线旅游行业正在高速地发展，这将会是一个接近万亿元的市场，具有很大的发展空间。蚂蜂窝的旅游攻略就属于资讯类和分享类。资讯类主要是提供信息，为用户行程规划提供决策依据，传统形式大多以官方介绍为主，实际上为用户提供的需求信息很少，而UCG模式（用户生产内容）+SNS（社会性网络服务）无疑是资讯类获得内容的最佳途径，也是用户安排行程，做出选择的重要依据。分享类一般和资讯类是密不可分的。

（二）用户需求分析

1．抓住用户痛点

抓住假日，释放日常工作，调整生活状态，已经成为都市人群的生活潮流。不管是平日课业繁多的学生，还是工作劳累的上班族们，旅游已随着生活质量的提高，逐渐成为人们对生活要求的一部分。但出行时，应该如何去规划行程、如何获得目的地详尽的介绍，这一系列问题都是人们出游前必须考虑周全的。

蚂蜂窝旅游攻略正是把握住了这个痛点，每天都有海量的世界各地的真实游客记录他们的行程和所见所闻所思，再由强大的团队进行编辑，为大家的行程提供了各种各样的参考方案，游客们可以根据自己的需要自己规划行程。

2．价格攻略

在出行旅游时，作为游客，衣食住行都离不开经济支持。如何在陌生的环境下规划资金，是旅游很重要的一环。特别是在进行穷游或旅游预算不高的游客，合理的资金规划就更加重要。

针对这个问题，蚂蜂窝旅游攻略的游记中将会涵盖吃、喝、玩、乐、住、行各个方面，经济不太富裕的游客或者不想被景点各种欺骗的游客都能在游记中找到自己需要的资金分配方案，并且还有各种自由行的套餐可以选择。

3. 产品概述

蚂蜂窝的优势是攻略，并且是高度结构化的数据，将酒店、景点等有用的信息从杂乱的数据中提取出来，方便用户决策，也为大数据分析提供可能。

数据方面，蚂蜂窝有 5000 万用户（80%来自移动端，持保留意见），200 万日活，日均 UGC 信息 10 万条，覆盖了全球 95%的景点；与蚂蜂窝一样拥有大量 UGC 数据的穷游用户也是 5000 万（40%来自移动端）。

蚂蜂窝以旅游 SNS 起家，核心竞争力是海量用户信息和强大的编辑团队提供的高质量攻略，旅行攻略 App 即为这些核心数据的汇聚，辅助潜在出游用户出行决策。

整个 App 的核心为旅行地推荐及详细介绍，围绕旅行地提供酒店、门票、特价、购物、美食等周边服务，从而拓展盈利模式，目前酒店、门票只是单纯导流到供应源网站，线路则自建预订流程，收取佣金。

二、竞品分析

SWOT 模型是 App 进行设计前很重要的一环。SWOT 分析代表分析企业优势（Strengths）、劣势（Weakness）、机会（Opportunity）和威胁（Threats）。因此，SWOT 分析实际上是对企业内外部条件各方面内容进行综合和概括，进而分析组织的优劣势、面临的机会和威胁的一种方法。

（一）优势（Strengths）

旅游攻略是蚂蜂窝进军移动端的拳头产品，手握海量 UGC 数据和攻略引擎技术。资讯类 App 掌握信息就等于掌握了用户，蚂蜂窝有 5000 万用户，80%来自移动端（即公司已开发的 App 产品）。但市场在不断地变化，数据也在不断地变化，而二八原则明确了公司在运营的过程中，投入和产出、努力与收获、原因和结果之间，普遍存在着不平衡关系。少的投入，可以得到多的产出；小的努力，可以获得大的成绩；关键的少数，往往是决定整个组织的产出、盈利和成败的主要因素。因此，对于蚂蜂窝来说，攻略是其核心，按 80%算，再按二八原则，估算旅游攻略有 2000 万用户，用户意味着变现的资本，大数据可以通过预售的方式来反向定制旅游产品。

（二）劣势（Weakness）

盈利模式单一，目前只是与传统 OTA 合作的佣金+广告模式。

（三）机会（Opportunity）

旅行市场需求越来越大，人们越来越倾向于个性化自由行，OTA 的标准旅游产品已经满足不了人民日益增长的精神文化需求。作为旅行资讯产品，旅游攻略比 OTA 更有优势提供定制旅行服务，优化完善用户根据行程规划匹配预订产品的体验。

依托大数据可以用来预售旅游产品，优化供应链资源分配。

各种打车、餐饮 O2O 服务迅速发展，这些服务都属于旅行的重要场景，与 O2O 服务结合，可以将用户场景从出行前拓展到出行中，给用户更好的体验，也可以增加更多的盈利点。

（四）威胁（Threats）

虽然早期的数据积累建立了一定的行业壁垒，短期内不可替代，但是目前的变现能力还能支持技术和运营走多远还有待考证，选择同为资讯类应用的穷游、百度旅游做对比，如表 4-1 所示。

表 4-1 同行 App 对比

App	产品定位	目标群体特征	核心竞争力	盈利模式
蚂蜂自由行（旅游攻略）	提供高质量信息，帮助用户消费决策	年轻、追求个性化	数据结构化和强大的运营团队	成交佣金+广告收入
穷游 App	做中文海外自助，依靠用户贡献内容	年轻、追求个性化、国外自助游	高精度和深度的出境游信息	成交佣金+广告收入
百度旅游	旅游信息社区服务平台，帮助用户更好、更快地做出行前决策	年轻、追求个性化	百度地图	成交佣金+广告收入

从表 4-1 中可以得出，蚂蜂窝自由行（旅游攻略）、穷游和百度旅游的用户群体都是年轻人为主，但是穷游是境外旅游，其他两位是全世界。旅游攻略注重自由行，穷游注重境外游，百度旅游注重定制行程，各有特色。但在 UGC 上，无疑蚂蜂窝自由行（旅游攻略）的内容产生和编辑更强大，但穷游的社区做得最好，百度旅游还相对比较稚嫩。这就要求在进行 App 设计与开发时，蚂蜂窝要全面突出自己高度结构化数据的优势，以长补短。

三、产品架构设计

蚂蜂窝在确定了 App 的核心竞争力以及与其他竞品的差异之后，着手设计相应的业务功能。其结构的设计全面围绕为用户提供目的地的旅游攻略下载和相关信息，以目的地分类的形式呈现给用户。信息内容以系统所整理的用户 UGC 内容为主，并提供锦囊下载离线查看、景点美食等列表、相关的评论、游记的目标思路展开。图 4-3 为蚂蜂窝自由行（旅游攻略）简略的大体层级架构图，从图中可以看出，架构横向 3 个板块并列，并具有一定的纵深，部分内容需要经过多层级才能到达最终页面。

为了确保每个层级之间的关联，以及用户能从最底层页面回到一级导航，蚂蜂窝在每个页面都设置了相关的返回按钮，这个设计从一定程度上给用户带来了便捷，并更有利于层级之间的清晰度。

四、产品原型设计

原型常被称为线框图、Mockup 或 Demo，原型制作是在正式开始视觉设计和开发之前最具有成本效益的可用性手段之一。原型设计可分为低保真原型与高保真原型，如图 4-4 与图 4-5 所示。相对于低保真原型，高保真原型则是真实地模拟产品最终的视觉效果、交互效果和用户体验感受，在视觉、交互和用户体验上非常接近真实的产品。

（一）UI 设计

首先，在进行 UI 设计时需要充分考虑布局的合理化问题，遵循用户从上而下、自左向右的浏览和操作习惯，避免常用业务功能按键排列过于分散，以造成用户鼠标移动距离过长的弊端。多做"减法"运算，将不常用的功能区块隐藏，以保持界面的简洁，使用户专注于主要业务操作流程，有利于提高软件的易用性及可用性。

其次，需要明确 UI 设计规范，主要包括对界面布局、背景色、字体颜色大小、界面元素间距等进行统一的梳理和规范。

1. 页面布局规范

页面布局和交互规范上建议安卓、iOS 尽量统一，这样可以避免安卓和 iOS 分别设计一套稿子。以 iOS 平台的 iPhone5 的尺寸 640px×1136px 作为标准尺寸设计。在界面设计完成后可以做相应的微调，导出适用 iOS 和安卓尺寸的稿子。以统一设计稿输出规范为例。

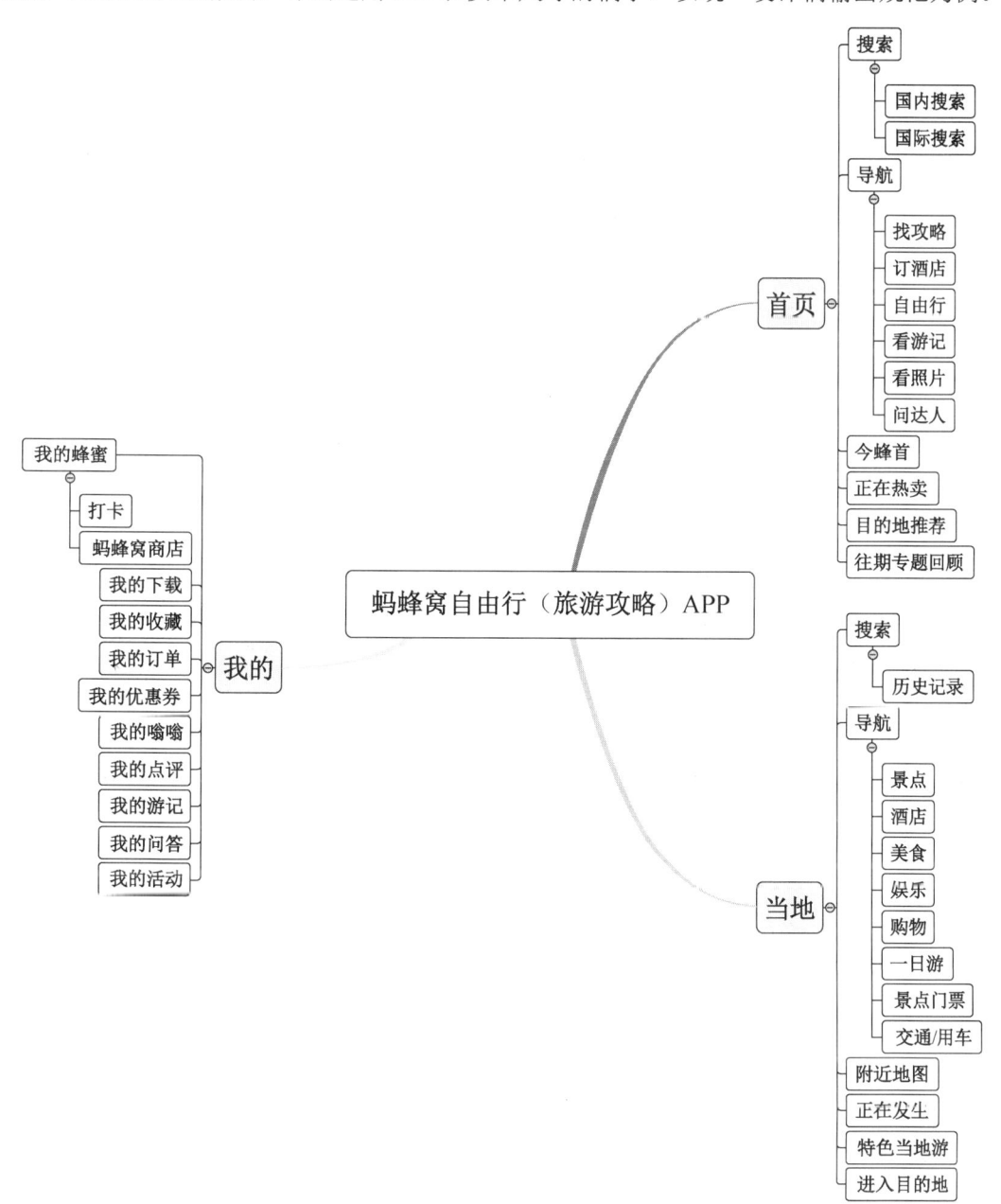

图 4-3　蚂蜂窝自由行（旅游攻略）App 架构

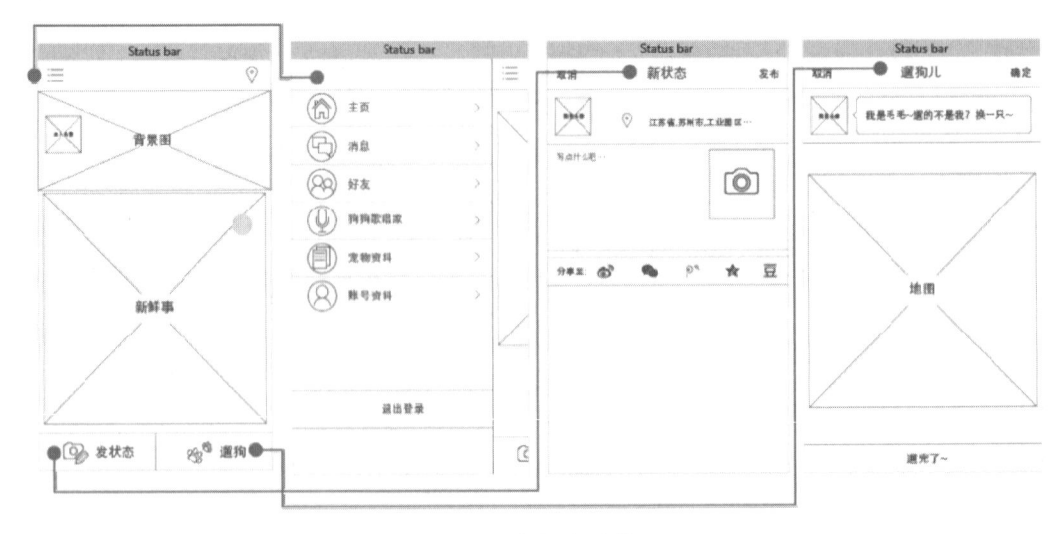

图 4-4 低保真原型

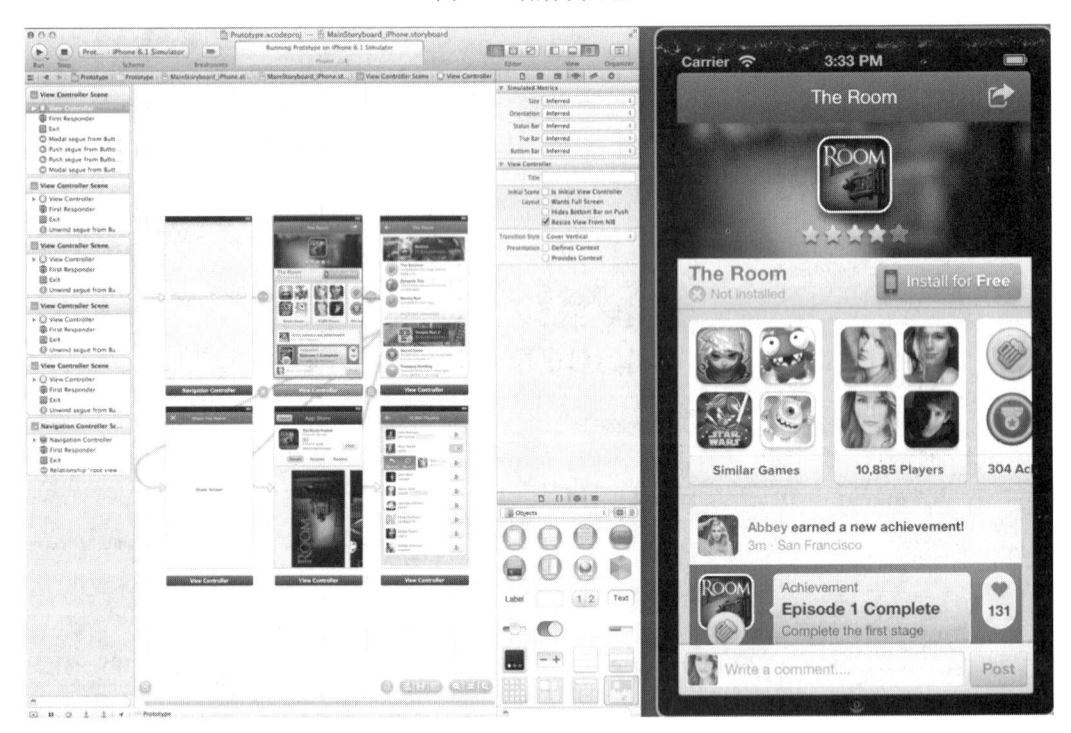

图 4-5 高保真原型

安卓（720 px×1280px）：界面预览图、界面坐标图、标准界面的图标 PNG 文件。
iOS（640 px×136px）：界面预览图、界面坐标图、1～3 倍图矢量图标 PDF 文件。

2．标准色与标准字的规范

标准色规范分为 3 个层次：重要、一般和弱，具体如图 4-6 所示。

不但如此，文字还是 App 主要信息的表现，尤其资讯类的 App 制定标准的设计规范和良好的排版方式，可以让用户使用 App 毫无疲劳感。因此，标准字规范可分重要、一般和弱 3 个层次，如图 4-7 所示。

项目四 营销App的设计

		色值	使用场景
重要		# ff5e5e	小面积使用,用于特别需要强调和突出的文字、按钮和Icon 如上导航栏、圈子名称、Tab标题（选中）、注册按钮之类
		# 333333	用于重要级文字信息 如帖子正文、类目名称
一般		# 8e8e8e	用于普通级信息、引导词 如昵称、弹层文案、查看更多之类
		# bbbbbb	用于辅助、次要的文字信息、普通按钮描边 如时间、来自等补充信息文案
		# dedfe0	用于分割线
较弱		# F3F3F3	用于背景色
		# ADC0CD	用于地址信息

图 4-6　标准色规范

	样式	字号	使用场景
重要	标准字	36px	用在少数重要标题 如上导航标题
	标准字	32px	用在一些较为重要的文字标题或操作按钮 如搜索页模块名称、首页tab名称、上导航文字按钮
一般	标准字	30px	用在大多数文字 如正文内容
	标准字	28px	用在大多数文字 如昵称、评论内容
弱	标准字	24px	用在辅助性文字 如次要的来自、次要的文案说明
	标准字	20px	用在辅助性文字 如时间信息

图 4-7　标准字规范

3. 界面元素间距

App 界面要给人简洁整齐、条理清晰感，依靠的就是界面元素的排版和间距设计。这里间距设计还要注意考虑适配不同的屏幕分辨率。一般解决方案有据屏幕等比放大缩小间

073

距，或者固定某些界面元素的间距，让其他空间留空拉伸。为了满足屏幕分辨率较大的设备，有时甚至需要改变 App 界面的页面布局。

基于 UI 设计的基本要求，综合需求分析、产品概述与竞品分析的结果，蚂蜂窝自由行 App 制作原型如图 4-8～图 4-11 所示。

图 4-8 "首页"原型图

图 4-9 "目的地"页面原型图

图 4-10 "旅行商城"页面原型图

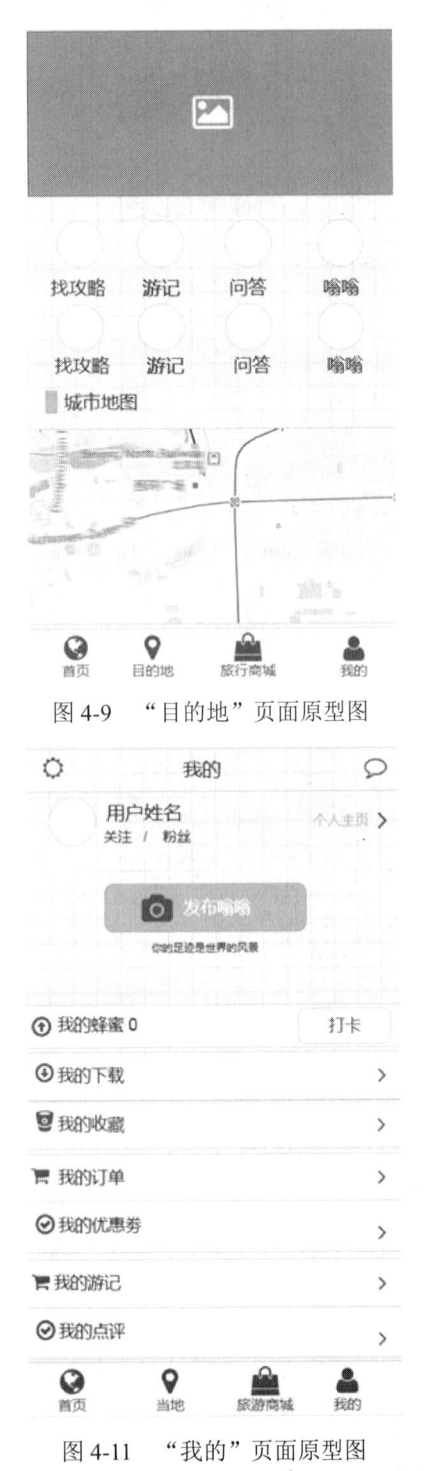

图 4-11 "我的"页面原型图

以"首页""当地""旅行商城"及"我的"4 个主要板块为例，参照产品架构，将产品一级导航置于屏幕底部，二级导航置于页面中间位置。扁平化的架构，除"我的"外，没有二级导航置。用户在一级导航间进行切换时，默认会显示第一个 Tab 页，也就是用户最常用的页面。

此外，落地页也是 App 界面设计很重要的一部分。落地页是指访问者在其他地方看到你发出的某个具有明确主题的特定营销活动——通过 E-mail、社交媒体或广告发布的诱人优惠信息等，单击后被链接到应用的第一个页面。通过呈现一个特定页面，为用户指出一条明确的路径继续加深与应用的关系。

好的落地页面在进行制作时，应根据产品或服务选定一类推广关键词，分析搜索这类关键词的人关心什么内容，根据他们关心的内容准备说服的素材，材料的形式可以是图片、文字或是图文组合，也可以是视频等。蚂蜂窝自由行 App 的落地页就运用了视频+图文的方式，在用户打开 App 的第一时间，准确传达给用户自身的核心与卖点，如图 4-12 所示。

图 4-12　落地页展示

（二）UX 设计

UX 是 User Experience 的缩写。指用户体验。UX 设计指以用户体验为中心的设计。人与系统交互时的感觉就是用户体验（简写为 UX）。因此，在进行 UX 设计时，需要充分考虑用户的感受，需要明确用户单击一个交互对象时会触发哪些行为的产生；怎样使这些行为变得可视化；一个界面元素从无到有地呈现到视图当中需要花多长时间；超过几秒钟没有接收到来自用户的交互行为时，某些元素是否需要自动隐藏。只有综合这些问题去围绕需求进行设计，才能为用户带来好的使用感受。

蚂蜂窝自由行（旅行攻略）App 的目的是帮助用户决策，用户需要制订出行计划再去匹配最符合自己的机票、酒店等旅行产品，繁杂的操作很容易引起用户的反感。试想，当你在做决策时，一堆烦琐的操作呈现在你的面前，无疑是多余的。如何准确、快速地引导帮助完成决策，才是用户理想的体验标准。因此，蚂蜂窝自由行（旅行攻略）App 主导航固定于屏幕底部，二级导航在中间，二级导航的子页面均设置相关联的返回上一级按钮，如图 4-13 所示。底部导航是统一的返回上一层级按钮，不仅如此，在特定页面中还加入了"目录"按钮，将常见内容设置成目录，如图 4-14 所示，便于用户了解出行目的地、制定合适的出行攻略、选择合适的机票和酒店等。

图 4-13　UX 设计（1）

图 4-14　UX 设计（2）

设计完成后，设计人员需要将清晰的设计指南交付给开发人员。并把界面和描述集中到一张大图，尽可能地把所有可遇见的情况都向开发人员描述清楚。同时对 PSD 进行尺寸标注、说明，并存为 PNG，方便产品后续开发。

五、产品功能开发

在设计完成后，即可进入开发阶段。App 的开发分为两部分——客户端和服务端。客户端的开发即一般理解的手机应用开发，主要是界面实现和接口整合。界面则根据效果图来实现。首页需要注意的是，开发人员必须根据效果图和相关文档梳理清整个功能逻辑，保证所有页面都已打通。需要注意的是，安卓客户端还有不同分辨率设备的兼容问题，开发过程中要尽可能地考虑多种设备，从而采用相对灵活的页面实现方式。

服务端即 App 的管理后台，通常在网页端实现。管理后台是手机应用的重要支撑，绝对不能轻视其重要程度。管理后台除了需要实现管理此 App 数据的功能外，还要注意其效率和扩展性。App 一般都是高速迭代的产品，在运营推广过程中经常会增加功能，所以其后台扩展性一定要好，否则要加功能而无法完成，或者只能推到重新开发。

另外，App 在开发过程中有两个必须重视的问题，那就是内存和网络访问。由于手机内存有限，流量费用较高，因此内存占用和网络消耗一定要尽可能地做到最小。在开发者完成 App 开发编程工作之后，即可对 App 进行测试，只有测试通过后的 App 才能进行后续的发布工作。

但不管是哪种开发方式，都是基于 App 本身的用户需求进行功能开发的。

蜂窝自由行（旅游攻略）的功能开发，着重在于将用户从痛苦的信息搜集过程解放出来，页面上分为"首页""当地""旅行商城""我的"4 个一级导航部分，主要以旅行地介绍为主（除了地区的详细介绍外，还提供周边服务），同时还有找攻略、订酒店、自由行、看游记、看照片、问达人 6 项功能。通过结构化 UGC 内容，以及强大的运营编辑，把每个旅游地的详细介绍以及周边的吃、住、行、购、娱都挖深挖透，让用户更轻松地规划行程。

☑ 任务三 App 的发布

一、App 上架

App 开发成功后，需要通过如手机系统官方商店、手机厂商商店、运营商商店、第三方应用商店、下载站等渠道下载到用户的手机中去，为开发者带来下载量。

一般来说，App 的发布分为 3 种：各大应用市场（具体指的是小米应用商店、91 门户、安智市场、腾讯应用宝、n 多网、联想乐商店、360、机锋、豌豆荚这 9 家应用商店）、注册开发者、直接在网站上传及通过邮件发送等。而注册开发者是最为重要的一种方法和途径。

注册开发者分为两种，一种是企业开发者，一种是个人开发者。企业开发者是针对那些已经注册的拥有营业执照的公司的，在注册时必须上传其证件的截图，有的严格的应用商店还要求产品专利权和一些其他的证件。而个人开发者适合一些个人或小型开发团体，它的要求相对很简单，只要求注册开发者的个人信息和联系方法，以及个人证件的号码和截图。当完成注册并通过他们的审核，注册者就有可能获得一个 SDK（软件开发工具包），这个 SDK 必须加入到所开发的 App 源代码中，之后就可以上传 App，并等待 App 上架成功的通知。

而应用标题、关键字和描述的最佳化，是应用是否能获得可观下载量的关键。这就要求开发者在进行 App 上传时，要灵活运用 ASO（应用商店优化）的方法，对标题、关键字及描述三大部分进行撰写。

（一）标题的撰写规则

（1）应用商店对 App 标题的限制是 100 个字符，但应用商店检索结果中只会出现应用标题的前 32 个字符。因此，App 的标题撰写要充分利用所有字符，要保持简洁性，并用这 32 个字符清楚地表达重要信息。

（2）标题撰写需要包含关键字，但避免填塞过多内容，要用描述性的字眼让标题显得自然而流畅。

（3）标题无须添加公司名称，因为应用商店已经有固定的区域显示公司名称。

（4）标题不要频繁变更，当应用获得一些名气时，网络评论员会提到它的名字，用户也会在网上搜索到这款应用。建议长期保持原来的名称不变，持续扩大用户范围。如果非要修改应用名称，也不要每个月或每周都修改。

（二）关键词的撰写规则

（1）通过发掘与对比得出合适的关键词。仔细审视应用市场，键入一些关键词，然后仔细观察搜索的结果。观察它们是否是被意外搜索出来并且没有匹配上关键词的，或是它们与关键词存在某种关联；如果发现有很多应用都匹配了所搜索的关键词，应该通过这些应用下载和评价的比率得出是否这些应用的关键词也能作为自身 App 的关键词，但要注意避免使用过度竞争的关键词，尽可能地选择会排在搜索结果前几位的一般关键词。

（2）严格按格式要求填写关键词，避免关键字前后出现空格，避免使用句子格式，充分利用 100 个字符。避免使用"免费"字眼，以及不要填塞冗余内容。

（三）描述的撰写规则

App 应用的标题和关键字是瞄准和吸引目标用户的手段，而描述则是用来推动下载量的。在进行描述撰写时，需要关注前 3 行文字而非关键字。当用户单击应用时，他们就会看到前几行内容，因此将最希望传递给用户的信息（获奖、重量级评论等）放在描述的前 3 行，从第四行开始详细描述，将各主要功能点逐一列出，并加以解释。同时，使用号召性用语，如"即刻下载，掌握全城折扣信息！"，在最后一部分，加入公司介绍、其他应用介绍，以及可用的联系方式。要重点关注传达应用体验或益处。

蚂蜂窝自由行 App 根据自身的市场需求，分别研发了 iOS 版与安卓版两个版本。基于上述 App 上架资料的撰写原则，其分别进行了 iOS 版与安卓版的应用上架。下面以安卓版为例来讲解具体的上传步骤。

打开安卓市场官网，在右上角找到"注册"按钮，先注册成为开发者，单击"开发者"按钮，进入"开发者中心"页面（也可从网页下方的"开发者入口"进入），如图 4-15～图 4-17 所示。

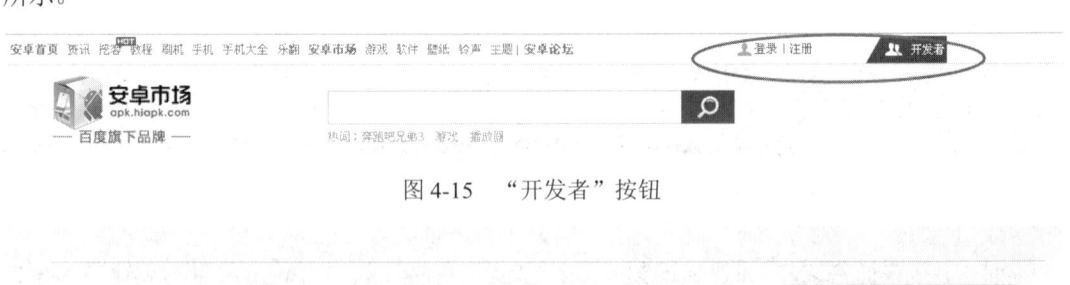

图 4-15 "开发者"按钮

图 4-16 开发者入口

图 4-17 开发者中心

选择"发布软件"选项卡，依次上传创建的 App 生成的 APK 文件包和 App 应用的截图，如图 4-18 所示。截图需上传 2~5 张，大小限制在 200KB 以内，支持 JPG、JPEG、PNG、BMP 四种格式。第一张截图最重要，应最大可能地展现应用的特别之处，如果应用覆盖海外用户，应准备当地语言的截图。同时在截图上添加文字解释，让用户第一眼就尽可能地了解你的应用，并且可以将 4 张 320×480 的截图合并为 1 张 640×960 的截图，增加截图的解释力。

图 4-18 发布软件

添加软件信息，在这里，需要填写 App 名称，上传小图标和填写你的软件介绍描述文字等信息，如图 4-19 所示，要按要求认真填写，完毕之后提交审核。提交审核之后如果顺利合格，一般 2~3 天能够上线到应用市场上。

通过审核后，用户即可在安卓应用市场搜索并下载蚂蜂窝自由行 App（旅游攻略）了，如图 4-20 示。

图 4-19　资料填写　　　　　　　　图 4-20　搜索应用

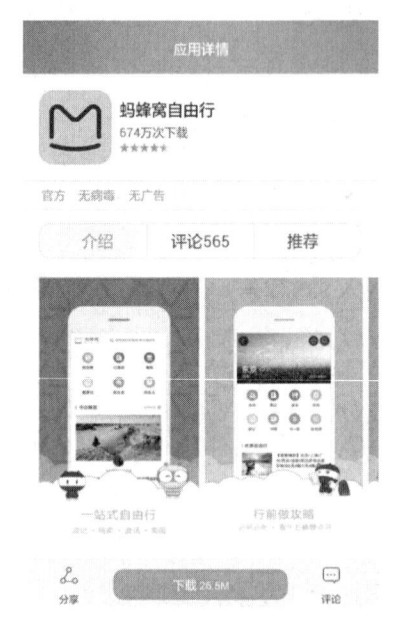

二、App 首发

完成 App 上架后，为了确保新上架的 App 不被埋没在众多的 App 当中，对 App 进行推广是必不可少的一环。App 推广最常见的方法就是采取首发的方式。不同的应用市场，首发要求不一样。

（一）360 助手

360 助手平台的申请首发的难度不高，审核也最快，后台申请，提前 3～5 天申请即可；15 天内只可首发一次，首发推荐时间为 24～48 小时，申请应用闪屏页需加标识。

全新首发：对创意性、新版特性、功能特点、产品交互、界面 UI、适配性等环节进行审核评估，根据审核结果对其首发时间和首发位置进行分配。版本更新首发会加入下载量等作为参考因素。

（二）应用宝

应用宝是后台申请，只能预约未来 5 天后、15 天内的首发，工作人员将在 2 个工作日内完成审核，15 天内只可首发一次，要注重申请资料的编写。申请成功了，上传首发包时，务必通过"上传首发包"入口，而非"日常版本更新"的入口，否则会导致首发失败。

（三）百度市场

由于 91、安卓及百度助手的合并，首发系统还处于测试阶段，所以只对部分账号开放首发权限。首发权限申请邮件需包含应用名、包名、开发者账号、百度线上链接等信息。审核在 5 个工作日完成，如果超过 5 个工作日，或有首发等合作，可以写邮件给百度客服催审，提供应用名称、包名及 ID。

（四）其他首发

豌豆荚目前暂时不提供首发服务，不过有活动合作等推广服务。华为、OPPO、联想的应用市场也有首发，主要是后台申请。小米、魅族、中国移动的首发服务需要邮件申请。特别值得提到的是中国移动带来的流量非常可观，但是认证申请步骤相比较其他应用市场烦琐很多。

一般应用市场对于全新首发的支持力度相对大一些，申请首发更容易。主要的几个市场对于版本更新首发的要求基本相似，如重大功能添加、UI 全新改版等，所以申请资料的措辞说明很重要，其中需要注意，应用宝前 3 个月的首发申请都算全新首发，下载量不作为主要评估元素。而 360 对新小公司的扶持力度更大，全新首发申请更容易，带来的下载量也比较可观，基本只要按照官方文档要求提交申请都能得到推荐。当然会根据软件质量等因素给予不同的推荐力度，不过，全新首发日的下载量会作为版本更新首发的评估依据。

模块二 相关知识

一、手机 App 的主流版本

（一）苹果系统版本（iOS）

基于 Apple 的 Cocoa Touch 框架，采用 MVC（Model View Controller，模型-视图-控制器）的设计模式，使用 HTTP 及 Socket 两种主流的通信方式，Objective-C 语言开发，提供优秀的产品设计与用户体验的 iPhone 手机应用开发、iOS 和 iPad 软件开发服务。

（二）安卓（Android）

安卓（Android）是一个以 Linux 为基础的开源移动设备操作系统，主要用于智能手机和平板电脑，由 Google 成立的 Open Handset Alliance（OHA，开放手持设备联盟）持续领导与开发中。该平台由操作系统、中间件、用户界面和应用软件组成。它采用软件堆层（Software Stack，又名软件叠层）的架构，主要分为三部分。底层以 Linux 内核工作为基础，由 C 语言开发，只提供基本功能；中间层包括函数库（Library）和虚拟机（Virtual Machine），由 C++开发。最上层是各种应用软件，包括通话程序、短信程序等，应用软件则由各公司自行开发，以 Java 作为编写程序的一部分。不存在任何以往阻碍移动产业创新的专有权障碍，号称是首个为移动终端打造的真正开放和完整的移动软件。Google 通过与软、硬件开发商、设备制造商、电信运营商等其他有关各方结成深层次的合作伙伴关系，希望借助建立标准化、开放式的移动电话软件平台，在移动产业内形成一个开放式的生态系统。

二、App 开发语言认知

（一）iOS 平台的开发语言

iOS 平台开发语言为 Objective-C，通常写作 ObjC 或 OC 和较少用的 Objective C 或 Obj-C，是扩充 C 的面向对象编程语言。它主要使用于 Mac OS X 和 GNUstep 这两个使用 OpenStep 标准的系统，而在 NEXTSTEP 和 OpenStep 中它更是基本语言。

（二）安卓的开发语言

安卓的开发语言为 Java。Java 不同于一般的编译执行计算机语言和解释执行计算机语言，它继承了 C++语言面向对象技术的核心。它首先将源代码编译成二进制字节码

（Bytecode），然后依赖各种不同平台上的虚拟机来解释执行字节码，从而实现了"一次编译、到处执行"的跨平台特性。不过，每次执行编译后的字节码都需要消耗一定的时间，这同时也在一定程度上降低了 Java 程序的性能。

三、App 的开发流程

App 的项目开发分成 3 个阶段，第一个阶段是需求阶段，第二阶段是研发阶段，第三阶段是发布阶段。

（一）需求阶段

（1）需求讨论。产品经理与客户沟通，做什么功能、怎么做，包括开发类型、需要开发的平台、具体的产品功能需求、具体的产品设计需求、项目期望完成时间、开发预算，通过反复调研、讨论输出交互方案。

（2）需求评估。产品在输出交互方案后找相应的开发讨论需求方案是否可行，包括功能需求技术难度、评估设计需求可行性与体验评估、项目预期完成时间、实际开发费用。

（3）项目技术开发与视觉规划。项目一开始各个部门就开始项目的碰头会议，设计部门开始设计 UI（产品界面）和 UE（用户体验），针对产品开展创意设计，形成初步的效果图，经过首次客户的确认。再根据交流的具体结果进行二次修改，最终与客户确认高保真视觉图，开始进入研发阶段。

（二）研发阶段

（1）项目启动：根据产品需求文档进行需求评审，评估出研发周期、提测时间、预发布时间点、正式发布时间点。

（2）程序开发流程：前端开发—程序开发—接口对接—第三方接入（支付宝等）—定期项目会议沟通和管控项目开发进展—开发预算审计。

（3）程序测试：产品面向的平台多机型同步测试，包括 App 内容测试、App 性能测试、App 功能测试、App 视觉测试，对 Bug 调试修复。测试合格，确认没有 Bug 后与客户进行沟通，开始验收。由客户进行测试，提出修改意见。

（三）发布阶段

在上线发布前就需要提前准备好以下资料。

苹果的一个应用审核需要一周左右的时间，所以如果是计划上规定上线时间的项目，开发测试一定要提前半个月完成，以给上线审核预留时间。

安卓各市场一般审核较快，普遍在 3 天左右即可。

四、App 开发方案的撰写

首先企业在设计方案时首先需要想到制作出来的应用的使用人群，从他们的使用习惯的角度规划 App 开发方案。对于客户来讲，选择使用企业的手机应用当然是可以从中获得帮助、体现价值，这也是企业 App 吸引用户的地方。同时，企业 App 开发在合理的布局下还需要做到美观，同时各个功能要简单通俗，使用户一看就明白怎样使用。这观点是从注重用户体验提出来的，企业开发手机应用也是想要吸引更多的用户，所以这一点是值得企业重视的。

一个成功的开发者懂得从 App 规划、App 开发、App 推广、App 运营 4 个环节出发，为企业提供软件制作和营销方案。站在用户的角度，将用户体验贯穿于 4 个环节之中，用专业打动客户，用完美的方案助力企业发展。

综上，企业 App 开发方案的规划除了要有 App 开发的详细内容和具体步骤之外，还需要包含 App 营销推广的内容。因为一个 App 软件开发出来之后，最重要的还是要进行大量的推广来让更多的人认识并使用这款 App，有了一定量的用户基础之后，企业才可以利用 App 来达到最大化营销的目的。

五、常见 App 设计工具介绍

（一）Axure RP

Axure RP，即 Axure Rapid Prototyping，是最常用的快速原型设计工具之一，帮助负责定义需求和规格、设计功能和界面的用户快速创建线框图、流程图、原型和规格说明文档，可用于应用软件和 Web 网站设计，支持多人协作设计和版本控制管理。Axure RP 的操作界面如图 4-21 所示。

Axure RP 的用户群体非常宽泛，包括商业分析师、信息架构师、可用性专家、产品经理、IT 咨询师、用户体验设计师、交互设计师、界面设计师、架构师、程序开发工程师等相关从业者。

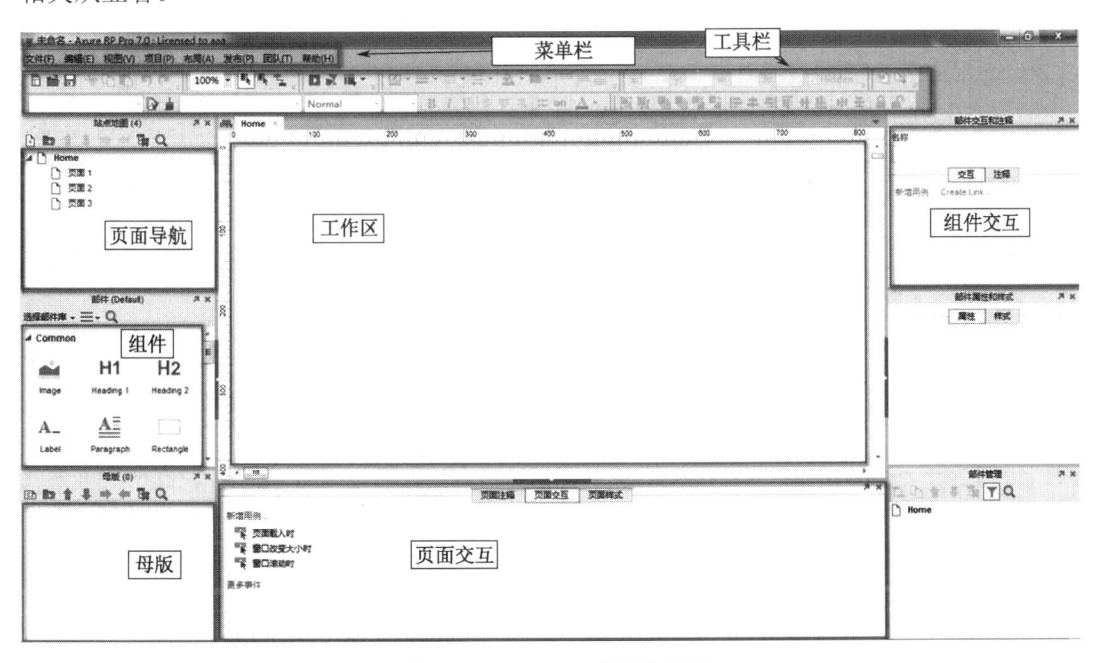

图 4-21　Axure RP 的操作界面

1. Axure RP 的优点

（1）擅长原型设计的复杂交互行为。

（2）拥有良好的培训和文档支持。

（3）拥有多种元素样式，可增加独立元素的交互性。

（4）内置的插件库可以定制特殊的动作和行为。

2. Axure RP 的缺点

（1）陡峭的学习曲线，对于初学者来说不算容易。

（2）在导出 HTML 之前无法对原型进行预览。

（3）原型的 Web 展示并不支持所有的浏览器，如对于 Google 浏览器就必须要使用插件才能观看。

（4）对其他设备的支持较差。

（二）Balsamiq Mockup

Balsamiq Mockups 是一款共享软件，每个 Lisence（许可协议）授权是 79 美元，对个人用户来说价格不菲。它推出之后如此受欢迎的原因是在软件产品原型图设计领域，特别是 Web 原型图设计领域，还没有哪款产品有如此丰富的表现形式。使用 Balsamiq Mockups 画出的原型图都是手绘风格的图像，看上去非常美观、清爽（当然，这与使用者的设计水平也有关系）。它支持几乎所有的 HTML 控件原型图，如按钮（基本按钮、单选按钮等）、文本框、下拉菜单、树形菜单、进度条、多选项卡、日历控件、颜色控件、表格、Windows 窗体等。除此以外，它还支持目前如火如荼的 iPhone 手机元素原型图，这为开发 iPhone 应用程序的软件工程师提供了非常好的设计图。Balsamiq Mockup 的操作界面如图 4-22 所示。

图 4-22 Balsamiq Mockup 的操作界面

（三）墨刀

与以上两种软件不同的是，墨刀为国内团队开发，提供的是一个基于浏览器的手机原型设计工具，是一款非常不错的可视化操作移动 App 原型设计平台，能够快速构建移动应用原型与线框图，云端保存，实时手机浏览，多种手势及页面切换特效支持，比很多国外的同类产品要轻量，易用。目前全球有138个国家超过10万名设计师选择墨刀，墨刀之所以受欢迎，最主要的原因是它对所有开放项目永久免费。墨刀的登录界面如图4-23所示。

图4-23　墨刀的登录界面

六、应用市场

中国互联网络信息中心（CNNIC）在北京发布了第38次《中国互联网络发展状况统计报告》，该报告显示，截至2016年6月，中国的网民规模达7.10亿，其中上半年新增网民2132万人，增长率为3.1%。互联网普及率达到51.7%，超过全球平均水平3.1个百分点。庞大的用户基础推动了中国手机App的快速发展。App承载了各种便捷的移动服务，逐渐成为人们日常生活的一部分。

近58.7%的中国手机网民以第三方手机应用商店为主要应用下载渠道，另外，有22.3%的手机网民使用的是终端厂商预装应用商店。

在三大系统运营商应用商店应用数量上，以iOS系统为主的App Store应用商店，其应用数量已达到121万；以安卓系统为主的Google Play应用商店，其应用数量超过App Store，达到143万；Windows Phone的应用数量最少，只有30万，但其应用数量增速较快，如图4-24所示。

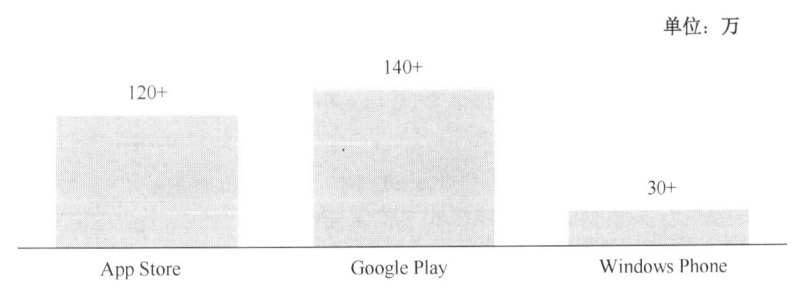

图4-24　2015年三大系统运营商应用商店应用数量分布

2015 第二季度中国第三方手机应用商店活跃用户规模达 4.28 亿，环比增长 1.9%，如图 4-25 所示。

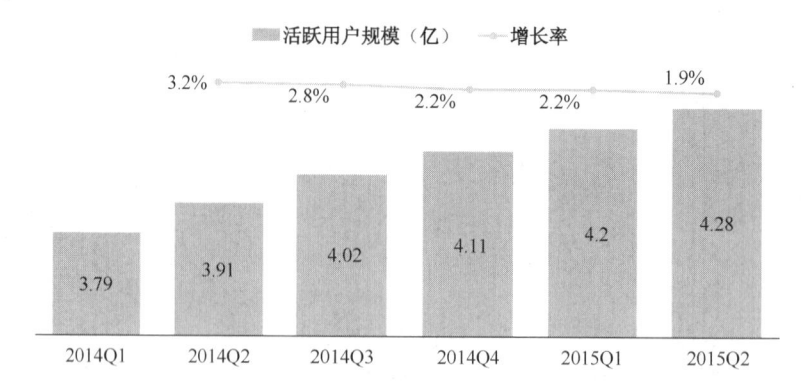

图 4-25 2015 年第二季度中国第三方手机应用商店活跃用户规模

在中国手机应用商店用户活跃度方面，360 手机助手在用户活跃度中位列首位，用户活跃度达到 41.8%，腾讯应用宝和百度手机助手的活跃度紧随其后，如图 4-26 所示。

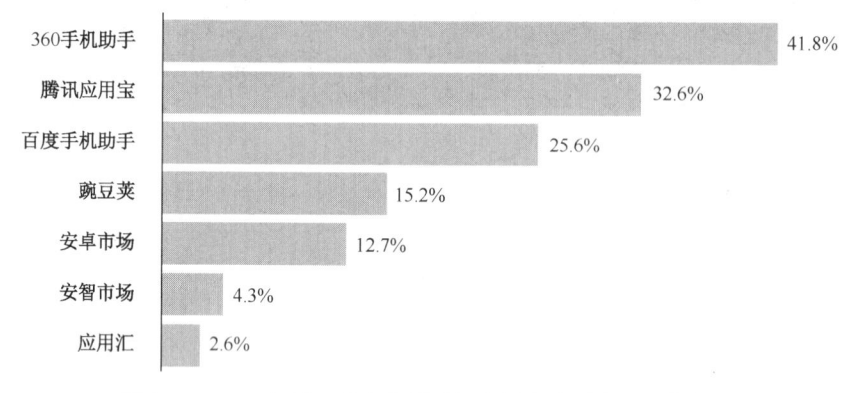

图 4-26 2015 年第二季度中国手机应用商店用户活跃度分布

（一）App Store

App Store（iTunes Store 就是 App Store 中的一部分），是 iPhone、iPod Touch、iPad 及 Mac 的服务软件，允许用户从 iTunes Store 或 Mac App Store 浏览和下载一些为 iPhone SDK 或 Mac 开发的应用程序。用户可以购买收费项目和免费项目，让该应用程序直接下载到 iPhone 或 iPod Touch、iPad、Mac。其中包含游戏、日历、翻译程序、图库，以及许多实用的软件。在 Mac 中的 App Store 叫 Mac App Store，和 iOS 的软件不相同。App Store 拥有海量精选的移动 App，均由 Apple 和第三方开发者为 iPhone 量身设计。在 App Store 可以按类别随意浏览，或者选购由专家精选的 App 和游戏收藏，Apple 会对 App Store 中的所有内容进行预防恶意软件的审查，因此，购买和下载 App 的来源安全可靠。

App Store 是苹果战略转型的重要举措之一。App Store+iPhone 是增加苹果收益的关键路径之一。苹果公司推出 App Store 的主要原因可以从两方面来解读：一是苹果公司由终端厂商向服务提供商转型的整体战略定位；二是苹果公司拟通过 App Store 增加终端产品 iPhone 的产品溢价，从而实现以 iPhone 提升苹果公司收益的战略意义。

（二）安卓应用市场

作为唯一的官方安卓市场，Google Play 在国内的使用率远不如其他国产的安卓市场应用，那国内的安卓用户下载软件时都有哪些选择呢？

自从 Android Market 被改名为 Google Play 后，它就集成了音乐、图书、电影、软件等各种 Google 服务下载的综合体，但是互联网巨头在国内频频受阻，很多服务我们都享受不了，只能借助于国产互联网公司提供的同等服务来使用。

受限于我国网民用户身边 Wi-Fi 的普及程度较低，加之运营商流量费用较高，很少有用户使用每月少量的流量去下载应用，这时候几个有着大量流量入口的门户网就大显神威，最大的受益者就是百度与腾讯这两大门户。找应用上百度，尤其对于第一次使用安卓机的用户来讲，找什么都是百度一下，安卓应用自然也是一样，之前用户搜索出来的结果还可以链接到其他第三方应用网址，现在除在百度中做推广的网站以外，排在前列的都是百度自己的产品，目前属于百度的应用市场有百度手机助手、安卓市场。同样的道理，腾讯凭借着大量的用户基数，在腾讯应用中心里的任何软件都可能出现在微信、QQ 空间等地方，旗下最主要的市场为应用宝。目前新浪微博也开始增加移动应用的下载及更新服务。综上 3 家，都是因为他们占据着门户入口的最大流量，在中国应用市场上，Google Play 应用商店便只占市场的较少份额。

除以上 3 家外，360 系的应用也不可小视，艾瑞咨询在 2015 年 7 月发布了 5 月的最新应用商店排名，360 手机助手在国内安卓应用的市场份额高达 31.65%，位居行业第一。截至目前，包括艾瑞、Talking Data、艾媒、比达在内的多家第三方权威数据机构发布的数据均显示 360 手机助手早已成为国内最大的第三方移动应用分发平台，并与排名其后的腾讯应用宝、百度手机助手之间的差距日益扩大。众所周知，百度有搜索、腾讯有社交，而以安全起家的 360 将原有用户转化为手机助手的用户，难度自然可想而知，但 360 手机助手自 2011 年上线至今，一路遥遥领先，霸占移动应用分发第一宝座数年，其秘诀就在于重视用户体验与极致创新。

另一种能跟门户入口比肩的就是手机产商自有的应用商店，如三星、小米、魅族都有自己的应用商店，国内更是百花齐放，在现今软件越来越被重视的情况下，应用下载入口显得尤为重要。其中国内做得相对较好的要属小米应用商店。这也要归功于小米本身的互联网特性，使其聚集了大量的微博、论坛等网络活跃用户，里面的应用分类、查找都更符合中国人的习惯，同时有着较不错的审合制度。

同步训练

一、实训概述

学生根据教师给出的命题，挑选洗车类 App 及竞品，运用相关的 App 营销知识对 App 进行营销分析。要求学生通过本项目实训，掌握 App 营销分析的基本流程。

二、实训素材

（1）洗车类 App 及竞品。

（2）目标 App 应用。

（3）相关实训平台，如墨刀（https://modao.cc/）、叮当（http://www.dingdone.com/）等。

三、实训内容

任务一　App 需求分析

步骤 1：学生通过查找资料，确定 App 竞品。

步骤 2：学生从梳理业务与竞品分析两方面对 App 进行需求分析，并填写下表。

行业状况分析	行业发展趋势分析
用户需求分析	用户行为、心理等方面的分析
产品概述	产品设计思路的整体介绍
Strengths（优势）	与同行 App 相比优势有哪些
Weakness（劣势）	与同行 App 相比劣势有哪些
Opportunity（机会）	市场的机遇是什么
Threats（威胁）	哪些问题是 App 需要注意的

任务二　App 设计分析

步骤 1：依据竞品分析，进行目标 App 产品架构设计。

步骤 2：对目标 App 产品进行交互设计分析。

第三部分

移动营销的工具

2015年是中国移动互联网的爆发之年,腾讯董事局主席马化腾曾在一封致合作伙伴公开信中说:"互联网不是新经济新领域独有的东西,最终它会像蒸汽机、电力等工业化时代的产物一样,成为可以给所有行业应用的工具。"如他所说,移动互联网的出现不仅改变了我们的消费习惯,更改变了我们的营销方式,同时也为我们提供了新的理念和营销工具,如本部分要介绍的二维码与H5引流、内容营销、微信营销、微博营销、社群营销、移动广告等移动营销工具。随着数字生活空间的普及,我们生活的一切都被精确到微毫,所有的东西都能被精准地描绘、预测、分析、管控。所以,在这样一个移动互联正改变一切的时代,我们在移动营销工具上只有变动,才能真正掌握主动。

项目五

二维码与 H5 引流

随着近几年移动互联网的发展,"二维码"已经不是陌生的词汇,这个由黑白小方格组成的矩阵图案,只需用智能手机轻松一拍,就可获得意想不到的丰富信息。二维码营销方式因其创新性、互动性,让传统广告从"反感扰人"变得"亲切宜人"。

而另一种营销方式——H5 页面也在这几年异常火热,不管是围住神经猫、打企鹅、2048 等 H5 游戏,还是支付宝十年账单、京东白条周年庆等 H5 活动,都吸引了众多用户参与,也让很多企业、个体卖家看到了移动营销的新方式。在移动互联网时代,如何利用二维码、H5 等新型营销方式进行引流,已成为众多企业进行移动营销的关键和难题。

学习目标

知识目标

1. 了解二维码与二维码营销的意义。
2. 了解二维码的营销优势。
3. 掌握二维码营销的注意事项。
4. 清楚认识 H5 营销的特点及表现形式。
5. 掌握 H5 营销的推广技巧。

能力目标

1. 能够完成二维码营销的策划和制作。
2. 掌握 H5 营销的前期策划、制作与传播方法。
3. 能够完成 H5 营销的效果监控。

项目情景

嘎嘎秀商城是一家刚起步不久的服装商城,主营潮流女装。作为微店中的新秀,它注重以市场为导向,在强化科学化和规范化管理的基础上建立了良好的运营机制,开店初期通过"移动端店铺+PC 端店铺"双渠道开展营销活动,并通过微信、新浪微博、QQ 空间、社区贴吧等社交网络平台发布带有二维码图片的图文消息进行推广,还制作了 H5 页面,以此来为店铺带来更多流量。

模块一 任务分解

✅ 任务一 二维码营销

近几年来，随着智能手机的普及，二维码作为手机特有的搜索方式已经被用户广泛使用，它不仅能给用户提供便捷的服务，还能给互联网企业提供优质的营销平台。如今，二维码已成为移动互联网市场众多产品的标配，成为网络浏览、下载、购物、支付等各项应用的入口，渗透至用户餐厅、地铁、电视、社交等生活的各个场所，具备了较大的用户市场（见图 5-1～图 5-3）。

图 5-1　地铁站的虚拟超市

图 5-2　某汽车的优惠活动

图 5-3 二维码下载 App

二维码是线下线上模式的最佳切入点，通过二维码进入购物、买票、获取优惠券等逐渐成为潮流，尤其是购物消费，这是手机网民使用二维码最多的场景，所以嘎嘎秀商城将制作具有宣传效果的二维码图片并进行投放，将此作为网店营销的方式之一。二维码营销可分为 4 个阶段，包括前期策划、二维码制作、二维码投放、效果监控。

一、前期策划

前期策划在整个二维码营销实施过程中起到引导规划作用，在本次营销中，将工作内容分为 3 个阶段：二维码的内容确定；二维码的视觉展示；二维码投放途径的确定。

（一）二维码的内容确定

二维码储存的内容可分为文本、网址、名片、文件、图片等，嘎嘎秀商城利用二维码储存网址的形式进行本次营销，并确定网址为店铺首页链接。

（二）二维码的视觉展示

1. 二维码图像个性化设置

通常情况下我们看到的二维码都是以黑色为主的，但事实上彩色的二维码生成技术也并不复杂，并且备受年轻人的喜爱，嘎嘎秀商城在二维码视觉传达上使用这种方法，并将其与一些图案进行合成，得到个性化并能被扫描设备识别的二维码。目前，已有网站使用彩色二维码在线生成免费服务，基于二维码的纠错功能，即使二维码部分被覆盖或丢失，扫描设备也依然能够识别出其记录的完整信息。

2. 二维码的内容优化

不管是二维码的类型、尺寸还是颜色，或者是二维码中心的图片，都可以根据实际需要进行灵活设置。由于嘎嘎秀商城店铺的链接较长，因此在设置时将长链接转变成短链接，减少链接的长度，降低二维码的密度，避免了因二维码过密无法扫码的困扰，还可以降低扫码人员对手机安全的担心。

除此之外，二维码的引导话术也是至关重要的，话术要求言简意赅，能引起用户关注，可根据营销产品进行创意。嘎嘎秀商城这次主要营销的产品为女装，将二维码的引导话术写为"扫掉平庸，扫出不凡，长按识别二维码"。

（三）二维码投放途径的确定

嘎嘎秀商城根据公司目前的规模将二维码的投放设定为线上和线下相结合，引导用户访问店铺，从而提升关注度，提升品牌形象，带动客流量和销售量。线上投放包括网站和各大 App 两种渠道，如在 PC 端的网页上通过扫描下载 App 及关注微信公众账号（见图5-4），明星在微博中的二维码营销（见图5-5）、微信公众账号内的二维码营销（见图5-5）等。

图 5-4　头条新闻网的二维码营销 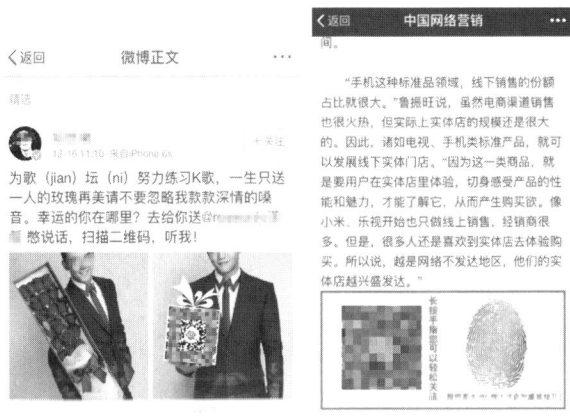　　　　图 5-5　微博及微信公众账号营销

线下包括购物中心、广场、社区等地点的发放，一些卖家尝试用二维码刺激消费者二次购物，在快递包裹或者商品包装上加上店铺地址的二维码，并承诺扫描二维码再次购物有优惠，以此鼓励用户返回线上购物。此外，若告知用户在特定时间段上网购物，还能拉动网站低峰时期的流量。图5-6和图5-7所示为购物中心二维码墙的二维码营销，购物袋、产品标签等地方的批量印制。

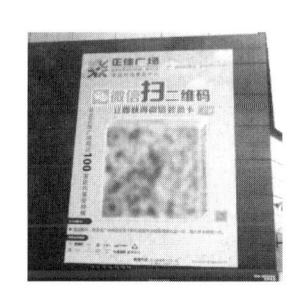

图 5-6　购物中心二维码墙上的二维码 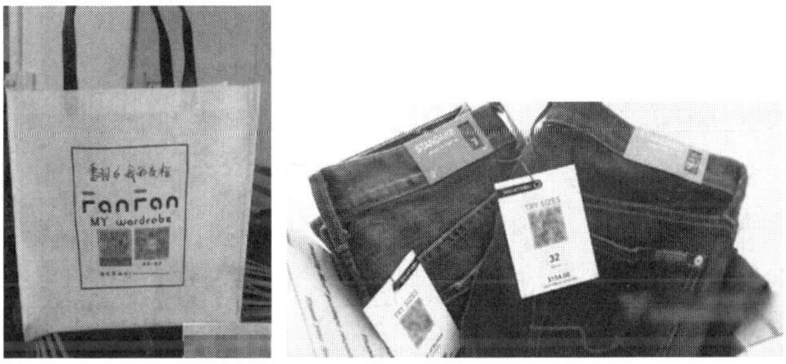　　　图 5-7　购物袋和产品标签上的二维码

嘎嘎秀商城根据产品特性锁定客户群体，并将群体限定为产品18～30岁的爱美女性，根据人群特点，确定线上投放平台为微信、QQ、微博，以及受女性欢迎的论坛、贴吧，如淘宝论坛、蘑菇街的社区达人推荐、美丽论坛、美丽说贴吧等，线下则为商品购物袋、产品包装的批量印制。

二、二维码制作

（一）二维码生成器的选取

完成前期策划后进入二维码制作阶段，通过互联网搜索"二维码制作"或"二维码生成器"，会出现很多工具，如视觉码、美图 GIF、草料二维码和联图网等，我们以草料为例开展二维码的制作。

(二) 制作二维码

嘎嘎秀商城将二维码的制作过程分为两步，分别为二维码的基本设置和高级美化。

第一步是二维码的基本设置，进入草料二维码制作界面，选择"网址"选项卡，将店铺链接添加到地址框中，单击"生成二维码"按钮，调整容错率和图片大小，由于二维码中间需要加入店铺标识，为减少二维码在扫描过程的失败率，需将容错率设置为30%，如图 5-8 所示。

图 5-8　生成二维码

第二步是美化，选择"美化器"标签，进入高级美化界面（也可在快速美化器中进行调整），调整前景色、渐变方式颜色及液化值等，如图 5-9 和图 5-10 所示。

图 5-9　快速美化器

也可以在模板中直接确定，模板要求突出二维码，可以选择自己事先添加好的模板，也可以使用系统自带的，如图 5-11 所示。

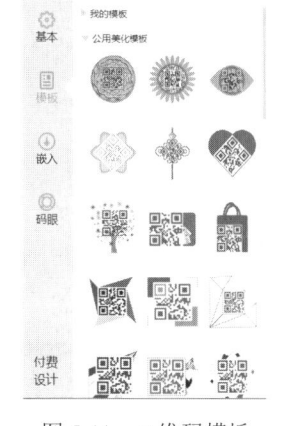

图 5-10　二维码颜色设置　　　　　　　　图 5-11　二维码模板

完成以上步骤后将店铺标示嵌入二维码中，如图 5-12 所示，并调整字体、字号、效果、颜色等。

图 5-12　嵌入文字

单击界面右上角"下载二维码"按钮，在 PS 或美图秀秀进行中二次加工，添加背景图及引导话术，最终效果如图 5-13 所示。

图 5-13　最终效果

三、二维码投放

在完成了二维码制作之后，接下来嘎嘎商城需要根据不同的投放渠道进行营销二维码的植入，包括线上和线下渠道。

（一）线上投放

嘎嘎秀商城通过已经注册好的微博账号对二维码进行编辑宣传。如图5-14所示，嘎嘎秀商城在微博推广时使用图文结合的形式，在文字中加入微博自带的动态表情吸引眼球，在图片中除二维码宣传图外，周围还加上店中其他热销的服装图片，使得内容更具有吸引性，激发用户的购买欲，引起用户查看大图，从而扫描二维码进入店铺。

图 5-14 微博推广

除此之外，我们还可以利用微博的视频、话题、长微博等功能（见图5-15）对店铺进行宣传。

图 5-15 微博功能

除微博外，嘎嘎商城也在自己的微信订阅号图文消息中添加了店铺二维码，通过用户转发、分享图文消息，增加阅读次数，从而增加店铺流量，其他新用户能够快速关注嘎嘎商城订阅号和店铺名称，如图5-16所示。在添加二维码图片时需要强调二维码的摆放位置，为给用户加深印象，一般情况下，二维码图片的位置都在文章的开头和结尾部分，其次是二维码的说明，在图片上方需加入"长按图片识别二维码"。

嘎嘎秀商城在做二维码BBS论坛引流时以淘宝论坛、蘑菇街的社区达人推荐、美丽论坛为主。这里以淘宝论坛为例，进入"淘宝论坛"，然后进入"卖家之声"，我们可以在这里回帖和发帖，为防止被踢，需要注册多个淘宝账号，在"卖家之声"中可以就目前小店的发展情况进行阐述，如发表一篇关于"如何使用

图 5-16 二维码微信营销

二维码为店铺引流"的文章,并在适当的位置加入二维码图片,如图5-17和图5-18所示。

图 5-17　淘宝论坛

图 5-18　论坛引流

(二)线下投放

将制作好的二维码印制在宣传页上,并在显著位置标明"扫码送礼品",将宣传页在各大购物进行中心发放。同时卖家还可以联系外包装生产商,将二维码批量印制在购物包装袋上,如图5-19所示。

在电子商务营销过程中,二维码不仅具有店铺引流的功能,它还可以作为支付接口,进行现场支付,还可以是消费者手中的优惠券,顾客消费时只要向商家展示手机上的二维码优惠券,并通过商家的识读终端扫码、验证,就可以得到优惠。除此之外,二维码也可作为会议签到的凭证,改变传统的签到方式,省去签名、填表等环节。总之,二维码在电子商务营销中的位置至关重要，使用恰当会大大节省营销成本。

四、效果监控

通常情况下，二维码营销的效果监控是通过系统后台链接进行查看统计的，嘎嘎秀商城的运营人员通过监控微信公众账号和微小店的后台数据，统计及分析二维码营销的最终效果。例如，通过微信公众账号后台数据我们可以查看到用户来源、用户增长人数、文章阅读次数、二维码的扫码次数等；微小店则包括店铺内访问次数、访问人数、扫码进入店铺后浏览页面数量、订单数等。

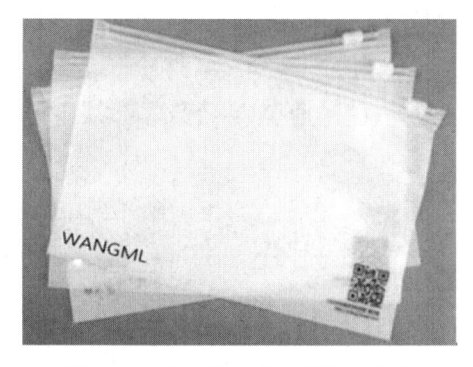

图 5-19　批量生产的二维码包装袋

☑ 任务二　H5 营销

H5 是 HTML5 的简称，运用该语言制作成一个简单网页，打开后可以滑动翻页，具有带动画特效、音乐之类的非常精美的内容，最常见的是在微信朋友圈中的推广广告，如图 5-20 所示。很多大品牌用 H5 制作的宣传页面，我们称之为 H5 场景。

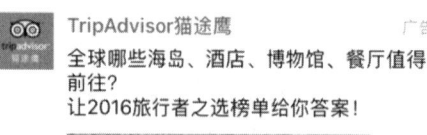

H5 场景较以往的文字、图片、图文等形式，其展现更加精美、更加有趣，互动性更强，它具有动画、触控等更多的元素功能，让用户不再枯燥乏味地阅读内容。它的传播性也很强，除了可以分享到朋友圈、发送给朋友以外，还可以分享到各个社交媒体渠道，如微博、豆瓣等，除了链接外还提供了二维码。它还具备数据收集功能，可以使用调查问卷、会议报名等表单，甚至有很多制作 H5 场景的工具平台还提供了后台数据统计功能，你可以清晰地看到 H5 场景的曝光量、链接点击、填表数量等信息。

H5 的如此势头，不得不让营销人对 H5 页面的未来充满了期待，越来越多的人开始在营销中运用 H5 页面。其实在移动端各个

图 5-20　朋友圈中的推广广告

领域，H5 页面的叫法很多，如翻翻看、手机微杂志、广告页、场景应用、海报/画报（动态海报、指尖海报、掌中海报、动画海报、微画报、微海报）等，经常能见到的就是滑动翻页。如图 5-21 和图 5-22 所示，无论是各类基于 H5 页面开发的小游戏，还是目前较为流行的邀请函、招聘公告、产品宣传、名片等，乃至网易、腾讯、人民网等网站开发的 H5 新闻页面，都试图通过这种以触碰、滑动为第一接触方式的页面技术向用户推荐产品、传播信息。

图 5-21　H5 游戏　　　　　　　　图 5-22　名片及产品宣传页

企业使用各种媒体表现方式，将品牌核心观点精心梳理，重点突出，这使得页面形式更加适合阅读、展示、互动，方便用户体验及用户与用户之间的分享。由于具备了这样的营销优势，H5 技术的运用不但为移动互联网行业的高速发展增添了新的契机，也为移动互联网营销开辟了新渠道。作为移动端的一家小店，嘎嘎秀商城认识到 H5 营销的重要性，同时也制作了属于自己产品宣传的 H5 页面，并对页面进行了推广和效果监控，以下是嘎嘎秀商城在实施 H5 营销的整个过程。

H5 营销的实施过程可分为 4 个步骤：前期策划、H5 页面制作、页面推广及效果监控。下面以嘎嘎秀商城为案例背景，进行 H5 营销的实施工作。

一、前期策划

H5 从立意、创意、设计到制作、传播，是一个一气呵成的系统工程，技术的把握、创意与文案的优化、传播的执行不可或缺，所以在此次 H5 营销的前期策划中需要做的主要工作为确定页面主题、页面内容、传播方式和形式。

（一）确定页面主题

为吸引用户关注，主题需突出产品特点的同时增加创意，避免抄袭，嘎嘎秀商城根据店铺产品特点将这次 H5 营销的主题定为"穿对，到哪都是焦点"。

（二）确定页面内容

卖家需根据不同用户群确定不同内容及表现形式。嘎嘎秀商城的主要用户群为白领、高校学生，所以在制作 H5 页面时通过图文并茂并添加用户互动功能，促使用户点击，提高粉丝活跃度和忠诚度。根据本身产品定位及受众的特性设计 H5 作品，在文案设计中抓住用户心理，添加用户感兴趣的词汇，如"显瘦、小资、潮流、前卫"等词，同时还可根据用户群的不同特点编写标题。例如，这次的产品宣传，如果是以高级白领为主的微信群，可以是"从路人到女神，穿搭很重要"，如果是以学生为主的群就可以是"2015 年冬季流行趋势"之类的标题来吸引用户。除此之外，嘎嘎秀商城还将页面的数量控制在 15 页以内，原因在于过多的页面会给用户造成视觉疲劳，不宜于宣传。

（三）确定传播方式

目前比较常用的 H5 页面推广方式有公众号的图文群发推广、微信群推广、线下二维码推广，以及 KOL（意见领袖、微博达人）转发和投稿等。

嘎嘎秀商城借助微信公众号进行推广营销，公众号虽是B2C模式，但交互方式应有所创新和增加，账号可对用户发送趣味游戏、图文杂志、语音问候等形式的内容，并供用户分享，增加与店铺互动。

（四）确定形式

嘎嘎秀商城在形式选择上主要以简单图文为主，通过设置翻页动画、点击特效等简单的交互操作，起到类似幻灯片的传播效果，这种形式考验的是高质量的营销内容和传播能力。

二、H5 页面制作

（一）制作工具的选择

嘎嘎秀商城在选择工具时根据自己的产品及用途，对几个常见的工具进行了比较，如MAKA、交互大师（iH5）、创客贴、易企秀等。最终选择了操作简单的易企秀作为制作工具，在这款工具中有符合本次营销页面的模板。

（二）H5 页面的制作步骤

根据前期策划制作 H5 页面，打开易企秀，如图 5-23 所示，在 H5 场景下单击"创建"按钮，进入设计界面，在界面的左侧模板中心选择用途、功能和风格，选择完后在模板列表图中选择适合自己的模板并进行编辑。

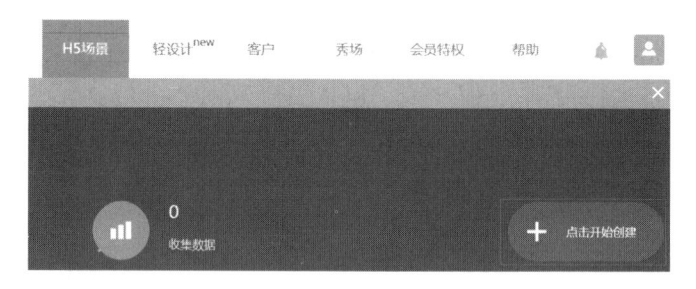

图 5-23 H5 场景设计

如图 5-24 和图 5-25 所示，嘎嘎秀商场选择了一款符合自己店铺风格的模板，在模板上编写自己的店铺标识、店名和本次主题，完成后单击右下方的"+"按钮，添加新页，并对背景图进行设置。

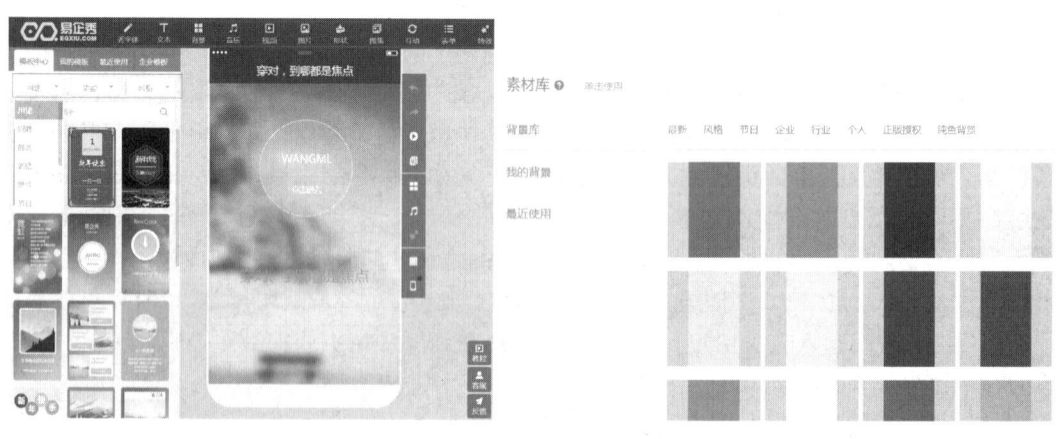

图 5-24 选择模板　　　　　　　　　　图 5-25 设置背景图

完成上述操作后，单击"图片"按钮，并上传制作好的产品图片，选中单击"确定"按钮，并在素材库添加装饰，在操作界面单击图片调整图片位置并增加播放动画，如图5-26～图5-29所示，可根据图片间的播放顺序调整时间和次数。以上为单页操作步骤，中间的几页以同样的方法进行操作，改变特效及播放顺序。

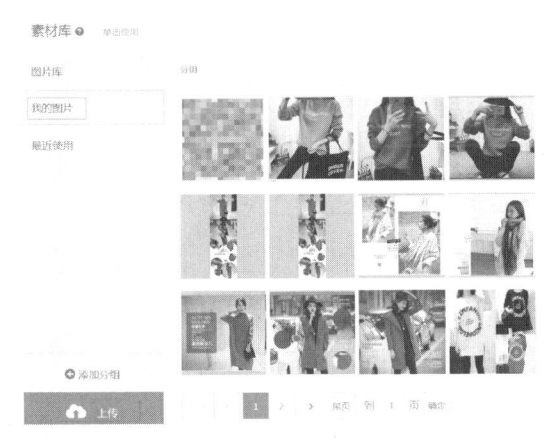

图 5-26 添加图片

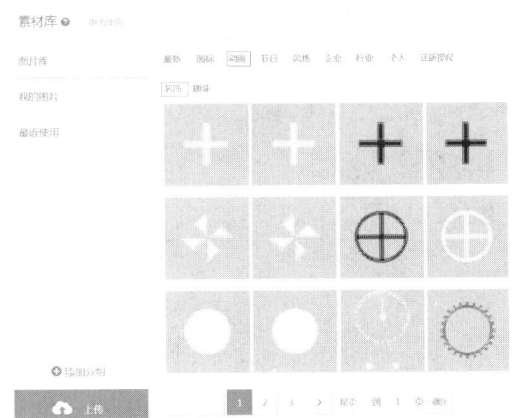

图 5-27 添加页面装饰

图 5-28 增加的动画

图 5-29 其余页面展示

需要注意的是尾页，如图5-30所示，添加店铺二维码的同时将店铺名生成链接。

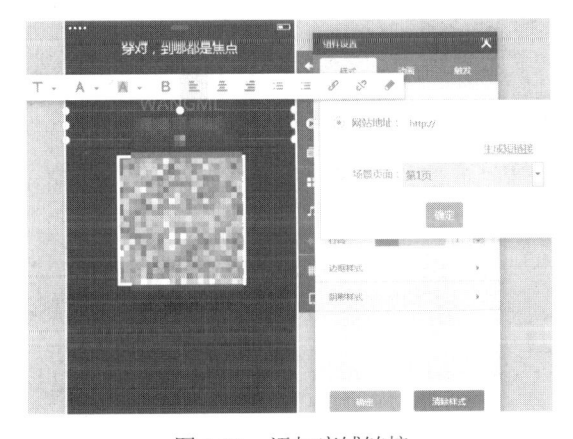

图 5-30 添加店铺链接

完成以上制作后单击右上方的"设置"按钮，对 H5 进行基本的设置，如图 5-31 和图 5-32 所示，将本次主题设置为标题"穿对，到哪都是焦点"，在"描述"文本框中编写宣传语，场景类型为企业，翻页方式为人们习惯的左右翻页，在设置中左侧会显示最终效果，可以进行预览。

图 5-31　场景设置 1

图 5-32　场景设置 2

最后是发布，进入发布页后使用手机扫描二维码进行预览，也可以单击"预览场景"按钮在 PC 端预览，查看播放是否流畅、有无错别字、排版是否有误，检查无误后下载或截图保存二维码、复制链接，进行推广，如图 5-33 所示。

三、页面推广

嘎嘎秀商城在 H5 页面推广上主要借助微信与微博。以微信推广为例，首先，需要列出所有能用到的资源，并发动内部人员转发，复制链接到目标用户群，并转发朋友圈，如图 5-34 所示，在微信中单击右上方的"分享"按钮，发送给朋友以及分享朋友圈。

图 5-33　分享推广

图 5-34　H5 页面微信推广

其次，利用微信公众账号中的链接"阅读全文"进行推广。如图 5-35 和图 5-36 所示，打开微信公众账号后台进行群发，在编辑框中编写导语并上传封面，将 H5 页面的链接复制到原文链接中，并进行预览，检查是否有误，完成后发送。

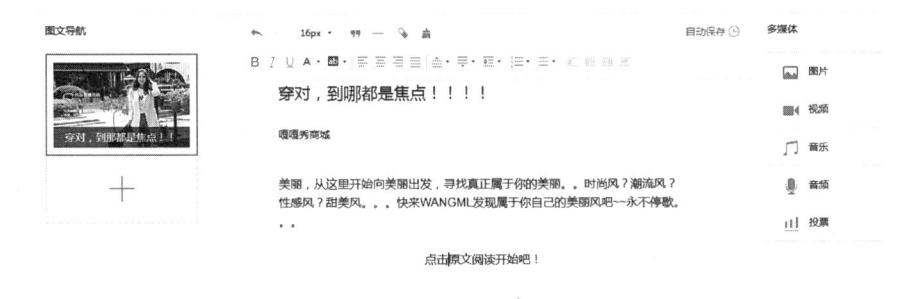

图 5-35　发送微信公众账号

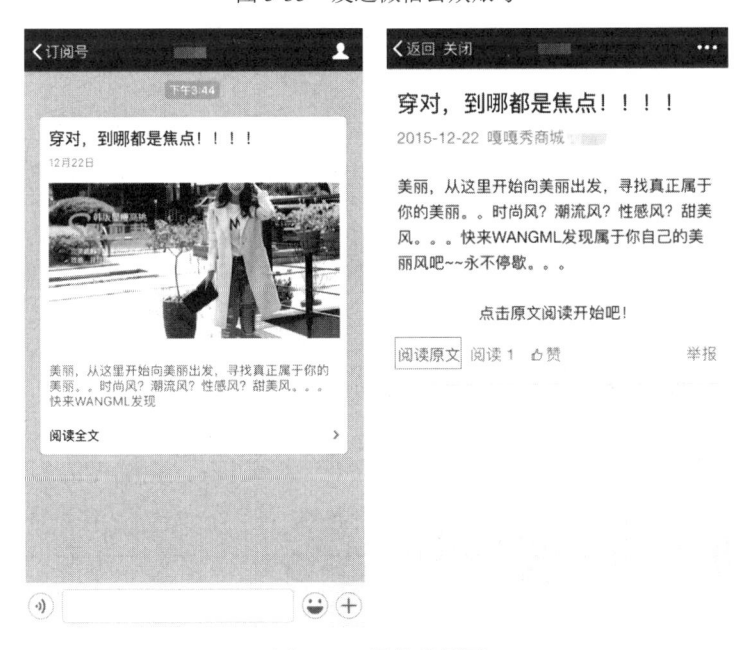

图 5-36　最终效果图

四、效果监控

嘎嘎秀商城根据 H5 的推广途径监控其流量，如图 5-37 所示，在微信公众账号后台的"统计"列表中有"用户分析""图文分析""菜单分析"等，选择"用户分析"选项，统计自实施 H5 营销后用户来源及增长情况。

图 5-37　微信数据监控

也可使用易企秀的效果统计，如图 5-38 所示，查看近期的访问概况及移动端访问次数。

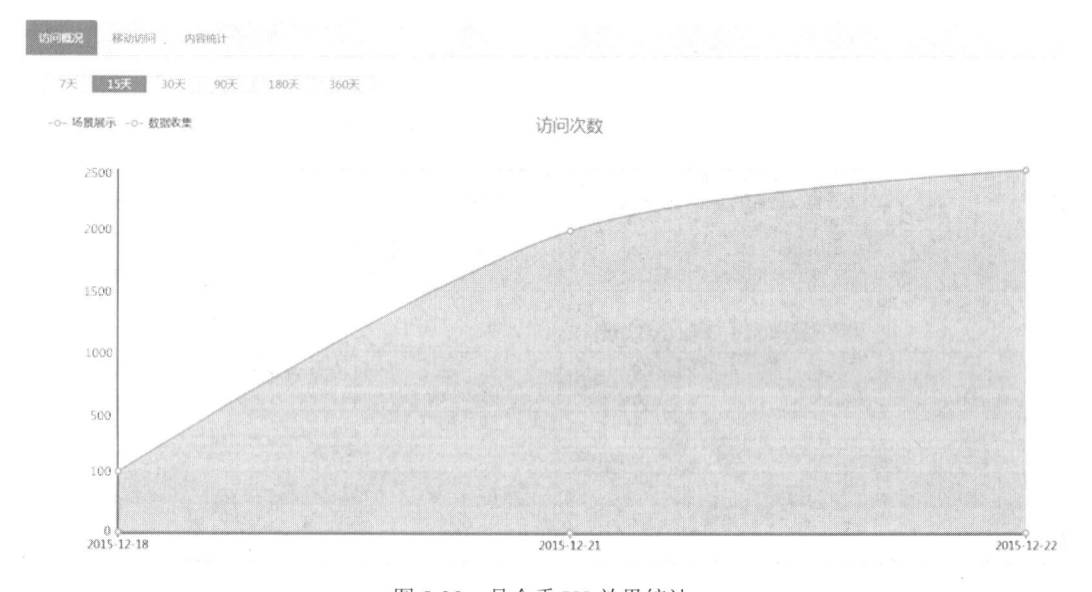

图 5-38　易企秀 H5 效果统计

模块二　相关知识

一、二维码与二维码营销的定义

二维码是用特定的几何图形按一定规律以黑白相间的图案形式记录数据信息。在代码编制上巧妙地利用构成计算机内部逻辑基础的"0""1"比特流的概念，使用若干个与二进制相对应的几何形体来表示文字数值信息，通过图像输入设备或光电扫描设备自动识读以实现信息自动处理。它具有条码技术的一些共性：每种码制都有其特定的字符集；每个字符占有一定的宽度；具有一定的校验功能等。同时还具有对不同行的信息自动识别功能及处理图形旋转变化点的功能。

二维码营销则是指通过二维码图案的传播，引导消费者扫描二维码，获取产品资讯、商家推广活动，并刺激消费者进行购买行为的新型营销方式。二维码营销常见的互动类型有视频、电商、订阅信息、社会化媒体、商店地址等。

二、二维码的营销优势

二维码营销的核心功能就是将企业的视频、文字、图片、促销活动、链接等植入在一个二维码内，再选择投放到名片、报刊、展会名录、户外、宣传单、公交站牌、网站、地铁墙壁、公交车身等。当企业需要更改内容信息时，只需在系统后台更改即可，无须重新制作投放。方便企业随时调整营销策略，帮助企业以最小的投入获得最大的回报。用户通过手机扫描即可随时随地体验浏览、查询、支付等，达到企业宣传、产品展示、活动促销、客户服务等目的。二维码的营销优势主要有以下几点。

（1）品牌性。二维码是条形码的升级产品，其新颖的操作方式代表着公司的整体形象，顺应市场的同时也可以拉动企业的对外包装，使得企业形象更全面地展现。

（2）便利性。无须通过 PC 端或手机输入网址进入特定界面，使用移动设备扫描二维码直接进入所需界面，如下载软件、登录页面、注册页面等。

（3）性价比高。成本低廉，制作简单，同时可节省广告版面，广告效果精确可查。

（4）适用于不同行业。各行业可以根据自身的产品特性，设计不同的广告，针对性强，同时新颖的广告方式也会吸引大量的用户浏览，其效果还可以实际查询。

（5）结合性强。整合营销一直是企业所想达成的最好的营销方式，二维码营销恰恰也顺应了这一点，线下市场活动开展的同时，附加二维码营销的宣传，使得线上线下结合推广，网络推广与线下市场相结合。

二维码与移动应用之间相得益彰的关系，正在吸引着手机用户源源不断地通过二维码进入无限的信息世界，市面上关于二维码应用的工具也应运而生，如扫码软件快拍二维码、拍码管家，二维码比价软件我查查等。

三、二维码营销的注意事项

二维码营销最基础的目的是，引导用户进入你的手机网站，直接让用户看到你希望他看到的内容。但在实际运用移动二维码进行营销时，用户不是看到任何二维码都会进行扫描，只有对产品或活动感兴趣才会扫。从这点出发，商家必须在制作、展示、用户扫描、查看等每一个环节上，都充分考虑用户的心理和习惯。因此，在移动二维码营销过程中，以下因素是必须要考虑的。

1. 为用户提供有价值的扫码理由

二维码所对应的内容必须有足够的诱惑力，能够解决顾客的问题，如优惠、售后服务、顾客感兴趣的阅读信息等。

2. 把二维码放在合适的地点

二维码放置的位置非常关键，如果你选择把二维码放在过道的广告牌、路边的橱窗上，匆匆而过的人群就很少会有人驻足来扫描。楼顶灯箱广告上就更不靠谱了，自己扫一扫就知道有多难。最适合的地方就是大家比较空闲的地方，如公交车站的灯箱、餐厅的桌角、电影院排队的地方等。

3．建立移动版网页

当用户扫描完二维码后，满怀期待地等待，居然迟迟无法打开，好不容易打开，居然是计算机桌面版的网站，你的营销就丧失了意义和机会。所以建立移动版网页是必需的，能使用手机快速加载页面，并且适应不同的手机浏览器类型和屏幕大小至关重要。

4．内容编排要简洁

扫描二维码后进入的网页不要设计得太过繁复，因为用户扫码是有明确目的的，他们需要立即在他的小屏幕中找到所需的内容。所以，牢记一个原则：简单而清晰。

四、H5营销的特点

目前H5营销主要有以下三大特点。

（一）文化价值传达为主，文字叙述为辅

H5页面是一种根植于智能手机的表现形式，离开了移动设备，H5页面就会显得内容呆板、互动性极差。为了更加适配于移动设备，H5产品往往选用丰富的表现形式和简短的文字去吸引用户的注意力。H5支持滑动阅读，但是不侧重于用户在页面滑动过程中阅读过度的文字和图片信息，而力图通过动画、音乐、情节的设置去吸引用户的注意力，使他们身临其境，获得极大的参与感或者共鸣。之所以这样做，是因为H5营销本质上仍然是一种依赖于社交网络的病毒式营销。设计者的根本思路是通过更多用户的分享，达到品牌宣传或者理念传达的目的。不需要用户进行深度阅读和理解，仅仅希望给他们以简短有趣的印象，便于分享。以大众点评网为电影《失孤》做的H5页面为例，这则H5作品结构相当简单，仅仅包含3个画面：第一步，用户可以输入自己和父亲的生日；第二步，系统自动根据用户输入的年份，推算父亲与孩子的生肖属相，形成两个生肖共同构成的趣味动画，系统将之命名为"和老爸的合影"；第三步，系统用户鼓励用户将合影分享到朋友圈等平台，并@自己的老爸，在这里，一旦用户选择了分享就可以看到电影《失孤》的海报和在线购买电影票并选择的功能按钮，如图5-39所示。这则小小的设计结合需要宣传的电影主题，通过极其简单的画面和文字，抓住了现代人远离父母，急需情感倾诉与共鸣的内在需求，取得了意想不到的营销效果。

（二）注重隐藏流量消耗时间，注重推出时机

H5页面在生存和传播形态上有着鲜明的弱点：一方面，H5页面由于包含了较多的媒体形式，必然存在打开较为缓慢、消耗流量较大的问题；另一方面，由于本身依靠社交媒体传播，H5页面具有极大的易逝性，除了极少数核心用户会通过PC端、新闻客户端等方式去追寻某个H5页面的所在之处，绝大多数用户已不关

图5-39　电影H5宣传页面

心这个页面的来源，看过或者分享后也绝少二次传播。

为了解决这个问题，设计者通常通过舒缓的音乐、可爱的卡通形象，或者某种情感期待（如上个例子中提到的等待亲子照片生成）来留住用户，同时尽量将每一屏画面设计得各具特色，从色彩、构图、文字上吸引用户继续翻屏。同时，为了确保 H5 页面能够在特定时间段取得预期的传播效果，H5 页面的推出往往采取"早启动、重人工、巧推广"的方式发布。从时间上看，H5 页面在社交媒体平台的启动往往早于营销对象本身，如电影的预热、大型会展互动的邀约、招聘的前期宣传等，早期通过核心人群和影响力的个人、公众账号、自媒体账号对 H5 页面的传播，带动二轮、三轮用户的病毒式传播，以达到在营销对象最需要推广的时候，相应的 H5 页面刚好出现在他的社交媒体圈，或者，当用户还不了解某个产品时，H5 页面通过简单的游戏活动促使他们对产品有了初步的认识。从 H5 的生存周期来看，一个 H5 页面的爆发式增长时间不会超过 1 周，1 周之后，用户基本会对产品感到厌倦，从而自然而然地终止分享。

（三）新媒体内容推广为主，经济价值暂未显现

新闻媒体利用 H5 技术制作一些精美的新闻页面已经不再新鲜，2017 年两会期间，网易制作的"人民大会堂小明带你玩"和腾讯的"给老王送打虎棒"都取得了不错的口碑。对于新闻媒体而言，H5 页面的新闻几乎不需要严谨的内容和导语，也不追求即时性和深度，更像是一种配合主流报道做的新闻小品，使读者在阅读严肃新闻的同时可以会心一笑，参与到新闻事件的科普与传播当中。从经济价值来看，由于 H5 页面的生存周期较短，传播效果不可控，也使得广告投放工作不容易找准定位和价值。

五、H5 营销的表现形式

（一）幻灯片式

幻灯片式是 H5 最初期也是最典型的形式，由于简单、实用，因此至今还很流行。其效果就是简单的图片展现和翻页交互，整体的表现很像幻灯片展现。其实幻灯片式的 H5 现在已出现了很多在线制作软件供大家使用，所以制作成本几近等于零。

由于制作简单、周期短，这类 H5 展现形式适用于频繁、小型的需求。若使用在线编辑器，不需要任何开发，只需要配备 1 名设计和文案。幻灯片式 H5 截至目前有以下使用场景。

（1）定期发布的内容，几近零预算。这些内容相对而言比较常规，但是有时微信图文又无法到达理想的效果，通过 H5 的形式会更容易了传播，固然条件是要有好的设计。例如，数据报告、频繁上线的新产品或功能、小型线下活动约请、活动相册等。

（2）结合热门的营销，周期极短。这类情况下，时效性是非常重要的，如果开发 1 个 H5 用了半个月，热门想必也结冰了。所以，应当以最快的速度推出才是明智的选择，而这时候引发广泛传播的关键就在于文案和设计。

（二）交互式

可口可乐的 H5 营销是应用 H5 绘图功能的典型例子。固然这里面的交互还是比较简单的，只不过它基本体现了交互式动画的感觉。全部可口可乐的时间轴是随着用户向上滑动页面"绘制"出来的，如图 5-40 所示。

其实除这类叙事型的 H5 动画之外，我们能看到的大多数 H5 游戏也都属于这一类，如围住神经猫、打企鹅、2048 等。最近也有 1 个比较火的 H5 游戏叫"财务包子铺"，在这个

游戏中，用户扮演包子铺的创业老板，在事业发展的不同阶段做出经营决策，最终登上人生巅峰。虽然游戏中植入了赤裸裸的产品推行（知乎的一本新书），但最后还是获得了3天破300万PV（页面浏览量）的成绩。

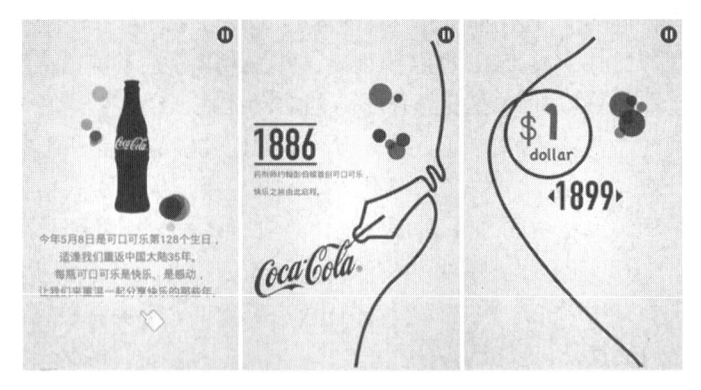

图5-40　可口可乐的H5营销

这些类型各异的H5利用，本质上都是基于H5的动画技术做的。它们所触及的相关动画技术主要有H5的Canvas/SVG和JS、CSS3，目前大部分H5的动画效果还是用JS实现的，实现的效果类似PPT中的动画功能，只能实现元素的平移、旋转、隐现等。事实上通过JS+Canvas/SVG+CSS3可以实现非常复杂的交互式动画，最直观的就是H5游戏，如围住神经猫、3D版坦克大战。以下为交互式H5的使用场景。

（1）中小型活动/品牌事件的传播，预算不多、周期较短。这类情况一般就是某些新品发布、企业招聘、公关事件、中型会议等的传播。此时你需要权衡周期和本钱的因素。

（2）大型活动/品牌事件的传播，预算充足、计划性强、周期较长。一般大家看到那些极具传播性的H5基本上都属于这一类，如上文提到的可口可乐H5营销，像这类在美学、交互和故事性上都表现突出的案例，需要两周以上的时间才能完成。

（三）功能型

看以下两个例子：如图5-41所示，第一个是百度针对地铁涨价制作的H5，它可以计算你每天坐地铁要花费多少钱并且实时显示大家的评论；第二个是STC的社交移动风云榜，很简单，就是精品H5的展现。

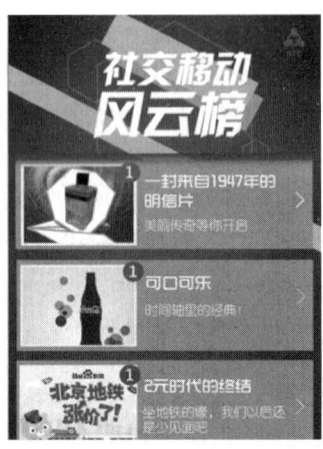

图5-41　精品H5例子

这两个 H5 都有一个特点，除针对受众的热门内容传播之外，它们还很像一个"供用户重复使用"的产品，这就是所谓的功能型 H5。所谓功能型 H5，是同时聚焦于用户需求并且重视传播性的 H5 轻利用，也就是在设计 H5 的时候除斟酌传播的问题之外，也要思考如何把它变成一个延续运营的产品。这实际上是思考角度的问题，从"我要传播什么"到"我希望用户传播什么"的转变。

轻交互重功能的功能型 H5 制作周期较短，本钱也不高，成功的关键不在于酷炫的交互，而在于用户需求的掌控和后续的运营。因此，这类 H5 需要的是一名高水平的产品经理，而以设计、开发为辅。以下为功能型 H5 的使用场景。

（1）品牌账号的粉丝运营。功能型 H5 由于具有一定的产品特性，其最大的价值就是提高粉丝活跃度和虔诚度。我们需要根据本身品牌的形象定位和受众的特性设计功能型 H5，要将品牌或产品的功能性特点抽象到生活方式或精神寻求的层次。

（2）结合热门内容的品牌传播。这类类型的传播是最多见的，但是往往很多结合热门的 H5 传播都是一次性文娱消费，存活时间较短。其实如果能从用户需求发掘和产品运营的角度去思考，许多针对热门的 H5 传播都有很大的提升空间。

六、H5 营销的推广技巧

（一）要在创意和内容上追新求异

一个让人眼前一亮的 H5 营销一定是一个会制造话题的技术活。创意上要结合品牌调性，达到视、听创新；内容上要做到有趣、好玩、实用、有价值；另外，还需紧跟热点，利用话题效应，只有这样才能抓住用户的眼球，才能促使用户进行分享、传播，达到营销效果。

（二）要深挖 H5 的价值点

一个好的 H5 一定具备打动用户的价值点，尤其是功能型 H5，需要根据本身品牌的形象定位及受众的特性设计，要将品牌或产品的功能性特征抽象到生活方式或者精神追求的层次，只有这样才能与用户产生共鸣。例如，卖体育用品的可以抽象为体育锻炼与健康生活方式，设计一个改善身体健康状态的功能型 H5。

（三）要从技术上寻求突破

要想让 H5 营销脱颖而出，其核心应用技术也必须"高大上"，必须大胆应用其多媒体特性、三维图形制作及 3D 特效等功能属性，而不是仅体现在触摸、滑动等传统幻灯片的简单操作上。

（四）多渠道推广 H5 页面

可以充分调动身边任何可以利用的渠道资源，进行多种形式的推广，如通过公众号进行图文群发推广、微信群推广、线上线下二维码推广，以及 KOL 转发和投稿等。另外，还可以策划开展多样线上线下活动，促进用户品牌倾向性。

同步训练

一、实训概述

本次实训为二维码与 H5 引流实训，学生通过本项目的学习，要能够利用相关工具进行二维码与 H5 营销，能够掌握两种营销方式的实施过程，包括前期策划、内容制作、推广、监控等一系列操作，从而把握二维码与 H5 营销的技能要点。

二、实训素材

相关实训软件、智能手机实训设备、二维码制作工具、H5 页面制作工具。

三、实训内容

任务一 二维码营销

教师根据案例背景布置实训任务，可使学生以组为单位完成实训。

（一）前期策划

学生根据案例并按照要求详细说明二维码的创意、策略、实现手段、要素与实施细则，并完成下表。

二维码营销受众	受众是谁
二维码营销文案	二维码中需要储存什么信息，二维码在营销过程中的引导语
二维码营销创意	描述二维码的创意点
二维码营销规格	二维码视觉化表现的具体尺寸是多少，格式是什么等
二维码营销投放时间	什么时间或者什么时候进行投放，给出理由

（二）二维码制作

学生根据文案策划进行二维码的制作，包括二维码制作工具的选择、二维码的基本设置与美化，并完成下表。

选择的工具	简单说明选择的原因
二维码基本设置及美化	描述基本设置的内容都哪些，如何完成进一步美化
二维码营销图片（截图）	

（三）二维码投放

学生根据分析不同投放途径的优缺点做针对性投放，并完成下表。

发布平台	选择的原因
微信	
微博	
美丽说	
……	

任务二 H5 营销

教师根据案例背景布置实训任务，可使学生以组为单位完成实训。

（一）前期策划

学生根据案例并按照要求详细说明二维码的创意、策略、实现手段、要素与实施细则，并完成下表。

H5 营销主题	确定本次营销的主题是什么
H5 营销内容	根据主题编写 H5 营销文案，包括每一页的图片文字及翻页方式等
H5 营销创意	描述 H5 营销的创意点
H5 传播途径	确定二维码的投放途径，并给出理由
H5 表现形式	描述本次 H5 营销的表现形式
H5 营销投放时间	什么时间或者什么时候进行投放，给出理由

（二）H5 页面制作

学生根据文案策划进行 H5 页面的制作，包括二维码制作工具的选择、页面设置等，并完成下表。

选择的工具	简单说明选择的原因
H5 页面（截图）	

（三）页面推广

学生根据分析不同投放途径的优缺点做针对性投放，并完成下表。

发布平台	选择的原因
微信公众平台	
微博	
……	

（四）效果监控

学生通过数据统计工具监控 H5 营销的效果，包括访问次数、时间段、转发量等，并完成下表。

数据统计工具的选择	
数据变化（截图）	

项目六

内容营销

SEO（搜索引擎优化）推广经常说到一句话："内容为王，外链为皇。"作为内容的载体：媒体、视频、社区、社交在不断延伸出新的交互属性，用户接收和传播的内容也在不自觉地发生着变化，从门户到社区到自媒体，用户的传统观念也在一遍一遍地被冲刷，然而不变的是内容营销一直繁荣的景象。

内容营销已经成为企业营销中的"空气"——无处不在，随着移动互联的不断发展，能同时打破时间、地域、空间限制的移动端网络营销成为电商企业青睐的重要营销手段，移动端内容营销竞争也由此变得日益激烈。因此，企业该怎么做好移动端内容营销，将企业想要传递的内容传递出去，并和消费者形成良好互动，已成为学好内容营销的关键点。

学习目标

知识目标

1. 了解内容营销的策略。
2. 掌握内容营销的策划与市场分析方法。
3. 掌握软文的编辑要点。
4. 明确内容营销的实施步骤。

能力目标

1. 能够熟练掌握内容营销的策划方法。
2. 能明确内容营销的实施流程。
3. 能够掌握软文写作的技巧。
4. 能够合理选择软文投放平台。
5. 能做出合理有效的效果监测与分析。

项目情景

上海大众公司成立于1985年，目前是国内规模最大的现代化轿车生产基地之一。该公司最受欢迎的SUV车型途观的换代车型将于2015年上市，为了使新途观在巨大的乘用车市场中保持活力和竞争优势，在上市之后能快速受到密集关注，大众公司选择以内容产品为兵刃，通过娱乐化的传播方式攻破受众的心理防线，拉近距离，营造独特而专属的品牌体验。

模块一　任务分解

✅ 任务一　认识内容营销

内容营销是一种通过生产发布有价值的、与目标人群有关联的、持续性的内容来吸引目标人群，改变或强化目标人群的行为，以产生商业转化为目的的营销方式。成功的内容营销应该以受众为中心，提供有价值的、相关的内容。

内容营销包含很多种方式，如可以发给电子报、杂志、DM（快讯商品广告）、企业博客等品牌客制化媒体来做，也可以找人写文章、找杂志合作介绍新产品等。内容营销并不追求短期或立即性的不理性的直接的行为改变，而是理性的、倾向长期的那些内容教育，最后，内容营销可帮助企业做到思想领导的角色，扎实地提高品牌的忠诚度、黏度。例如，知名的运动品牌特步就曾凭借长期为电视节目《天天向上》冠名，并辅以其他的广告投放模式而声名远扬。强视听冲击力和大信息承载是其营销的基础，优质的内容和一定的用户基数是其营销的核心。企业有很多方式可以进行内容营销，如社交媒体、新闻稿、信息图等。但哪些方式对企业来说是最好的营销手段，取决于企业提供的产品和服务以及目标消费群体。如图6-1所示，有16种内容营销方式可供企业选择，分别是社交媒体、新闻稿、音频或播客、播客订阅、博客、文章或白皮书、音乐、动画、图片、信息图、在线研讨会、在线教学或电视广播、幻灯片、视频、应用程序、互动游戏。

在移动端的网络营销中，内容是移动端营销传播的核心载体，移动端的内容要获得好的传播效果，至少需要满足3个特征，这3个特征也是未来移动端营销中信息载体——营销内容的发展趋势。

一、友好

在移动平台上做营销，友好的内容是必不可少的，页面是否对移动端友好主要是基于页面使用字体的大小是否合适、页面布局是否合理、内容的可读性等方面来判断的。

由于智能手机和平板电脑的迅速

图6-1　内容营销的常见方式

发展，对企业来说有必要专门为移动用户创建可访问的内容。无论是创建一个网站的备用移动版本，或者是利用响应性的网页设计，在用户通过移动设备浏览网站时提供正面的友好体验都至关重要。否则，很容易将适应这种趋势的潜在客户拱手让给竞争对手。

即使在 PC 端占据主导地位的搜索引擎也已经意识到了这种变化，百度推出的轻应用（见图 6-2）和移动化平台就是专门针对移动端设备做出的主动应变。

轻应用表现出了四大特点：无须下载，即搜即用；破壳检索，智能分发；功能强大，全能体验；订

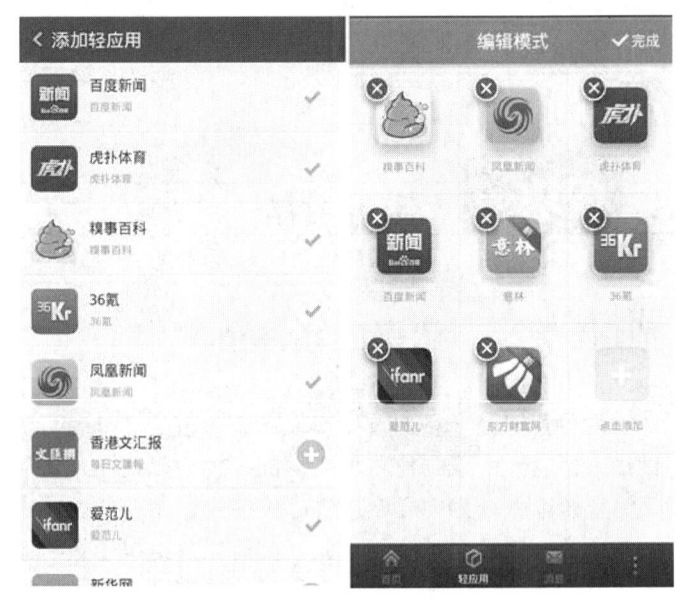

图 6-2 手机百度的轻应用界面

阅推送，沉淀用户。例如，在 58 同城接入轻应用服务后（见图 6-3），大大缓解了其在无线领域面临的困惑，同时 58 同城的用户不但可以在移动端享受到与 PC 端一样丰富快捷的信息服务，还无须担心因 App 下载导致的流量费用。

图 6-3　58 同城轻应用展示

二、简单

移动手机和平板电脑的流行，直接导致移动社交应用代替 SNS 网站成为主流。而在这些移动端应用上呈现的内容，都有一个共同的特性，那就是简单。

图 6-4　微视里的精彩视频

最新一个通过营造简单内容而获得成功的案例是微视，微视是微博推出的独立 App，定位是基于开放关系链的 8 秒短视频分享社区。其中的关键特征就是 8 秒钟，这既提高了上传和阅读的速度，又有利于移动端的传播，最主要的是，8 秒钟的视频内容足够简短，但对移动端用户来说，已经足够可以承载有趣和感兴趣的信息了（见图 6-4）。

三、有趣

每个人都喜欢有趣的内容，有趣的内容不但能获得用户更好地转发传播，也能拉近与粉丝之间的距离。尤其在移动端，这种发展趋势越发明显。

早期移动平台上有趣的内容多是通过一些段子手制造并获得快速传播的，现在，通过有趣的内容开展营销已经成为企业在移动社交平台上营销的入门课。如图 6-5 所示，UBER 就用简单、有趣的内容吸引了广大用户的关注。

图 6-5　UBER 的营销页面

除了搞笑段子，企业还可以利用企业微信和微博，发布自身的文化介绍、公司员工的生活信息、业余时间的活动趣事等，可以让用户感受到这是一个立体的公司、有血有肉的企业。更透明地把企业呈现在用户面前，让用户感受到在企业微博后面，有一群热情可爱的人。

☑ 任务二　内容营销的设计

内容营销是一种通过创建一些有价值的、有针对性的、吸引用户注意的信息的营销手段，它通过印刷品、数字、音视频或活动的形式呈现出来，影响潜在的用户和已有的用户，通过这些信息传递，接触影响现有的和潜在的消费者。内容营销在设计中一般包括以下 4 步。

第一步，了解顾客遇到了什么问题。这里的关键点在于，给用户提供解决方案，而不是产品信息。

第二步，考虑给用户带来什么利益，很直接、很简洁地把它提出来。现在整个传播环境过剩，信息过剩，如果不能在 9 秒钟之内抓住用户的注意力，就很可能失去他。

第三步，把自有媒体变成品类的入口。传统营销的方式是把事先策划好的创意、广告等通过很多媒体发布出去。但是内容营销不一样，内容营销是用内容吸引用户，让他们到企业的自有平台上来。

第四步，内容的传播。在传播的过程中要注意以下两点。

第一点，吸引用户搜索信息，让他们主动获取信息，而不是强制推送给他们。

第二点，刺激用户去分享，当设置一个环节、一个机制让粉丝、用户去分享的时候，传播就具有了自营销的能力。

对于大众公司来说，品牌的营销推广无异于一场旷日持久的战争，需要面对的不仅仅是来自其他品牌的激烈竞争，还有注意力分散、对一切浅尝辄止并且日益挑剔的受众。在这场战役中，大众公司选择以内容产品为兵刃，通过娱乐化的传播方式攻破受众的心理防线，拉近距离，营造独特而专属的品牌体验。

然而，究竟该如何处理品牌与内容的关系，如何最大化地实现品牌传播效果，如何与品牌整体战略相匹配，这里就需要从内容营销的策划开始。

一、策划背景分析

策划背景分析，这里主要侧重于企业自身分析、环境分析、目标受众分析，通过 3 个方面多维度的分析使营销受众群体更加清晰，营销目的更加明确。

（一）企业自身分析

上海大众公司目前是国内规模最大的现代化轿车生产基地之一。基于大众、斯柯达两大品牌，公司目前拥有帕萨特、波罗、途安、朗逸、途观和明锐、晶锐、昊锐等十大系列产品，覆盖 A0 级、A 级、B 级、SUV 等不同细分市场。而大众途观于 2010 年 3 月 26 日正式上市，在国内掀起了 SUV 的热潮，在广州、北京、西安等地区，前来订购的顾客很多，它的设计简洁纯粹、扎实饱满，被赋予理性、逻辑性与功能化，征服了消费者的心理，途观完美地承继了纯正的德国血统，无论是造型设计和表现风格，还是动力，都吸引着消费者的关注。途观的广受好评也为途观的换代车型在 2015 年的上市奠定了良好的市场基础。

作为上海大众精心打造的高端智能 SUV，新途观以突破格局之势备受市场和消费者的喜爱，销量牢牢占据 SUV 市场中的领军阵营。

（二）环境分析

（1）居民收入的提高和消费结构的变化。从改革开放以来，GDP 稳定持续地增长，家庭收入也持续成倍地增长，带动了购买力飞跃上升。

（2）据中国汽车工业协会统计，2016 年全国汽车销售超过 2800 万辆。截至 2017 年 3 月底，全国机动车保有量首次突破 3 亿辆，其中汽车达 2 亿辆。交通部门预计，未来中国汽车后市场年均增速将超过 30%，2018 年后市场规模有望破万亿元。

（3）人们消费观念的转变及信贷服务的支持，促进了汽车消费的增长。

（4）国家产业政策的支持，解禁小排量汽车。

（5）销售渠道的多元化，3S、4S、5S 店的形成方便了顾客的购买，保证了售后质量，解除了顾客的顾虑。

（三）目标受众分析

途观的价位在 20 万～30 万元，消费群体多在大中城市，二级城市也众多，适合一些工作几年的白领、个体户、私营者、准备结婚的新人等，特别是男性消费者、年收入在 10 万元左右的人群、喜欢旅行、周末喜欢出游的人。顾客购买途观完全是出于理性需求，以代步、出行、工作需求为主的行为。这一类的消费者众多，需求量大，随着油价的飞涨，在 SUV 行列最省油的途观备受青睐。

（四）实施原因分析

（1）上海大众以往的营销活动多在店头，太过保守，媒体投放量大，但效果不太理想。

（2）新途观的上市需要连环活动推动市场。

（3）没有好的活动噱头占领市场份额。

（4）需要营销策略增进销量。

（5）市场竞争太大，竞争品牌车型活动多而复杂，活动没有整体性，难对客户进行指引性营销。

二、内容营销活动策划

在 2013 年 9 月和 10 月，国家提出了建设"新丝绸之路经济带"和"21 世纪海上丝绸之路"的战略构想。为了响应这一重大战略构想，在新途观上市之前，上海大众公司与新华社合作组织了"新丝路，新梦想"重走丝绸之路的活动，欲借此活动为新途观的上市造势宣传。此次活动面向社会招募志愿者组成车队，于 2014 年 6 月 8 日在丝路起点——西安大唐西市启程，10 辆上海大众途观组成的全媒体报道团车队将横跨亚欧大陆，进行一次行程长达数万公里的行进式采访活动。在此次活动结束之后以收集志愿者的感悟并编写成软文的方式进行发布。

1. 活动背景

（1）上海大众新途观的全新面市。

（2）"新丝绸之路"的提出。

（3）城市化的加快，从客观上大大促进了汽车消费，形成了新的汽车消费群体。

2. 活动目的

（1）塑造企业及其产品、商标的形象并巩固和发展这一形象，使消费者对企业及其产品产生信赖和感情。

（2）推广即将面市的新款途观汽车，提升新款汽车的关注度。

（3）巩固意向客户，通过活动刺激客户的购买欲。

3. 针对对象

（1）主要目标群体：商务刚需人群。

（2）潜在目标群：追求都市 SUV 的精锐感和时尚气息的广大大众粉丝。

4. 活动过程安排

（1）招募活动参与志愿者。

（2）车队启程，重走丝绸之路。

（3）收集志愿者的感悟。

（4）软文的编写与投放。

三、内容编辑与投放

（一）软文的形式

软文创作的表现形式是尤为重要的，不同的软文形式决定了其营销的价值性。本次活动选择了用户体验型的软文形式，讲述一般志愿者的切身真实感受，并以讲故事的口吻，娓娓道来，传播品牌或者产品的优点、正面形象、企业实力、服务质量等。这种方法能悄无声息地对消费者和潜在客户产生良好关联或影响。

（二）软文的标题

具有吸引力的标题是软文营销成功的基础，本次软文以《28人跋涉了53天、20000公里，只为一场梦》为标题，抓住了"新丝绸之路"的时事热点，以热门事件和流行词为话题，同时也正好照应了上海大众"新丝路，新梦想，新途观"的广告语（见图6-6），以及"'途'有境，心有垠"的设计理念。

图 6-6 新途观广告语

（三）软文的内容

软文以消费者第三人称的口吻对本款车型进行全方位的介绍，用切身体验和感悟引起消费者对新途观产生美好联想和购买的冲动。软文的具体内容如下。

在得到那个消息之后，我的心几乎要跳出来了。

我从没想过，在30岁出头的时候，梦想，就可以离得这么近。

从洛阳到西安，沿途的夕阳晒在公路上，掀起余下的一丝热浪。到达，下车。有着沉重历史感的古城墙上"古城西安欢迎你"的大红刻字灼然入眼。

"嘿，走啦，杨贵妃不在这儿。"同行的赛买提说道，嘴角勾起一抹狡黠。

我笑着跟他走进了旅馆。

我是一名摄影师，为了将大好河山逐一记录，也算是浪迹天涯，踏遍了五湖四海。苍莽的草原升腾了我的热血，温柔的西湖陶醉了我的灵魂。而这一次，我跟随途观的新丝路车队，终于踏上了那令我日思夜想的凿空之旅，带着对古王朝的敬畏与好奇，重走丝绸之路。

我对西北有着近乎痴狂的执着，四千年的飞沙走石、草原上的铁马疾风，无一不策动着我去追逐。从华清池到大秦古罗马，绵延的沙漠中央，连通的这条古道，沉睡着金银财宝和生死纠葛的灵魂。罗马女人最爱的丝绸，走过这条古道，拂过数场风沙，来自遥远的古代中国。丝绸之路，埋葬着无数碎梦与荣耀。

曾经的大唐西市经过了岁月的洗礼，依旧明艳动人。文玩街附近的浆水鱼勾引着饥饿的食客，人头攒动的回民街烟气升腾，四处可见的钟楼时刻提醒着曾经长安城里辉煌的过往。

离开西安前往兰州的路上，兰新铁路在窗外蜿蜒而过，向北绵延着广袤的草原，向西抵达万里黄沙。这条经过戈壁荒滩的铁路，曾经是中国铁路历史上最大的工程，河西走廊没有铁路的历史自那时起永远结束。

车队在沙坡上颠簸前进的途中突然停了下来。

"嘿，怎么了？"

"前面有辆车没注意，卡沙坑里了。等等吧。"

"我就说，这翻山越岭地没事开什么家庭SUV，这不给自己整事儿嘛。"

"没事的，靠谱，相信我。"

趁着停歇的空档，赛买提跟我说起了波瓦（爷爷）的故事……

20世纪50年代的新中国，急需大量的钢铁支持建设。然而生活在这条路上的古代先民采矿的地点没有找到。当时，波瓦随着勘探小队，冒着严寒和给养中断的危险，孤军深入祁连山。在几乎弹尽粮绝的时刻，他们咬牙继续寻找。

赛买提还记得波瓦是这样跟他描述的："当时临近黄昏，大雨倾盆，天地昏暗。山路泥泞而陡峭，随时都有滑下去的危险。我们挂着树枝作为拐杖，前后帮扶着才爬了上去。虽不是雨季，但这雨下了几天几夜不停。前路漫漫，我们的补给几乎跟不上了，铁矿到底在哪里，没有一个人知道……"

"那后来呢？他们怎么样了？有找到铁矿吗？"我等不及听到答案。

"当然是有的。"赛买提说道，"后来他们在一个叫桦树沟的山岩上发现了一片赤红色的铁矿露头带。而这一片桦树沟，便是后来的镜铁山。"

"嘿！好了！走吧走吧！"前方的喊声中断了我的好奇。

"你看，我说的没错吧？靠谱！"赛买提竖起了大拇指，冲我使了个眼色。

"嘿，你小子怎么那么神？"我惊奇地问道。

"上回我们全家自驾游也开的途观，我家姐夫非得特立独行走山路，那路磕磣的呀，简直没法说了。我觉着我们活脱脱就是飞跃在峭壁间的一车藏羚羊，换别的车估计下不来了……"

"噗哈哈哈，藏羚羊，你这脑洞也是大……"我忍俊不禁地笑出声。

车队再次启程，越过山头……

"马上望祁连，奇峰高插天。西走接嘉峪，凝素无青云。"这一片的黄土地上曾洒下无数先辈的血汗。两千年前，张骞肩负使命踏上征程，牵引出一个帝国金戈铁马的光辉岁月。两千年后，一样的土地，一样的子民，一样的热忱，铸造了另一般的风景，却依旧别开生面。

贯通东西的丝绸之路，让不同文化的学者和僧人穿越乱世动荡的年代，携带着古老的典籍和经书缓缓走来，闪耀着的思想和信念依然在薪火相传中生生不息。东西文化的交融与碰撞，让曾经鸡犬不相闻的国家，变得博大、平和、宽容……

"再往南就是那拉提草原啦。"赛买提眼神里充满兴奋，"我小时候有段时间在那儿度过呢。"

"那儿一定很美吧。"我笑着说道。

此时此刻，车队已经奔驰在独库公路上，感受着大西北的苍茫。作为最美、最险的一条公路，有一半儿以上的地段都在崇山峻岭、峡谷沟壑中穿行。

我永远忘不了那巍峨之间的青山骏马，那一路的阳光，期间不乏哈萨少年的纯真微笑，悠闲散步的牛羊，路边堆垒如山待买的西瓜。赛买提没有瞎说，那儿简直像天堂。

"我很感谢祖国。"赛买提说道，眼里泛着真诚。如果是一般情况下，我可能会吐槽这样的致谢词。

"这条丝绸之路，让我的家乡变得不一样了。如果没有它，或许我们依旧裹着布衣，啃着馕饼，靠着双脚和马匹行走在大漠草原上。我也不可能从这里走出去，再带着骄傲重返故乡。"

"嗯，我们还可以做得更好。"我拍了拍他的肩膀……

28人，53天，10辆新途观，20000公里，我随着新华社一行重走了一遍丝绸之路。16TB的影像资料，是我为工作交上的一份满意的答卷。那一路浩荡的旧事新颜，缥缈着几代人的血泪与荣耀，澎湃着对国家繁荣的期待和祝祷。

作为一名匆匆过客,我依旧会在无数个夜里梦回中尘心难耐,无时无刻想着再次出走,即使天寒地冻,路远马亡。

当然,这一次,我依旧会选择新途观。

因为,靠谱。

(四)软文的投放

在完成了软文整体检查后,就可以根据策划完成软文投放了。

消费者的定位决定了营销过程中软文风格的设计、软文发布渠道的选择方向,从而保证良好的用户体验及高效的投放效果。上海大众公司清楚,针对消费者的兴趣和爱好制定的特定风格、创意并且投放在消费群体聚集区域的软文,将取得最佳的投放效果。而这种定向的、精确性的软文投放方式,相对于轰炸式软文投放,具有更加高效、节约的优势。

因此,上海大众公司在软文发布平台的选择上追求与目标消费者普遍关注的平台贴合,尽量满足他们在消费理念、审美、品位、生活方式等方面的偏好。在投放渠道上除了门户网站必需的覆盖式投放以提升知名度和影响力之外,更加侧重了垂直类网站,以精确锁定消费者,进行定向投放,节约成本提高效率,如这类人群关注度较高的微博、微信平台,以及汽车之家、天涯等一些网站和论坛。

微信作为时下最热门的社交信息平台,也是移动端的一大入口,正在演变为一大商业交易平台,其对营销行业带来的巨大作用也在逐渐体现。微信逾六成的真实地区、逾四成的真实姓名、逾三成的真实头像,一层层圈定人际关系圈,用户之间更多地受强关系牵连。上海大众公司抓住了微信平台的强大影响力,决定将本次软文投放的重点放在微信平台。本次在微信平台发布的软文页面如图6-7所示。

(五)营销效果及分析

1. 营销效果

上海大众公司本次的软文一经投放便引起了网友的广泛转载与阅读,短短几天在微信平台的阅读量就达到了10万多,网友纷纷留言好评,如图6-8所示。广告的自然融入,最终取得了很好的软文营销效果,并且转化为客观的销售额,新途观在2015年成为全国SUV销量冠军。

图 6-7　软文投放到微信平台页面　　　　图 6-8　软文评论页

2．效果分析

上海大众公司此次的内容营销取得了很大的成功，其成功之处可以归纳为以下三点。

（1）内容营销策划的活动话题性强，参与的志愿者都纷纷发表感悟，为此次的软文发布奠定了内容基础，由于与"新丝绸之路"话题的巧妙结合，引起了众人的内心共鸣，引发了思考。

（2）思路清晰、内容紧凑。此次发布的软文篇幅适中，便于读者扫描式的阅读习惯。软文的撰写人员拥有扎实的文字功底，软文结构清晰、语句连贯、段落紧凑，浑然一体。

（3）软文投放平台的选择合理。

模块二　相关知识

一、内容载体的选择

内容的载体可以有很多种，如视频、电子书、信息图、档案、报告、滑动页面（H5 或 PPT）等。不同的载体会对不同人群和场合产生完全不一样的作用，接下来将简单对几种常用载体做剖析。

（一）电子书

电子书是最常见的一种内容营销手段，特别是在 B2B 模式里。

目前最为常用的电子书格式是 ePub，能在 PC 端或移动端根据屏幕等自动调整，实现翻页、插图等功能，目前可以制作此类电子书的软件有 Sigil、Escape、epubBuilder、epuSTAR 等软件；跨平台的开源 ePub 电子书编辑器，支持 Windows、Linux 和 Mac 系统。

（二）信息图

信息图是指使用图片和文本的合并来呈现并简化复杂的信息，使得内容更加生动。营销人员一般采用这种载体来吸引消费者，简化信息，如说明书等。

（三）H5

H5可以直接在移动端打开，交互性强，适用于多种场景，制作成本视展示效果而定，受移动端接口的限制性较大。

（四）视频

视频能实现多种功能，提高品牌知名度、回答问题、论证说明等。但是花费的成本较高，周期较长，可与其他载体相互搭配使用，发挥最大化效用。

（五）博客

博客是一个展示品牌很好的平台，但是维持一个博客与其他载体存在一定的不同，企业更需要考虑到品牌风格的一致性。

二、内容营销策略

（一）热点性内容

热点性内容即某段时间内搜索量迅速提高，人气关注度节节攀升的内容。合理利用热门事件能够迅速带动网站流量的提升，当然热门事件的利用一定要恰到好处。对于何为热门事件，营销者可以借助平台通过数据进行分析，如百度搜索风云榜、搜狗热搜榜等都是不错的工具。当然，热点性内容也可以根据自身网站权重而定，了解竞争力大小，是否符合网站主题这非常重要。利用热点性内容能够在短时间内为网站创造流量，获得非常不错的利益。

（二）时效性内容

时效性内容是指在特定的某段时间内具有最高价值的内容。时效性内容越来越被营销者所重视，并且被逐渐加以利用使其效益最大化。营销者利用时效性创造有价值的内容展现给用户。所发生的事和物都具备一定的时效性，在特定的时间段拥有一定的人气关注度，作为一名合格的营销者，必须合理把握及利用该时间段，创造丰富的主题内容。

（三）即时性内容

即时性内容是指充分展现当下所发生的物和事的内容。当然，即时性内容策略一定要做到及时有效，若发生的事和物有记录的价值，必须第一时间完成内容写作，其原因在于第一时间报道和第二时间报道的区别比想象的大很多，其所带来的价值更不一样。就软文投稿而言，即时性内容的审核通过率也有所提高，比较容易得到认可与支持。不仅如此，就搜索引擎而言，即时性内容无论是排名效果还是带来的流量都远远大于转载或相同类型的文章。

（四）持续性内容

持续性内容是指含金量不受时间变化而变化，无论在哪个时间段都不受时效性限制的内容。持续性内容作为内容策略中的中流砥柱，不得不引起高度重视。持续性内容带来的价值是连续持久性的，持续性内容已经作为丰富网站内容的主打，在众多不同类型的内容中占据一定份额。就百度搜索引擎而言，内容时间越长久，获得的排名效果相比而言越好，带来的流量也是不可估量的，因此营销者越来越关注持续性内容的发展及充实。

（五）方案性内容

方案性内容即具有一定逻辑符合营销策略的方案内容。方案的制定需要考虑很多因素，其中受众人群的定位、目标的把握、主题的确定、营销平台、预期效果等都必须在方案中有所体现，然而这些因素必须通过市场调查，通过数据对比分析，并且需要依靠丰富的经验。作为方案性内容而言，它的价值非常大，对于用户来说，其内容的含金量非常高，用户能够从中学习经验，充实自我，提升自身的行业综合竞争力。缺点是方案性内容在写作上存在难点，需要丰富经验的营销者才能够很好把握，互联网上方案性内容相比而言较少，因此获得的关注更多。

（六）实战性内容

实战性内容是指通过不断实践在实战过程中积累的丰富经验而产生的内容。实战性内容的创造需要营销者具有一定的实战功底，具有丰富经验的营销人员才能够做到真实性，内容能够充分展现实践过程中遇到的问题，让读者从中获得有价值的信息，能够得到学习锻炼的机会。实战性内容能够获得更多用户的关注，因为这是实战，这是真正的分享经验。

（七）促销性内容

促销性内容即在特定时间内进行促销活动产生的营销内容。特定时间主要把握在节日前后，促销性内容主要是营销者利用人们的需求心理而制定的方案内容，内容能够充分体现优惠活动，利用人们普遍贪便宜的心理做好促销活动。促销性内容的价值往往体现在提高企业更加快速促销产品和提升企业形象上。

三、移动端内容营销的平台选择

移动端常见的转化平台有微信、微博、营销型移动互联网门户网站、企业移动端 App 等。

（一）微信

微信平台的优势在于造价成本较低，客户容易接受；劣势在于数据无论怎么独立都会和腾讯交融，太多营销内容可能会被封号。

1. 微信个人平台

关于微信的使用已经很普及，这里不再过多介绍。能和营销有关系的主要是名字、签名、头像、二维码、微信号。

2. 微信朋友圈

微信朋友圈拥有天然的 SNS 属性，在朋友圈发完产品信息，就可以直接通过微信私聊，不用切换工具。微信是一个私密性特别强的地方，不是好友的两个人对同一消息的评价是互相看不见的，哪怕评论是对产品不利的，其他人也看不见。另外，爱玩微信朋友圈的人都有一个属性，就是爱分享，在分享的过程中无形地做了一次免费的广告。而当客户分享了内容以后，也可以去点赞，可以去评论，通过这样的运营，与客户之间就形成了一种交流方式，让客户与企业之间变得便于沟通联系。

3. 微信公众平台

在微信公众平台上，每个人都可以用一个 QQ 号码打造自己的微信公众账号，并在微信平台上实现和特定群体的文字、图片、语音的全方位沟通和互动。微信公众平台分为服务号和订阅号。目前，若干生活和工作中的事务都可以在微信里面实现，顺势相关第三方公司也都纷纷开通了自己的微信公众服务平台。

（二）微博

微博操作简单，信息发布便捷。一条微博，只需简单地构思，就可以完成一条信息的发布；互动性强，能与粉丝即时沟通，及时获得用户反馈；低成本，做微博营销的成本比做博客营销或是做论坛营销的成本低。

但是微博营销也存在很多劣势，微博的发送者需要有足够的粉丝才能达到传播的效果，人气是微博营销的基础。在没有任何知名度和人气的情况下去通过微博营销是很难的，微博里新内容产生的速度太快，所以如果发布的信息粉丝没有及时关注到，就很可能被埋没在海量的信息中。同时微博的传播力也是有限的，其信息仅限于在信息所在平台传播，很难像博客文章那样被大量转载。同时由于微博缺乏足够的趣味性和娱乐性，所以一条信息也很难被大量转帖。

（三）营销型移动互联网门户

很多企业都想把自己的内容营销平台选择在搜狐、新浪、网易等门户网站上，这些网站的访问量确实巨大，且能够成功效果自然显著，但是企业如果与之没有经常性的合作，操作的难度和费用会很高。而在其他中小型网站投放广告内容，又需要联络许多家网站同时进行内容投放才会有显著的效果，这样分别进行沟通洽谈的时间成本也是相当高昂的。这时应该根据内容营销的不同类型选择不同的平台，内容营销的目的就是提升企业的品牌知名度，要考虑内容发布网站的用户的类型和在特定领域的影响力。

（四）企业移动客户端 App

在做内容营销时，如果企业已经有了自己的 App 平台，在自有的 App 平台做内容推广自然是好，因为 App 作为自己企业的独立平台，数据独立，运用自己的算法，完全由自己决定。但是对于一般企业来说，App 的造价成本高，推广起来难度也比较大。企业也可在其他第三方 App 平台（如知乎、豆瓣、果壳等）结合活动营销、问答营销来做内容营销，这样就能把多平台的优势结合起来。

四、软文内容的编辑技巧

软文作为内容营销最重要的一种表现形式，掌握其编辑技巧是学习内容营销不可或缺的部分。

（一）标题策划

衡量一个好标题的依据是：要突出关键词；具有很强的吸引力；短小简练易记；要具体，不要太抽象。在传统媒体，标题的设计一样很重要，现在是信息时代，不可能要求人们用太多时间去阅读内容，如很多报纸卖的就是标题。标题是软文的眼睛，标题是否有吸引力也是软文成功与否的一个关键因素。软文标题要做到生动、有创意，但不另类，只有具有穿透力的标题，才能深深地吸引网友记住网站，好的软文标题也就成功了一半。例如，《网站初期运营的三大策略》这类标题，很容易迎合新手站长的注意，可以让受众在文章之中找到有价值的信息，迎合受众心理，既能为网友带来有价值的信息，也会对网站产生积极影响。

（二）题材和内容要新颖、奇特，具备新闻性

标题只能是一种引导，最主要的是软文内容。如何将广告嵌入内容是一个考验创意的地方，如果软文广告嵌入得太过生硬，让人一眼就看出是为了广告而写文章的，势必会引起读者的反感，如果产生负面的影响就得不偿失了。所以说，写与自己网站有关的文章，然后带上网站链接，这个就属于自己价值观的一种表达，而且通过这样的软文，不仅可以表达自己的观点，还可以宣传网站，吸引相同观点的朋友共同讨论进步。

（三）注重原创

软文原创的难度相对来说比较大，偶尔采取转载别人的文章加以修改也是不错的办法。这就要求自己手动去不同网站寻找适合的文章手动修改，不过修改时要注意技巧，要按照自己的思维来调整软文的内容，这样一篇文章就不只是伪原创了。

（四）图文并茂

软文发布的对象不同，内容要求也不同，但是有一点是相同的——讲究软文的图文并茂。精美的文字辅助以精美的图片，更能给浏览者留下深刻的印象。

（五）做好链接

软文链接也是非常必要的，一般来讲，软文底部写上转载请保留链接的话，10%的用户能保存下来就相当不错了，但是把链接保留在软文中间部分，保留率可达50%左右。如果添加得比较隐蔽，每个转载者都能保留链接，起到的营销效果必定是很好的。

五、内容营销六大方法

方法一：内容营销必须是整合营销

如今，无论是将企业信息融入好的内容中，还是将企业自制好的内容融合到媒体平台中，这两个最基本的内容营销方法都无法单独存在。媒体平台上的好内容不能通过简单的冠名赞助、硬广等自然变成企业的内容，而必须通过与企业相关的社交媒体、线下活动、话题事件等方式，将企业和内容完美融合。同理，企业自制的内容必须和社会热点结合，利用社交媒体进行整合传播。

在媒体高度发达的时代，媒体越多的同时也越细分，单个媒体作为载体的价值就越低，内容和表达形式就变得越来越重要。当大众媒体已不再大众时，找到与核心受众沟通的最佳平台，并通过最能引起他们共鸣的内容，将品牌故事讲述给受众，从而取得品牌核心信息、价值观有效传达的效果，这样的营销越来越重要，营销公司需要为企业整合资源、设计资源。

方法二：借助科学评估工具提高准确度

想在热点内容里融入企业信息，选择好的热点内容就十分关键，这需要从多个维度审核新内容是否符合企业选择内容的诉求。

方法三：跟随潮流，把握时事热点，快速响应市场

要做到随时随地与受众亲密互动，就需要紧跟时事热点，这对企业把握热点和迅速反应的能力提出了更高要求。

方法四：大规模创造个性化内容并利用社交媒体分享扩散

与等待热点内容出现不同，自制内容往往视为一种自动化工具，由于其传达内容的操作简单，有规律可循，会越来越广泛。例如，2015年曾红极一时的足记App，能够将照片做成高格调的电影大片效果，生活即电影，自己当主角，让用户大呼过瘾。有趣的个性化

内容不仅能够激发用户主动分享和扩散，甚至能够提供零广告费的传播效果。

方法五：提高用户转化率

无论是赞助好内容还是自制好内容，对企业的挑战都只有一个：如何将受众对内容的注意力转化为对企业本身的关注，最终转化为产品（服务）的购买者。营销人员必须厘清从关注到消费的整个链条，在每个环节根据不同的情景设置可转化的激励因素和通路，才能提高转化率。

方法六：内容营销的规划与销售策略规划并行

很多企业，尤其是过去使用传统媒体获利颇丰的企业，往往将内容营销规划放在媒体计划环节，然而最好的方式应该是在拟定沟通策略乃至整体市场销售策略阶段，积极和内容营销部门沟通，将内容营销策划为整合营销。对于大多数 2C 产品（面向个人用户的产品）而言，整个内容传播过程都有可能产生即时销售或获得大量销售线索。

同步训练

一、实训概述

本次实训为内容营销实训，学生通过本项目的学习，要能够利用移动端电子商务平台进行内容营销的策划和软文的编写，能够掌握市场背景分析、内容营销策划、软文写作、软文发布、营销效果监控与评估等一系列操作，从而把握内容营销的技能要点。

二、实训素材

相关实训软件、智能手机实训设备、移动电商平台软件。

三、实训内容

任务一　策划背景分析

教师布置任务，学生在教师所提供的案例背景下，对案例背景进行分析，并完成下表。

营销主题	营销的品牌或核心要素
确定内容营销原因	确定内容营销的实施原因
营销的主要目标	促进产品销售，提升品牌知名度，提高站点访问量等
视频创意及相关	相关资源来路等

任务二　内容营销策划

按照要求，详细说明内容营销的创意、策略、实现手段、要素与实施细则，并完成下表。

内容营销受众	受众是谁
内容营销文案	用什么样的形式加以表现，其中涵盖诉求是什么，如何与产品形成紧密联系
内容营销创意	描述内容营销的大体构思及创意点

任务三　软文写作

学生根据内容营销文案策划进行软文的撰写，并完成下表。

软文标题	
软文形式	
软文内容（截图）	

任务四　软文发布

学生根据分析不同移动平台的优缺点做针对性投放，并完成下表。

发布平台	选择的原因
微信	
微博	
……	

项目七

微信营销

集文字、语音、视频于一身的微信，正在逐渐改变着我们的社交与生活。当自媒体迅速崛起，微信公众号广泛受宠，微信已拥有 7 亿用户，微信圈成为人们晒心情、晒活动的社交圈时，以电视、广播和纸媒为途径的传统传播模式，已经到达饱和时代，停滞不前，而以微信朋友圈口碑传播为主要表现形式的微信营销，因为拥有了海量用户和实时、充分的互动功能，正成为营销利器。

学习目标

知识目标

1. 了解微信营销的常见思维方式。
2. 了解微信营销的策划要点。
3. 了解微信营销内容编辑的方法。
4. 认知微信营销实施的具体流程。

能力目标

1. 具备微信营销策划能力。
2. 具备微信营销分析能力。
3. 具备微信营销实施能力。

项目情景

可口可乐诞生于 1886 年，其以酷爽怡神的口味和自由活力的品牌形象备受消费者特别是年轻消费者的青睐。如今可口可乐不仅是一种怡神的饮料，更成为流行文化的一部分。众所周知，中国春节是饮料品牌的战场。而饮料品牌可口可乐需要标志性的品牌资产与期待年味的中国消费者产生情感连接，通过增加与团聚场景的相关性带动品牌销量。

模块一 任务分解

目前国内的移动社交平台，一般并不拘泥于常规，求新、求异、求个性是这一平台的主要特征，不断推出吸引眼球，又好玩好用的附加功能引爆各路争议的情况也并不少见。作为目前移动互联网的主要入口，微信在整合线上线下、沉淀用户方面都具有其他平台难以比拟的优越性。因此，企业在微信上的营销思路也不应仅仅停留在信息推送、粉丝互动、客户服务、在线交易任何一种单一的模式上。作为移动平台，微信不仅仅是信息传播的载体，更应当成为品牌效应聚合的保障。

不少品牌都做了一些有代表性的案例，如招商银行的"爱心漂流瓶"用户互动活动案例，微信用户用"漂流瓶"功能捡到招商银行漂流瓶，回复之后招商银行便会通过"小积分，微慈善"平台为自闭症儿童提供帮助。深圳海岸城的微信会员卡案例也被不少的品牌所效仿，微信用户只要使用微信扫描海岸城的专属二维码，即可免费获得海岸城手机会员卡，凭此享受海岸城内多家商户的优惠特权。

任务一 认识微信营销

由于智能手机的普及，消费者倾向于手机移动端购物的意向扩张，微信营销，这个以"分众"和"精众"市场为目标诉求的营销模式，紧跟着移动互联网的发展，成为移动营销的先锋和代表。作为移动端重要入口之一的微信，其商业前景愈发显现。

微信是基于手机通讯录和 QQ 好友的强关系的链接沟通工具。信息交流的互动性更加突出，无论你在哪里，只要你带着手机，就能够很轻松地同你的未来客户进行很好的互动。微信的社交属性令其成为一个天然的客户关系管理平台，做微信营销其实就是做企业产品与消费者之间的关系管理与互动。

微信营销是企业用微信和用户建立连接，通过不断的信息互动和服务来获得品牌影响力和提升业绩的营销行为。传统的营销都是在不同的平台对客户进行营销的，成本很高，并且还需要不断地重复投入才有效果。而微信营销基于微信公众号系统，不仅是 CRM 系统，更是一个移动服务平台。所以说，企业使用了微信营销，就会大大降低客户丢失的概率。

一、微信营销的常见形式

（一）漂流瓶

用户可以发布语音或者文字然后投入大海中，如果有其他用户"捞"到则可以展开对话，招商银行的"爱心漂流瓶"用户互动活动就是一个典型案例，如图 7-1 所示。

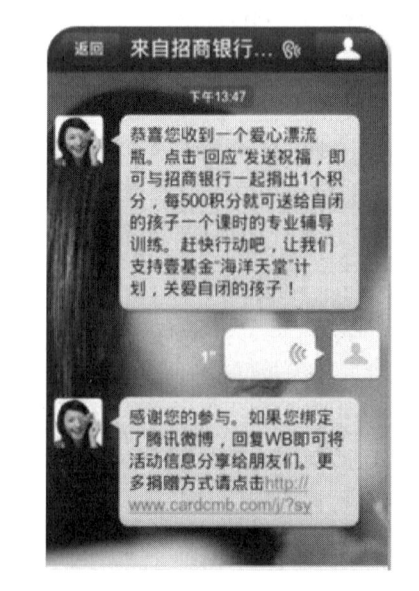

图 7-1 招商银行的漂流瓶营销

（二）位置签名

商家可以利用"用户签名档"这个免费的广告位为自己做宣传，附近的微信用户就能看到商家的信息，如饿的神、K5便利店等就采用了微信签名档的营销方式，如图7-2所示。

（三）二维码

用户可以通过扫描识别二维码身份来添加朋友、关注企业账号；企业则可以设定自己品牌的二维码，用折扣和优惠来吸引用户关注，开拓O2O的营销模式，如图7-3所示。

图7-2　微信位置营销　　　　　　图7-3　二维码营销

（四）开放平台

通过微信开放平台，应用开发者可以接入第三方应用，还可以将应用的LOGO放入微信附件栏，使用户可以方便地在会话中调用第三方应用进行内容选择与分享。例如，美丽说的用户可以将自己在美丽说中的内容分享到微信中，可以使一件美丽说的商品得到不断的传播，进而实现口碑营销。

（五）公众平台

在微信公众平台上，每个人都可以打造自己的微信公众账号，并在微信平台上实现和特定群体的文字、图片、语音的全方位沟通和互动。

二、微信营销的10种思维模式

由于移动互联网的快速发展，一个崭新的传播时代已经来临。微信营销，这个以分众和精众市场为目标诉求的营销模式，正是这个营销新时代的先锋和代表。通过对当前企业主要的微信营销手法充分分析，总结出了微信营销10种常见的思维模式。

（一）助力思维：病毒式传播，全民嗨

助力营销是病毒式传播的一种，它是通过朋友间的不断转发支持，实现快速传播和全民关注的。助力思维通常的方式是，技术公司在制作活动微网页时，添加助力一栏。用户参加活动时，在活动页面上输入个人信息后，即进入具体活动页面。用户如想赢取奖品，就要转发至朋友圈并邀请好友助力，获得的好友助力越多，获奖的概率也就越大。为发挥助力者的积极性，也可以让参加助力的好友抽奖（见图7-4）。因为有大奖的吸引，就可以通过报名者与其众多好友的关注和转发，达到广泛传播的目的。

运用微信助力思维，不但可以在后台清晰地掌握参与者的基本数据和信息，如名字、性别和手机号码等，也在最大程度上发掘了他的朋友圈资源，让更多的人关注甚至参与此项活动。这种经济学上的乘数效应，使得活动消息得以成倍扩散，企业品牌得以迅速传播。

（二）抢红包思维：精众传播，立竿见影

抢红包思维，顾名思义就是为用户提供一些具有实际价值的红包，通过抢的方式吸引用户积极参与，引起强烈关注，找到潜在客户，并实施针对性营销。抢红包的思维方式比较适合电商企业，客户得到红包后即可在网店中消费，这样既起到了品牌推广作用，又拉动了商城销售。

抢红包思维营销一般由商家提供一笔总体金额，由此分散出多个不同金额的红包。想要参与的用户首先得关注并填写注册信息，成为某商家的会员，然后到活动页面领取红包，并在指定时间内抵扣消费（见图7-5）。

图7-4　助力营销 　　　　图7-5　红包营销

时至今日，很多商家已习惯在店庆或节庆时推出抢红包游戏，让全民嗨抢。其实，商家看似发了红包，让了利，但实际上得到了自己的目标消费者，有力地推动了商品销售。因此，抢红包思维对于电商来说，是一个十分有效的营销手段，既在短时间内取得了良好的经济效益，又获得了不错的社会效益。

（三）流量思维：痛点营销，快速传播

互联网时代，流量为王，网站如果没有流量，就是"无源之水，无本之木"。而对手机上网族而言，流量就像"人之于水，车之于油"。因此，抓住消费者的痛点，也就抓住了营销的根本。流量思维的基本思想是转发送流量，用户只要转发某家公司或某个产品的微网页，就可以得到一定的流量。同时引发大规模的病毒式扩散。

（四）游戏思维：兴奋点营销，蝴蝶效应

游戏思维的概念很简单，就是通过游戏的转发传播来认识某个品牌。在微信的战略发展方向中，游戏与社交是其重点，足见游戏在移动互联网上的地位。微信小游戏的普遍特点是设计新颖，而且呆萌，规则简单却不单调，可以在短短几分钟内吸引到大量用户。

"我用了×步围住神经猫，击败×%的人，获得称号×××，你能超过我吗？"——围住神经猫（见图7-6）是2014年微信游戏的经典，这款只用一天半研发出来的微信小游戏，因为简单、好玩、有比拼智力的成分，抓住了用户的兴奋点，刚一出现，大家就被这只贱贱的白猫吸引了，不断刷屏，不断转发。短短几天时间，用户数就攀上亿级。仔细分析，围住神经猫游戏用带有比对性的语言，煽动了用户内心深处的攀比心理，更抓住了人们爱玩游戏的天性和兴奋点，从而获得了巨大的蝴蝶效应。

（五）节日思维：传递的是温情，传播的是品牌

逢年过节，互致问候是中国人的良好传统。在经历了书信、电话和短信贺年祝节后，从2014年开始，微信祝福逐渐流行，一段语音、几句文字、一个视频，简单却温暖。节日思维，就是利用节假日人们相互送祝福的机会，在微信文字或视频中植入品牌形象，恰到好处地进行传播推广（见图7-7）。

图7-6 围住神经猫微信游戏

（六）大奖思维：高转发率，广参与性

"重赏之下，必有勇夫"。自古以来，奖与赏是很多人难以拒绝的诱惑。借用互联网的说法，设奖促销，是搔到了用户的痒点。在当下的微信营销中，给奖甚至给大奖，是媒体和企业用得最多的招数，实力雄厚的，用房子或车子作为大奖；实力稍弱的，也常常用年轻人最爱的iPhone6、iPad等通信工具，或者门票、电影票和旅游券等作为奖品，而且效果良好（见图7-8）。

图7-7 节日微信活动　　图7-8 微信抽奖活动

可以说，大奖思维瞄准的是消费者的痒点，只要有奖，就会有人参与、有人转发；只要给大奖，就会有很多人参与并转发。而企业和活动品牌，就在用户的广泛参与下，得到了有力的传播与推广。当然，像房产这样的微信活动，由于奖项是购房抵价券，就可以通过微信圈的转发寻找到目标客群，并通过后台数据进行针对性营销。

（七）众筹思维：聚沙成塔，集腋成裘

众筹是指用团购或预购的形式，向用户募集项目资金的模式。相对于传统的融资方式，众筹更为开放，更为灵活。对圈子的精准把握，是微信适合众筹最核心的竞争力。

微信众筹思维更多的是用于产品的售卖，如低价购买巧克力（见图7-9）等都是利用了众筹思维。无论是从发起者还是从投资者的角度去考量，众筹都是一个风险投资效率较高的方式。对于发起者来说，筹资的方式更灵活，而对于投资的用户来说，可以在最短的时间内获得较好的收益。因此，微信众筹思维也是一个较好的微信营销方式，传播方式快，扩散范围广，产生效益大。

（八）生活思维：自然而然，润物无声

所谓生活思维，就是把人们所关心的日常生活知识发布到微信平台上，通过这些信息的转发，起到良好的传播作用。如今，人们对生活质量的要求越来越高，对生活知识的需求也越来越大，有关生活类的知识在网络上的转发率相当高，如冬病夏治、节假日旅游、十大美食去处、最美民宿等，凡是与生活、旅游、美食、教育等相关的信息，都会引起人们的关注。而这些信息不但适合转发，而且很多人会收藏，这样一来，即是对信息进行了二次传播。因此，在这些生活类

图7-9　微信众筹

信息中植入产品图片、文字或者做链接进行传播，是个不错的思维方式。

医药类的微信，如方回春堂、同仁堂等，可以经常发布一些养生、医药方面的生活资讯，通过这些资讯的转发传播自己。一些旅游类的微信，可以发布一些景点信息，或者美食、住宿情况，通过这些信息的高转发率来推广自己或相关的酒店与景点。用生活思维所传播的信息必须是公众关注度高、实用性强的。在这样高、强的信息中推广活动信息或企业品牌，可以起到润物细无声的效果。

（九）新闻思维：让品牌随新闻飞飏

新闻思维是借助突发性新闻或关注度较大的新闻夹带图片进行传播。移动互联网时代，新闻的传播速度已经是以秒计算的，地球上任何一个地方发生的重大新闻，都能在瞬间传递到地球的角角落落。而它在微信圈的阅读量，往往是以十万甚至百万计的。因此，如果在转发率如此高的新闻中植入广告，其传播影响力自是不可估量的。

（十）测试思维：因为风靡，所以广泛

测试思维也就是通过一些小测试，如智商测试、情商测试、心理测试等来对一些品牌进行传播（见图7-10）。如今的微信圈内，各类测试甚是风靡，这些测试情商、微信活动智商的题目，抓人眼球，很容易让人点进去测试。而这些测试的最后，往往都

图7-10　微信测试游戏

会跳出"分享到朋友圈,分享后测试答案会自动弹出"的信息,这无疑是进行了二次传播,而藏在这些题目开篇或结尾的网站或咨询机构,也通过再次传播又一次宣传了自己。

"未来的营销,不需要太多的渠道,只要让你的产品进入消费者的手机,就是最好的营销。"国内移动互联网和微信的快速发展,对于营销人员来说是巨大的营销舞台,是展示自己营销思想与才情的绝佳机会。微信朋友圈,因为聚集了一群信任度高、相互了解的朋友,是口碑营销的最佳场地,而它的高关注度和高转发率,为营销提供了快跑和飞翔的机会。

☑ 任务二 微信营销的策划与实施

饮料品牌可口可乐希望在春节这场饮料品牌战争中守住自己的市场地位,如何利用与时俱进的媒体组合使有限预算达到最大化品牌曝光是关键。而微信作为目前移动互联网的主要入口,在整合线上线下、沉淀用户方面都具有其他平台难以比拟的优越性。因此,可口可乐决定通过微信平台将标志性的品牌文化与期待年味的中国消费者产生情感连接,通过增加与团聚场景的相关性带动品牌销量。

一、微信营销策划

(一)实施的原因与背景

如今,市场上各类饮料日益增多,饮料行业的竞争日趋激烈,特别是人们更注重对健康、快乐、乐观生活的追求,以及其他饮料市场的繁荣,如果汁类、乳酸类、茶饮料等品种不断丰富,尤其是功能型饮料的出现,更是满足了消费者对健康的需求。而在中国,可口可乐的竞争者——百事可乐,还占据了可口可乐很大的市场份额。无论是同类产品还是非同类产品都给可口可乐带来了巨大压力。

为拉近与消费者的距离,实现营销实效并为品牌注入新的活力,传统强势品牌正在不断寻找与时下最时髦的娱乐或社交方式结合的跨界营销机会。如今消费者都喜欢体验顺应当下潮流的新鲜事物,以"80后""90后"为核心消费群的快消品企业在营销过程中首先要考虑这部分年轻群体的喜爱偏好。他们是互联网的主要受众人群,乐于接受新鲜事物,也喜欢和朋友分享他们的用户体验,动动手指在网上购物,闲暇时在朋友圈里"点赞"刷屏,微信这类移动社交工具已成为他们生活的一部分。

2015年的农历新年,在各大品牌争相用冠名、红包、促销的方式炒热中国新年之时,可口可乐选择打破传统。春节期间,使用手机用户次数明显上升,多数人拜年都会选择使用"表情拜年",可口可乐借助微信平台,创造出互动的新鲜玩法。通过微信平台传播可口可乐春节年味,引导表情下载,让可口可乐的"阿福""阿娇"表情成为春节期间人与人之间连接的桥梁。

(二)产品受众分析

1. 目标受众

可口可乐的目标受众时追求时尚自由、个性张扬、乐观的年轻群体,15~28岁的青年人。主要有高中生、大学生和年轻上班族等。

2. 受众特征分析

高中生群体:年轻,热衷于追逐流行文化,思想个性自由。

大学生群体:年轻,有激情,对时尚敏感,消费时有灵活的思维方式和应变能力,对生活有积极乐观的态度。

（三）实施目的

（1）铸造标志性的品牌资产，建立与中国年轻消费者的情感连接。

（2）增加品牌的认知度。

（3）通过微信平台强势引流触达消费者，激发二次传播和产品消费。

（四）实施功能选择

在细心考究后，可口可乐开始对内容的建设和传递的方式做进一步了解。平台功能上的朋友圈、扫一扫、摇一摇、漂流瓶等各具特色，而哪一种才能更贴近消费者和独具创新呢？

在朋友圈中，用户可以发表文字和图片，同时可通过其他软件将文章或者音乐分享到朋友圈，用户可以对好友新发的照片进行"评论"或"赞"。用户只能看相同好友的评论或赞。

扫一扫是用户基于二维码的内容进行查询，可以添加好友及对二维码图案进行扫描获取信息。

摇一摇的功能是通过摇手机或单击按钮模式摇一摇，可以匹配到同一时段触发该功能的微信用户，从而增加用户间的互动和微信黏度。而摇一摇无法实现大面积的用户群体，只能触及近距离的陌生人。

漂流瓶的功能主要是"扔"和"捡"，"扔"是用户可以选择发布语音或者文字然后投入大海中；而"捡"顾名思义就是捞大海中无数个用户投放的漂流瓶。

在结合微信平台功能的情况下，可口可乐与微信表情进行深度合作。为了更酷的体验，可口可乐摒弃传统的二维码，抢先运用全新的图像识别技术。消费者只需用微信直接扫描可口可乐包装上"阿福"和"阿娇"的形象或条形码（见图7-11和图7-12），就可以免费下载整套动态表情，借微信新春表情在好友间的广泛传播来传达可口可乐"团圆年味"的新春信息。

图7-11 "阿福"与"阿娇"的微信表情

二、公众账号图文推送

为了进一步与可口可乐用户形成互动和掌握用户体验信息等市场需求，可口可乐公司在进行了前期的策划后，接着依据策划对此次点对点的互动微信营销进行实施。

但哪种方式能有力地将此次微信营销落实到位呢？从流量思维出发，在移动互联网时代，流量为王，抓住消费者的痛点，也就抓住了营销的根本。不但如此，流量思维的基本核心就是转发送流量，用户只要转发某个与产品相关联的信息载体，就能为被转发的产品甚至产品的所属公司带来一定的流量。

对于可口可乐来说，从选择微信营销这个以分众和精众市场为目标诉求的营销模式开始，品牌更进一步的快速传播也是此次"团圆年味"微信营销活动的目标之一。因此，如何充分利用微信平台的资源与用户形成良好的互动，是可口可乐微信营销实施的重点。

借春节的契机，可口可乐公司首先利用 O2O 连接用户、引导用户下载品牌表情，让可口可乐的"阿福""阿娇"表情成为春节期间人与人之间连接的桥梁，同时也开启品牌与用户接触的第一步。

在获得第一步接触后，可口可乐在拥有了一定的新老客户的基础下，需要加深活动与用户的联系。微信公众号通过图文信息的推送建立与用户的沟通，让用户及时知晓活动信息，触发用户参与活动后的下一步行为。因此，可口可乐公司通过图文消息推送的方式，成为自身服务用户的一次次连接，在增加传播途径的同时，进一步推动活动的进程。

公众号图文推送是一个细致的运营过程，图文消息编辑细节决定成败，图文编辑做到细而精，图文阅读和分享自然多，最终达到品牌植入与推广的效果。公众号图文推送的技巧如图 7-13 所示。

图 7-12　扫描下载微表情

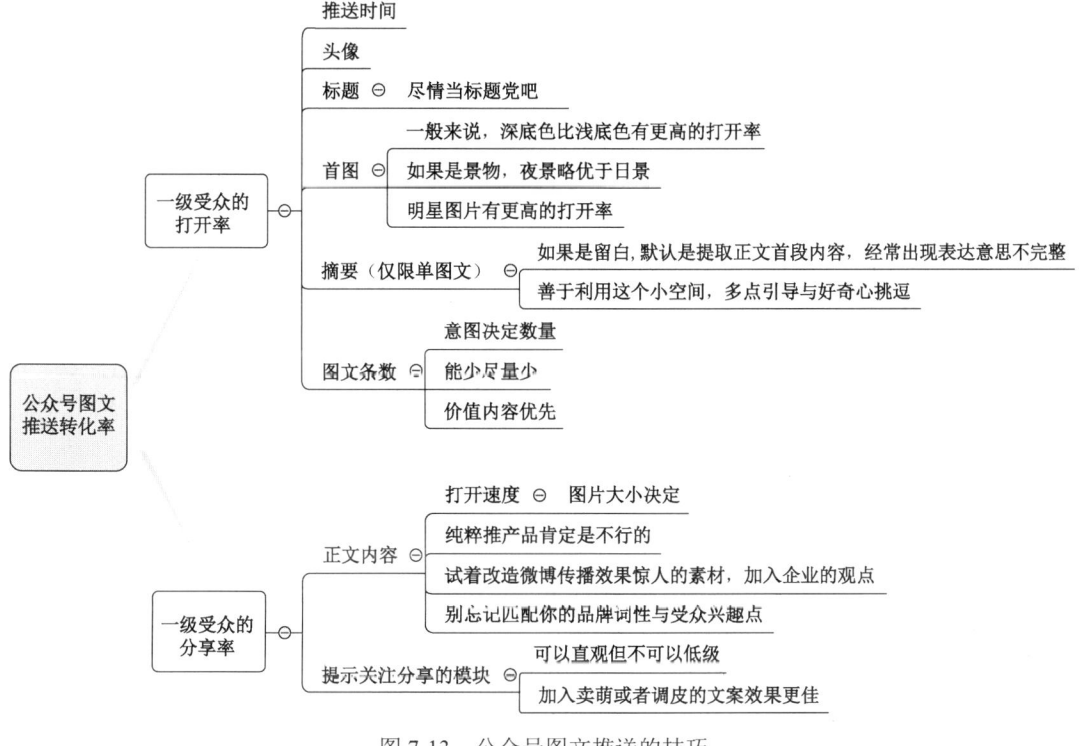

图 7-13　公众号图文推送的技巧

微信公众平台包括实时交流和消息发送两个板块。实时交流趋于内容的编辑和制作，形式主要有以下几种。

（1）纯文字内容。微信内容以纯文字形式呈现，语言简练、高度精密，字数限制在600字以内，对于文字功底要求较高，一般较好的文字内容发布于此。

（2）语音内容。亲切、真实，带给用户的存在感极强，而且容易被用户群体接受，拉近彼此之间的距离。

（3）图片内容。图片展示的效果很直观，直接带给用户的是视觉的记忆，因此内容上也就要求具有独特的视角和创新。

（4）视频内容。生动、真切，用户群体不仅可以欣赏图片，还可以身临其境地去感受所表达的内容。导向性营销很好，对于宣传企业的品牌、产品和文化等内容有着极大的作用。

（5）图文内容。图文并茂，这种形式最常使用，也被更多用户群体接受，高质量的内容很有视觉刺激的效果。

在内容编辑过程中，可以针对不同营销目标对粉丝进行分组管理，这样可以精准化地达到营销效果。微信公众号的内容发布可以有5种不同的类型，可细分为图文消息（多图文与单图文）、图片、语音、视频及投票，不同类型的微信内容都有自身独特的优势，但无论是哪种方式的内容推送，都是以用户的关注度为推送目标的，因此，在进行微信内容运营时要注意以下几点。

（1）发送时间。早上打开手机，看到各种未读消息，正常人的习惯是大概浏览，然后一晃而过，看哪些内容吸引自己，所以发布时间点要错开。这个与内容无关，因为运营公众账号的内容都不会差。

（2）标题和摘要。公众号放到一个屏幕上，显示的就是文章标题大概20个字，其作用相当于摘要。这20多个字一定要脱颖而出，能马上激起用户的兴趣。

（3）适当连载。用连载的方式培养用户的阅读习惯，根据心理学家的研究表明，一个人要真正养成好的习惯需要21天，所以连载的文章不能少于21篇，通过不断连载让顾客产生对公众账号的依赖。

（4）CRM。根据不同人群分类推送，微信公众账号后台有一个订户分类。有的按照地域分类；有的按照新旧客户分类。针对新会员提供他们想要的内容，对老会员提供他们需要的服务。

（5）推送的频率。一般2~3天推送一次内容；周六、周日休息，但可以发一次更新后的总目录，这样用户可以利用自己的空隙时间自由点读，不但不会打扰他们，还可以帮助他们利用好空隙时间。

编辑好发布的内容，可依照企业自身营销的目的选择不同的形式。可口可乐在内容发布上绝大多数为图文并茂，根据微信内容，图片不仅能够提升产品的外观特质，还能有效促进用户的点击和阅读。因此，在内容推送制定方面，可口可乐抓住年轻人对传统春节年味和团聚的渴望，借助中国传统的"阿福""阿娇"形象来传达还原中国传统年味的思想（见图7-14和图7-15）。

图 7-14　可口可乐的图文消息　　　　　　图 7-15　可口可乐图文阅读

三、朋友圈二次传播

可口可乐公众账号的图文消息推送，唤起了其粉丝对于新春表情的关注，但广告到底触达了哪些消费者，是否实现了目标人群的精准投放？消费者看到广告后是否愿意继续后续的互动，会产生哪些行为的互动？这种形式是否能提高品牌的 KPI（关键绩效指标），消费者是否喜欢这样的广告形式？带着一系列问题，从用户立场思考："只是作为日常的一款饮料，用户为什么要持续关注你？为什么要跟你互动？"互动是建立在情感基础上的行为，综合用户角度，可口可乐归纳出 Social（合群）与 Heart（感情），这是社交营销的核心也是新媒体营销的关键点。只有触及消费者的内心，他们才愿意与你互动，与朋友分享，才能形成话题和关注，使瞬间"引爆"成为可能。

在微信平台上，用户用以表达感情次于聊天的方式，就是通过朋友圈来相互传达。面对朋友圈的诱惑力，可口可乐公司继续深化与微信平台的合作。同年的 1 月 25 日，可口可乐搭借微信朋友圈信息流广告首批上线。在朋友圈推出一条："团圆年味，就要可口可乐。查看详情"的消息（见图 7-16），引导用户去查看详细的内容，利用朋友圈 Feeds（聚合内容）广告亿级触达目标群体，旨在通过微信朋友圈强大的辐射曝光影响力，打造出此次营销的最终"高"度。

可口可乐的广告画面沿用了品牌颜色，突出了新年的喜庆气氛。值得一提的是，该广告画面并没有链接到 H5 画面或视频页，而是跳转到品牌定制的微信表情中，没有生硬的可口可乐商标或产品的植入。好的品牌内容，会让人分不出到底是广告信息还是有价值的内容，更进一步，它会让消费者采取行动，深入消费者的心智，培养品牌深层次的关联。从深入市场变为深入消费者的心智，从单纯的信息传递转向培养深层次的关联，唯有此，才能真正做到"投放有效果，用户无反感"。

用户通过查看可口可乐春节详情页（见图 7-17），打开后对接的并非简单的动态页面，而是微信专属表

图 7-16　可口可乐的朋友圈

情，用户在该页面点击可下载表情（见图7-18）。

下载完成后即可在春节期间拜年之际使用可口可乐定制表情（见图7-19），传递传统年味，同时也通过用户获取表情并使用表情实现了品牌的二次传播效果。而这套可口可乐公司由2001年便沿用至今的儿童形象，也是提升传播的趣味性及消费者的参与度的重要因素之一。

图7-17　新春表情详情页　　　图7-18　新春表情下载页　　　图7-19　可口可乐微表情

不但如此，朋友圈广告精准营销的巧妙还在于能更好地抓住消费者的"身份认同感"，从而引发更多的共鸣及讨论。因此，除了扫一扫条形码引导用户进行表情下载外，可口可乐用户还可以通过关注微信公众号以及官微朋友圈分享的链接来进行表情下载（见图7-20）。

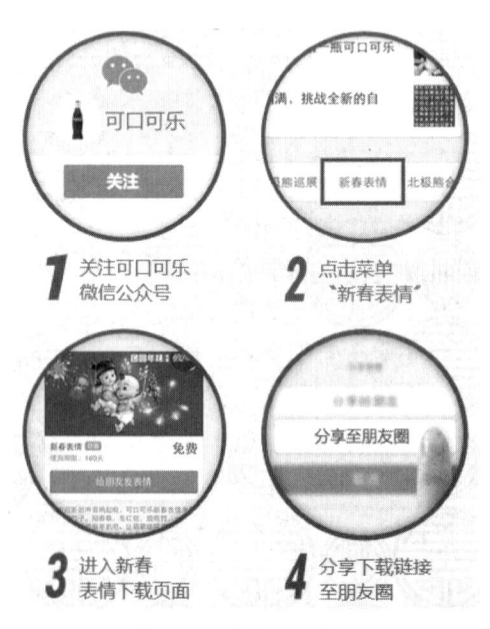

图7-20　分享至朋友圈

四、微信营销效果分析

逢年过节，互致问候是中国人的良好传统。在经历了书信、电话和短信贺年祝节后，微信祝福的流行为可口可乐的此次营销提供了契机，加以可口可乐对此次营销的精准定位，通过微信平台及创新功能运用，植入品牌形象，恰到好处地进行了传播推广。

鉴于目标受众对于朋友圈广告的高接受度，短短两天时间，可口可乐的朋友圈广告以及表情下载页面的转化率均超出了开始的预估目标，带来了第一波拜年表情发送的大规模爆发，朋友圈人人拜早年，并经过 3 周发酵在除夕达到另一个通过"阿福""阿娇"拜年的峰值。

不到一个月的活动时间，可口可乐积累了超出预期的新年表情下载量，并且可口可乐新春表情的人均发送次数也取得了良好的成绩，成功抓住春节拜年的社交需求点，触发海量的二次传播。

"阿福""阿娇"形象通过产品包装、电视广告、微信表情、朋友圈广告与社交传播的媒体组合，已经成为深入人心的标志性新年形象，成为可口可乐在新年阶段的品牌资产与代言人。

模块二　相关知识

一、微信朋友圈内容运营的原则

朋友圈分享和发布的信息必须遵循以下几点原则。

（1）具备行业的专业性。朋友圈信息嵌入企业所在的行业知识，在一定量化内是必要的，显示自己专业的一面，做到一定量的曝光会增加浏览者对发布者权威性的认定。

（2）掌握发布时间和数量。一般情况下，每天每个小号发布最多 5 条朋友圈信息，编辑不同类型分别间隔 1.5～2 小时发布一次，这样可避免浏览者打开朋友圈显示的全是同一个人的更新而感到排斥。同时发布后注意评论互动，小号发布消息适当的@经过分类的目标用户。

（3）宣传的企业信息做到热情和透明化，主要体现在产品信息、服务信息的细节上。

二、微信朋友圈活跃度运营的技巧

微信平台的用户和影响力不断扩大，微信朋友圈营销不得不说是微信营销的重中之重。每天每时每刻，各种微信营销活动都进行得如火如荼，包括点赞、评论、回复、收藏、转发等方式。有的人在微信朋友圈能够如鱼得水，越做越顺手，效果越来越明显，而有的人却只坚持了一段时间，发现微信营销比想象中的难度要大得多。影响微信营销活动的因素有很多，但提升朋友圈的活跃度是运营的关键。

首先，提升微信朋友圈的活跃度最重要的在于提升互动性。传统的点赞、分享、评论等方式对于微信营销内容的互动性还是有所缺乏，原因就在于信息的互动交流不足。所以，就需要在提升互动性方面多做文章。一方面，微信营销的内容要具有一定的吸引力，包括内容标题和摘要（微信朋友圈中列表中显示的部分内容）要能够容易引起好友的关注，人

都是有好奇心的，使用问答、猜谜等趣味性的方式更容易引起粉丝的好奇心。另一方面，增加评论回复的频率也可以提升朋友圈粉丝的互动积极性，因为有了进一步的评论回复，能够让好友心里感觉到内容发布者是在用心参与问题的讨论和分享，从而带动其他粉丝的参与。

其次，提升微信朋友圈的活跃度可以引入一定的商业模式。毫无疑问，微信营销的目的就在于营销，有一些比较实用且有效的商业模式在微信营销中都可以使用进来。之前被人一直使用的"饥饿营销"方式可以在微信营销中以"商品抢购"的形式出现，在朋友圈中引入"限量限时"抢购以此来增加用户的参与度。还可以在微信朋友圈中进行"商品竞拍"，类似淘宝等商城的购物形式也是一种有效的营销方式。这些商业模式的引入能对微信朋友圈用户的心理产生相关联的影响，从而促使他们参与到朋友圈的互动中来。

此外，提升微信朋友圈的活跃度还可以利用生活中的素材。微信朋友圈的用户虽然是通过网络参与的，但都生活在现实当中。因此，如果营销内容和生活中的素材相关，可以更容易让用户参与进来。如果能将生活中的点滴创意和琐碎的事情、事物加以利用，在合适的时间和合适的地点发布到微信朋友圈，也能引来朋友圈的流量，特别是创意且充满乐趣的事物更能让微信朋友圈的活跃度大大提升。例如，在微信朋友圈发布一个大多数人平时都见不到的动物，可以引发用户进一步了解的欲望，利用好奇心可以引起更多用户的关注，从而提升微信朋友圈的活跃度。

三、微信营销的基本手法

1. 草根广告式

查看附近的人产品描述：微信中基于 LBS 的功能插件"查看附近的人"便可以使更多陌生人看到这种强制性广告。

2. 品牌活动式

漂流瓶产品描述：移植到微信上后，漂流瓶的功能基本保留了原始简单易上手的风格。

3. O2O 折扣式

扫一扫产品描述：二维码发展至今其商业用途越来越多，所以微信也就顺应潮流结合 O2O 展开商业活动。

4. 互动营销式

微信公众平台产品描述：对于大众化媒体、明星及企业而言，微信开放平台+朋友圈的社交分享功能的开放，已经使得微信作为一种移动互联网上不可忽视的营销渠道，那么要想做好微信营销，互动就成为企业与用户之间不可缺少的因素之一。

四、微信的七大商业价值

1. 微信号：你的身份标志

ID 是我们在互联网时代最重要的标志，简单来说即你的身份或标志。我们利用它来记录我们的行为，商业机构利用它来找到我们（以前最重要的 ID 是手机号，再往以前是 E-mail 地址和通信地址）。微信让 UV（网站独立访客）、手机号、E-mail 等"数据人"变成了实实在在的人。对于精准营销的从业人员来说，从数据库中的那一堆手机号、E-mail 地址根本看不出一点个性来，那又谈何精准呢？不过是借用一个概念罢了。而微信账号则让 ID 有了人格属性，就是你知道他是男是女、来自哪里……而且未来微信还会进一步丰富个人信息。更重要的是，未来微信会成为一个像手机号一样的通用 ID，这样就具备了建立用户数据库的可行性。

2．微信公众账号：销售渠道多元化

微信公众账号让商家既解决了线上的数字身份问题，又解决了传播模式的问题（一对多、互动反馈、富媒体、移动化），这让商家的销售渠道更加多元化、丰富化，而对微信商业模式的探索也正是基于此的。

微信是服务，而不是骚扰。传统的广告之所以不招人喜欢，是因为它在没有得到受众允许的情况下，向受众展示了他不需要的内容。没有允许、不需要，是扰民的根本原因，这就好像有人不喜欢吃这盘菜，你非要强推给他，结果适得其反，遭到对方的反对并被痛骂，因为你根本不知道他需要什么。而在这点上，微信做得比较好。因为公众号是不可能主动去添加个人用户的，微信平台也不会给用户推送公众账号，所以用户添加公众账号的唯一途径就是手动添加。既然用户自己做出了这个动作，就说明用户自愿收到来自公众账号的消息。

如果你添加了一个公众账号，发现它的东西不好，你可以立即删除它，之后再也不会接收到它发送的任何消息，一切显得如此舒服。

3．自由度：迅速与好友互动

微信为信息流动提供了更大的自由度，可以快速地与好友联络，大大激活了现金流的流动。它为信息的流动提供了最大程度的自由度，我们可以迅速而方便地与好友进行联络（通过发送给好友、分享到朋友圈、群聊的方式），这为信息流、现金流的流动创造了条件。

4．定位：专属你的交易记录

私人微信号可以用来定位个人，公众账号则用来定位商家，记录个人和商家间的交易记录，这可以形成一种"消费云"。微信为个人提供消息信息管理、积分服务等，从另一个角度来说能够为企业累积人气提供交易数据、客户数据，以及提供 CRM 服务。

5．微信游戏化：手机社交游戏有价值

微信事实上可以成为一个手机游戏平台，由于游戏、增值服务是腾讯利润的主要来源，可以肯定，微信必定会在这些方面发力。现在微信的功能和 QQ 相比还相对单薄，推出增值服务的空间不大，不过不排除未来其会推出增值服务。而围绕微信制作一些手机社交游戏，就像当年的 QQ 农场、好友买卖在 QQ 空间上的风光无限一样，把相同的社交游戏理念植入到微信当中同样有尝试价值。或者开放微信游戏平台给开发者做一些手机网页小游戏（这也会受到众多微信用户的青睐），之后再利用游戏变现。微信游戏平台将会成为游戏开发者的又一座金矿，开发微信网页小游戏的利润很有可能会高于制作游戏 App。

6．形成闭环 O2O：线上线下融合

O2O 即 Online to Offline，也就是将线下商务机会与互联网结合在了一起，让互联网成为线下交易的前台。这样线下服务就可以用线上来揽客，消费者可以用线上来筛选服务，成交也可以在线结算，很快达到规模。

微信中的 O2O 应用，最典型的如二维码扫描，商家拥有虚拟会员卡供用户通过扫描二维码获取，最后和支付打通形成闭环，从而获得收入。其实相比 B2C，微信 O2O 更具潜力。在微信中整合会员卡、优惠券功能是 O2O 应用常用的方式，而预定、客服等功能则会成为微信 O2O 无法模仿超越的核心功能。微信 O2O 一旦成功，用户养成在微信上消费的习惯，这个时候再去想微信 B2C 就是水到渠成的事情了。微信给了营销者一条直接与用户对话的渠道。几乎所有的营销者，这么多年来都在强调要和用户互动，要了解用户的真实需求，但是如何才能做到？找十几个样本用户拉来公司开会，还是电话拜访或者问卷调查？先不说真实性如何，其效率就非常低。而微信可以让营销者和单个具体的顾客对话，所以对于 O2O 来说，微信无疑是最好的平台。

7. 打造一个轻量版的 App Store

通过微信，各种类型的公众账号和轻量级应用就可以进行推送和服务，而不需要从一个 App Store 下载应用。微信为营销者提供了更多的技术可能性。微信未来会成为一个开放平台，营销者可以开发有独特功能的插件，这在营销技术上是一场革命。随着 H5 技术的普及，营销者完全可以开发出独具特色的营销工具，然后用微信发送给用户。例如，某位明星要开演唱会，那么主办方可以开发一个歌曲投票器，让粉丝们在上面直接投票决定最后唱哪些歌。

除此之外，微信还真正实现了绑定移动设备。总有人说，微信和移动 QQ 不是差不多吗？事实上，两者区别很大。虽然从形态上看两者很相似，功能也基本差不多，但是当你发微信给好友时，他一定会收到，但是当你发 QQ 消息给 QQ 好友时，他未必会收到，因为他不一定时刻都在线。可见，只有微信才是绑定手机的通信工具，移动 QQ 不是。绑定了手机以后，移动互联网的"科幻"功能才能变成现实应用。

微信拥有如此广泛的影响力以及可以预见到的巨大商业潜力，如果用一句话来总结微信的价值，那就是：微信第一次让精准营销从可能变成了可行。

同步训练

一、实训概述

本实训项目要求学生围绕特定的主题实施微信营销活动。通过微信营销策划，撰写微信内容并发布。实训中要求结合移动端的特点进行相关微信营销策略规划，并对微信营销的实施效果进行监控，以达到预期的营销效果。通过本项目的实训，要求学生掌握微信营销的相关方法和技巧。

二、实训素材

相关实训软件、智能手机实训设备。

三、实训内容

任务一　微信营销策划

步骤 1：根据此次微信营销实训的要求进行微信营销分析，熟悉实训所提供的相关素材，明确实施原因、实施目的及目标受众群体。

步骤 2：根据微信的营销目的及受众群体进行微信营销策划，确定微信营销的相关主题、内容及其表现形式，熟悉主流平台的功能。相关内容形成下表。

营销目的	实施微信营销的目的
实施原因	实施微信营销的原因
目标受众群体	营销针对的人群
微信资料	功能说明等资料
内容类型	所发布的内容类型

任务二　微信内容编辑

步骤1：根据微信营销主题确定内容主题，发布简短的营销性质的微信内容。

步骤2：选择热门话题编写微信内容以提高微信订阅量。

步骤3：转载相关热点或精彩微信内容。

在微信内容的编辑过程中应注意语句精练顺畅，避免语法错误、错别字等。

任务三　效果监控与分析

步骤1：查看微信的粉丝量、微信的转发量和订阅量。

步骤2：查看微信营销带来的订阅量、转发数。

步骤3：分析微信营销的总体效果。

步骤4：以小组形式进行相互查看，并进行微信营销的效果互评。

项目八

微博营销

21世纪科学技术和移动互联网飞速发展，移动网民数量激增，并呈现超越传统互联网网民的态势。移动端网民数量的增长带来了社交网络的火热，微博作为新兴的社交网络，以其便捷性和广泛度赢得了众多用户。微博的用户广泛，使得微博在某种程度上可以反映现实，并且通过微博数据进行预测，也使得商家通过微博进行营销活动成为可能。

学习目标

知识目标

1. 了解微博营销的定义、分类及特征。
2. 了解微博营销的技巧。
3. 了解微博相关的营销工具。
4. 掌握微博营销活动的基本流程。

能力目标

1. 具备微博营销策划的能力。
2. 掌握微博基本运营的能力。
3. 具备通过数据分析微博营销效果的能力。

项目情景

微博营销既是内容营销，也是互动营销，是企业开展社会化营销的主战场。企业该怎么做好微博营销策划、实施及效果分析，将企业商品价值和品牌文化通过微博传递出去，并和粉丝形成良好互动，是学好微博营销的关键点。

央视春晚从1983年开办至今，是中国规模最大、最受关注、收视率最高、影响力最大的综艺性晚会。

2014年央视开门办春晚，节目组提出要在春晚中加入与全国观众的互动环节，让春晚更真诚、更温暖、更振奋、更欢乐。在春晚如此重要的平台上开展面向数亿观众的互动，这是一个不小的挑战。为了使央视春晚保持高收视率，央视决定借助新媒体的新浪微博的#让红包飞#活动进行推广宣传。

模块一 任务分解

任务一 认识微博营销

在移动互联网营销中,基于微博的功能优势,借助微博平台展开客户服务、策划营销活动等成为企业开展市场营销的热门选择(见图8-1)。今天71%的用户是通过移动端设备访问微博的(见图8-2)。同时,微博是中国社交网络当中唯一一个跨PC和移动端双端的产品。依托于新浪网和新浪博客,新浪微博的媒体特征明显,用户使用微博之后,可以实时了解到社会上的各类热点问题。同时,作为一种社会化媒体,微博的互动性和娱乐性特征也非常强,用户可以随时在微博上发布消息,与博友开展互动,或者参与各类媒体、企业、机构举办的互动活动。

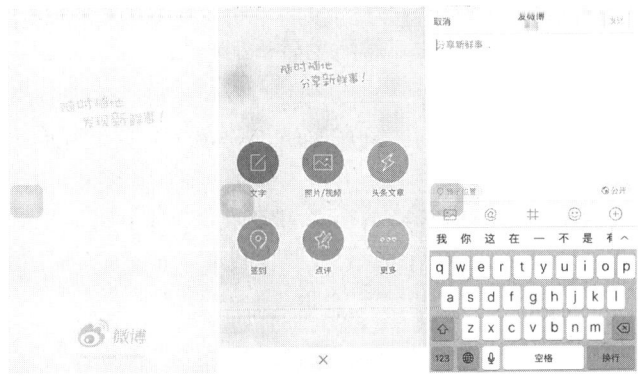

图8-1 各类企业通过移动微博进行营销

图8-2 微博客户端界面

微博营销以微博作为营销平台，每一个用户（粉丝）都是潜在的营销对象，企业利用更新自己的微博向网友传播企业信息、产品信息，树立良好的企业形象和产品形象。每天更新内容就可以跟大家交流互动，或者发布大家感兴趣的话题，以此来达到营销的目的，这样的方式就是新兴推出的微博营销。微博营销注重价值的传递、内容的互动、系统的布局、准确的定位，微博的火热发展也使得其营销效果尤为显著。

一、微博营销的 PRAC 法则

微博这一平台已经成为企业、个人及自媒体猎取品牌形象与产品销售的重要通道。经过不断地摸索和实践，业界提出了微博营销理论——PRAC 法则。PRAC 法则涵盖了微博运营体系中的 4 个核心板块，分别是 Platform（平台管理）、Relationship（关系管理）、Action（行为管理）和 Crisis（风险管理）。

（一）Platform（平台管理）

平台管理的核心问题是应针对多样化的用户需求，采用多身份、多域名的微博以分担不同的功能。PRAC 法则倡导"2+N 微博矩阵模式"，即以品牌微博、客户微博为主平台，补充添加员工微博、粉丝团微博、产品微博及活动微博等。

开展微博营销要有其明确的定位，清楚各个微博的功能，其主要类型有微媒体、微传播、微服务、微营销等。微媒体，即企业的官方微博，以企业或品牌的名称注册，发布企业或品牌的官方信息。官方微博上的消息发布较为正式，主要是对外第一时间播报企业动态，成为一个低成本的企业官方媒体平台。微传播，以企业高层的个人名义注册的微博账号，利用企业高层的个人知名度和社会影响力进行企业品牌宣传。微传播上需要有个性化的言论和敏锐的思维以吸引潜在的消费者和品牌的拥护者。微服务，即企业注册一个客服微博，专门派员工与企业的客户进行实时的沟通，需着重关注客户的评论及评论态度的变化等。微营销，专门用于企业产品市场推广的微博。可用于企业发布商品优惠信息、新产品广告，或与微博运营商合作开展的营销活动等。这些不同的微博账号既各有侧重，又紧密联系，最终形成统一的营销力量。

（二）Relationship（关系管理）

所谓关系管理，即需要秉承坦率沟通的原则，整合意见领袖、媒体记者、编辑和媒体本身的多种力量，建立好企业微博与媒体微博、与意见领袖微博及粉丝团的紧密且直接的互动关系。

微博不是一个索取的工具，而是一个给予的平台。只有那些能对用户创造价值的微博才有价值，微博对目标群体越有价值，微博主对其的掌控力也就越强。微博要给用户感觉像一个人，有感情、有思考、有回应、有自己的特点与个性，切忌成为一个官方发布消息的窗口的冰冷模式，只有这样才能赢取用户信任。另外，关系的开展需要互动，互动是使微博关系持续发展的关键。微博主应主动出击，如关注、转发和评论媒体圈、意见领袖和粉丝团的微博，在目标用户集中的微群积极互动等，与之展开双向交流。这些都会帮助微博主唤起媒体圈、意见领袖及粉丝团的情感认同，提高彼此的互动，在此基础上建立起来的关系也会更加持久和坚固。

（三）Action（行为管理）

在行为管理上，需要采用引起注意、品牌推介、产品销售和活动推广等营销方式，分阶段进行营销传播。从受众的利益、兴趣、互动、个性等方面来考虑各种信息，使微博处于活跃状态。首先，开通微博应重视内部的宣传，这样可以在短时间内增加企业微博的粉丝量，进而在微博平台的首页曝光，从而吸引更多的用户订阅跟随。其次，还可以选择一些门户类网站或百度推广等平台发布企业微博的广告，增加普通网民的关注度。另外，还可以在微博上开展抢沙发、有奖问答、原创征文及关注有奖等营销活动，利用微博平台中私信、微博秀、签名档、微直播等重要的实用工具进行宣传推广，目的是以最低的成本达到最大的关注度和影响面。

（四）Crisis（风险管理）

风险管理由 Social CRM 监测管理系统和 Call Center 微博在线客服中心组成。

微博信息的传播具有裂变式、爆炸式的效果，针对这一信息传播可控性管理的难题，如果是企业微博，应组织团队在微博平台上搜索自己的企业微博、企业部门微博、企业员工微博等。目的是了解跟随者的负面感受，弱化负面信息流对产品和网络新闻给企业带来的反向冲击，克服微博营销中负面信息的病毒式传播，及时为消费者解释负面消息的原因，将对企业的负面影响降到最低。建立企业在线客服中心是解决问题的关键，企业可安排专业人员担任监管，对负面情绪进行积极良性的引导，有助于危机的化解。

二、微博营销的一般步骤及策略

企业开展微博营销的七大步骤如图 8-3 所示。

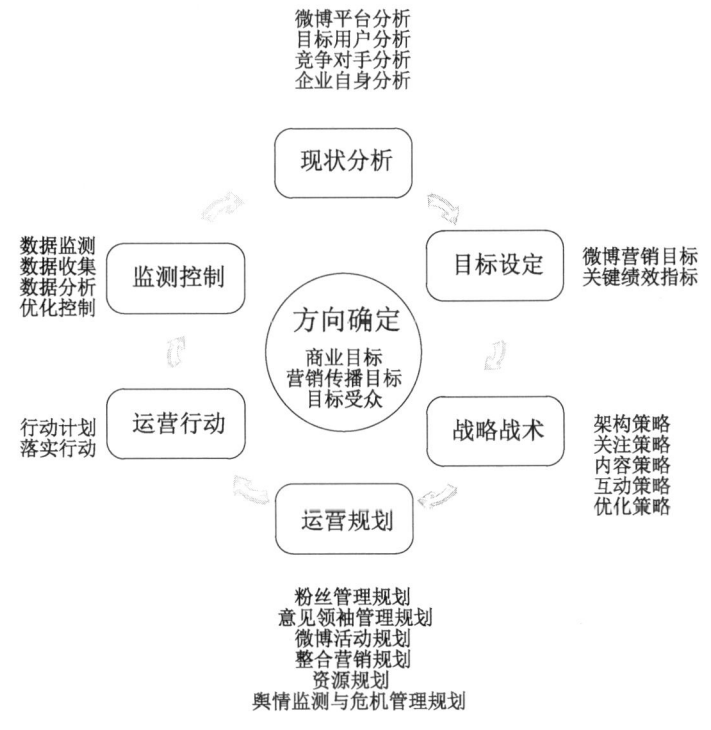

图 8-3 企业开展微博营销的七大步骤

（一）方向确定

进行微博营销时，首先需要确定整体方向，即商业目标、营销传播目标和目标受众。

商业目标或经营目标，即在一定时期企业生产经营活动预期要达到的成果。营销传播目标即市场营销及传播活动希望实现的目标。目标受众是业务及营销传播所针对的群体。

(二) 现状分析

微博营销至少需要分析4个方面：一是微博平台；二是企业希望与其进行沟通的目标用户；三是企业的直接或潜在的竞争对手；四是企业自身，如现有企业微博。

1. 微博平台分析

以新浪微博企业版为例，相比于新浪微博个人版，新浪微博企业版提供了更丰富的个性化页面展示功能、更精准的数据分析服务，以及更高效的沟通管理后台，特有的蓝色"V"字认证，更能使粉丝和消费者产生信赖。在微博中的企业能够更便捷地与目标用户进行互动沟通，提升营销效果转化，挖掘更多商业机会。对这些功能的了解，必然有助于发现对企业有价值的机遇和营销方式。同时，量化公开的业界报告对于给公司提供重要数据和信息也非常有效。

2. 目标用户分析

对目标用户在微博上的心理及行为特点进行全面分析，了解其喜好，从而投其所好，满足其需求，实现精准营销传播。通过微博用户发微博、评论和转发，按周和24小时的具体时间分布，有助于了解企业应该在什么时间发布微博或与用户进行互动。

建立用户的兴趣图谱可以帮助微博营销快速识别目标用户并开展适当的宣传活动。所谓兴趣图谱，就是粉丝的性别、年龄、地域和主要关注对象等一系列信息的集合，建立用户兴趣图谱最简单的方式就是对具有同样目标客户群的企业微博粉丝进行分析。

3. 竞争对手分析

了解竞争对手的微博运营情况也是非常重要的，可以按照行业情况，竞争对手的粉丝数、关注数、微博总数、首次发博时间、话题分布等基本指标考察。企业也可以据此制定活动相关指标的度量。

4. 企业自身分析

如果企业自身已经拥有官方微博，那么对企业自身的微博现状进行分析必然是一个重要环节。例如，通过本企业最近1个月内发布微博的24小时分布情况，和目标用户24小时的转发和评论情况做一个对比，就可以判断出企业的发布微博时间是否合理、是否是在用户最活跃的时间段发布微博等。

(三) 目标设定

1. 微博营销目标

微博营销传播的目标设定是与企业的商业及整体营销传播目标保持一致的，而且应该遵循 SMART 原则，即 S（Specific，明确性）、M（Measureable，可衡量性）、A（Attainable，可实现性）、R（Relevant，相关性）、T（Time-based，时限性）。

2. 关键绩效指标

在关键绩效指标的设定中，有一个误区需要引起注意，即盲目重视粉丝数量，不重视粉丝质量，这也是造成僵尸粉横行的原因之一。

(四) 战略战术

微博营销传播的具体目标和关键绩效指标确定后，相当于"目的地"已经非常明确了，下一步就是要确定"如何抵达目的地"，即战略和战术的制定。

1. 架构策略

（1）账号定位。

微博账号定位从3个方面来考虑：服务人群、企业自身形象和微博运营目的。

服务人群定位需要根据目标用户的喜好、性别、地域等特点进行，用于指导该账号的发布内容。

企业自身形象定位需明确企业的优势，做出差异化，需要考虑希望给受众的印象、能够提供的价值、微博语言风格和运营者自己的特色等。

设定微博账号的目标是用于品牌宣传、客户管理、销售还是公关关系。

（2）微博矩阵。

微博矩阵表面上是根据产品、品牌、功能等不同定位需求建立的各个子微博，实质上是通过不同账号精准、有效地覆盖企业的各个用户群体。在战略上通过布点、连线、成面、引爆、监测来实现营销效果的最大化，在微博的世界里让企业的用户各取所需，却又无处可逃。

（3）微博装修。

在微博装修的时候，一定要注重细节上的完善，微博标签、昵称及简介都是直接影响微博内部搜索和是否能迅速转化为粉丝必不可少的条件。

微博装修内容包括微博昵称、微博头像、认证信息、微博简介、背景模板、微博标签、公告栏目、个性域名、友情链接和封面图片等。

2．关注策略

它有两层含义，一层是如何吸引粉丝的关注，另一层是企业品牌微博如何通过主动地关注别人来实现自己的目标。

（1）吸引粉丝关注，做法大致有以下几种。

自有媒体推广：在企业自主拥有的媒体上进行推广。

付费媒体推广：传统意义上的媒体购买和推广。

赢得免费的媒体报道（Earned Media）推广：通过社交媒体转发推广，如通过高质量的内容吸引微博粉丝主动转发和关注。

制定巧妙的微博用户主动关注策略是增加粉丝数量的重要手段。

（2）作为一个企业账号和媒体账号，一般会关注以下几类账号。

①同行业的优秀企业账号（合作或竞争关系）。关注行业动态，学习微博运营经验。

②行业媒体和大众传媒。获取资讯，并尝试互动。

③微博上的热点人物和意见领袖。微博的热点往往出现在这两类账号上，做到及时互动或者借势营销；关注大V们在谈什么话题，适当地@、评论、私信互动有时就会博得他们的关注。

④热心（常常评论、转发和提建议）和幸运用户（如第1万个粉丝），还有经常投稿的有才用户、经常提意见和建议的问题用户。这些用户都会帮企业产生优质有趣的内容，但也会带来投诉，投诉一定要处理得当，处理好了是口碑，处理不好就成了危机。

⑤媒体账号（记者）应该关注经常提供线索的爆料用户，对品牌忠实度高的热心读者。

⑥关注企业领导、骨干员工和认证员工，媒体账号当然要关注记者、编辑，让他们有归属感，同时监测员工的言论，防止他们犯错，与他们互动，通过私信等方式引导他们的舆论。

3．内容策略

一个优秀的内容策略对微博活动的成功具有显著推动效果，其中有3点非常重要：内容主题、内容来源和内容发布规划。

根据企业微博运营的目的，进行品牌推广、产品介绍、增加粉丝、活跃粉丝等一系列的内容规划。

品牌推广类：利用品牌故事、企业活动、企业新闻、经营理念，以及其他形式的品牌语调来宣传公司品牌，树立形象。

产品介绍类：产品归类、产品盘点、产品功能、产品上线等一切以产品为中心的内容，以及引导和教育市场的内容，还有店面环境、顾客反馈、良好体验等以宣传产品为主的内容。

活动类：微博话题、转发有奖等与产品、增粉、活跃粉有关的内容。这一类一般都是规定话题规则、转发规则，用奖品刺激用户参与，不断产生内容，增加互动量，进而提高活动的影响，达到目的。

鸡汤类：鸡汤就像八卦一样，是用户最喜欢转发的内容之一，而运营者所需要做的就是将鸡汤和产品联系起来。例如，图片配上产品信息或产品图或是产品 LOGO，潜移默化地树立产品的品牌个性，争取用户共鸣。

内容来源则主要包括三大类型：原创、转发、互动（与网友评论交流等）。发布时间取决于业务需要，可以制定年度、季度、月度、一周内容日程，并根据上面提到的内容主题提前准备好相关内容，从而指导日常的内容发布和更新。准备并保持一个发布时间规划（类似于媒体刊登计划），并且提前准备好相关内容用于指导每日发布与更新。

规划好每个类别栏目的比例，发送的时间、内容展现的形式、内容的来源和维护更新方式。

4. 互动策略

微博是社交媒体，更多的也是企业与粉丝互动的平台，相信没有一个粉丝会永远守着不会说话的报纸。所以，必要的互动，不仅可以提高品牌知名度，同时也是了解粉丝动向的法宝。

（1）和谁互动。

要互动，首先需要找到要互动的人，即要与哪些人进行互动。微博营销的目标是扩大传播范围，增强影响力，因此互动群体可定位为名人、行业达人等在某些领域具有强影响力的一类人，他们往往拥有大量的忠实粉丝，对他们说的话也会积极转发。

（2）互动什么内容。

互动内容直接影响到互动群体能否跟自己形成互动，并且对之后的传播也产生重要的影响，因此在设计互动内容时要特别注意。

可以通过以下几种方式寻找互动内容。①职业方向。例如，很多有影响力的人都会在微博上进行认证，可以准确了解他们的职业背景，另外通过观察他们的微博标签和所关注的人可以大致了解他们的关注点在哪里。②微博内容。观察他们在微博中经常发哪些内容，也能大概了解他们的爱好和对某些事情的观点。③相关博客或专栏。一般的名人或专家都会有自己的博客或专栏，通过阅读他们写的内容，可以从中看出他们的关注点和研究方向。

（3）怎么互动。

确立了互动内容，就要想互动的形式应该是怎样的。一般情况下，可以通过以下几种方式进行互动：①引用原话，并@TA；②转发 TA 的微博并加入自己的观点以期形成互动讨论；③发布相关微博，并@TA，这对内容要求比较高，需要和 TA 的核心价值观保持高度一致；④转发他人微博，加入自己的观点，并@TA，同样这对内容要求也比较高，并且转发的微博最好也是出自有影响力的人群。

5．优化策略

（1）选取热门关键词。

做微博关键词搜索优化的时候，要尽可能地以关键字或者关键词组来开头，尽量利用热门的关键词和容易被搜索引擎搜索到的词条，增加搜索引擎的抓取速率。

（2）关键词的选取要适当。

微博关键词搜索优化，微博的信息是非常重要的。搜索引擎会把微博的信息纳入到搜索结果中，它们的索引算法也会根据微博的内容，选取信息作为标题，这些内容的关键词被选择上也就很重要了。

（3）微博用户名称相关度。

用户名和搜索关键词相关度越高排名越靠前。如果搜索的关键词就是微博的用户名，排名会加分，但是不是完全排在第一，还要根据其他数据综合排名。所以在设置微博名称时应该考虑目标用户群可能搜索的关键词。

（4）已关注用户排名最靠前。

对于已经关注的用户，会排在最前面，而在已关注用户中的再次排名，规则和总的排名是一样的。

（5）微博粉丝、关注数和微博数。

粉丝关注度越多越靠前，这个指标对于排名的影响比较大。关注数越少，排名越靠前，影响较小。微博越多，说明微博用户比较活跃，排名就会靠前。在相同粉丝数量的情况下，就会通过关注数和微博数排名。所以，为了提高排名要增加粉丝数量，减少一些关注，多活跃发微博。正因为如此，购买僵尸粉丝后对排名也是有利的。

（6）微博简介及标签。

如果微博简介和标签中也有关键词，排名会加分。如果微博质量高，即使名称中没有关键词，也可以获得较好的排名。同时也方便别人通过标签搜索。所以标签和简介的设置也很重要。

（7）认证微博。

认证后的微博在同等情况下会排名靠前。

（8）微博内容质量、转发评论数等。

内容质量越高排名越靠前，转发评论数越高排名越靠前。但是在目前这两个因素对排名的影响不太大。

（五）运营规划

在宏观的战略和具体的战术作为方向指导下，运营规划也是非常重要的。

1．粉丝管理规划

针对不同微博行为特点的用户，应该钊对其行为和偏好等，采用不同方式进行沟通与交互，从而进行有效的粉丝管理。

2．意见领袖管理规划

意见领袖关系管理是一个长期的、动态的过程，需要有方法和工具的支持。从相关度、影响力和合作机会 3 个维度对意见领袖进行综合评估。

相关度是指该意见领袖与企业传播目标和内容的相关程度大小。影响力是指该意见领袖的影响力大小。合作机会是指与该意见领袖达成合作的可能性大小。根据这3个维度，可以制定出一套意见领袖管理模型，针对不同的意见领袖，采取不同的管理措施。

3．微博活动规划

从是否涉及到其他平台的角度，微博活动可以进行以下几种规划。

（1）微博活动，仅使用微博平台。

（2）整合线上活动，微博+其他网络营销渠道。

（3）整合活动：微博+其他网络营销渠道+线下渠道。

4．整合营销规划

微博营销只是众多营销形式中的一种，是为了实现总体目标的众多手段之一。因此，微博营销不能孤立地考虑微博平台的情况，必须要与其他营销形式相结合，优势互补，共同为总体目标服务。

5．资源规划

这里的资源包括人力、财力、物力等多个方面，如规划好需要的年度或季度预算、建立相关团队或者与外部代理商进行合作等。

6．舆情监测与微博危机管理规划

很少有人会质疑市场营销的潜力，然而，网络舆论就像一把双刃剑。客户可能投诉，人群可能传播负面信息，而企业机构在危机发生之时，可能并无防备，难以回应与处理。所以，为了应对危机，对微博的实时监控必不可少。

国内的社交媒体平台与国际环境有很大不同，如新浪微博，很多国外工具是无法监测的。这里可以考虑针对国内网络平台和环境而量身定制的国内相关工具。

（六）运营行动

各司其职，分工协作。在制订运营计划的过程中，不同类型的工作，需要不同的团队和人员。例如，全年的微博营销战略规划，需要策划方面的人才；日常微博的内容来源搜集、内容撰写、微博日程的规划等，需要内容和文案方面的人才；而微博的图片处理和企业版微博首页的设计，需要美术设计和用户体验方面的人才等。

（七）监测控制

在采取行动的过程中，为了保证绩效的不断优化，持续的监测和控制是必不可少的。为了保证绩效的不断优化，需要工具的支持来收集必要的数据。

1．数据监测——微博的主要数据

（1）关注数：当前博主关注其他微博ID的总量，反映博主的主动参与度，一般在开始阶段迅速增长，之后可能不增长或负增长。

（2）粉丝数：当前博主被多少微博ID关注的数量，反映博主的言论影响范围和覆盖范围，对微博信息的传播有重要意义。

（3）微博数：当前博主在一段时间内所发布的微博的数量，反映博主的在线率和活跃程度。总微博数是指自博主开通微博以来发布的微博的总数。

（4）转发量：某条微博被转发的次数总和，反映微博信息的传播力度和效率。

（5）评论数：某条微博被评论的次数总和。

（6）总话题量：针对某一感兴趣的话题，在微博搜索栏中输入关键字后，搜索出关于该话题的结果数。

2. 数据收集

企业可以通过微博管理中心收集数据。数据中心有4个模块：粉丝分析、内容分析、互动分析和行业趋势，其中粉丝分析是免费的，其他的是付费的。如果数据中心功能还不能满足需求，也可以使用商业数据分析及获得微博官方数据或者其他的数据功能。

3. 数据分析

（1）粉丝数量和活跃度。

目标粉丝的数量和活跃度是第一类指标，它比单纯的粉丝数量要有意义得多。因为目标粉丝是企业的客户，是真正会消费企业产品的人。此外，活跃的目标粉丝才是最有价值的粉丝。活跃度可以由目标粉丝的日均发微博数量、企业微博平均每条微博的转发和评论人数占总的目标粉丝人数的比例等指标组成，通常在一个时间段内进行分析，以反映目标粉丝活跃度的变化趋势。

（2）传播力。

传播力是第二类指标，它反映了企业微博的内容与用户兴趣的匹配程度。用户对企业微博的转发、评论和收藏等活动都说明用户对于微博的内容有兴趣，将这些活动进行量化可以组成传播力的基本模型。另外，企业微博被非粉丝用户转发也是传播力的重要体现，它表明企业微博借助粉丝的影响力传播给了更多的用户。

（3）好感度。

好感度是第三类指标，它反映了用户对于企业微博内容的情绪反应。目前成熟的数据分析工具可以通过对用户评论的分词和语义分析，大致量化用户的情绪，如计算"好""恶"类词语的比例来反映用户的态度。

（4）粉丝特质。

粉丝特质分析包括该粉丝的粉丝数、关注数、发微博次数、转发次数等基本内容，这些特质只能分析得到最基本的粉丝信息。

4. 优化控制

当发现企业所做的营销内容未达到预期效果时，可从以下几点考虑并对内容做评估优化。

（1）内容没有和用户的状态挂钩，引不起兴趣。

（2）内容展现的形式平铺冰冷、无创意、无人情味。

（3）内容附图排版和色彩太差，无美感、无贴合感。

（4）活动内容发布后，没有进行渠道的传播，酒香在深巷人不知。

（5）内容发布的时间不恰当，根据粉丝群刷微博的习惯上的时间来发布内容。

☑ 任务二　微博营销策划与实施

2014年春节期间，新浪微博推出#让红包飞#的大型互动活动。让红包飞到千家万户、飞到每个人的手里，让更多的人关注、使用、喜爱微博，让新浪微博在社交网络的竞争中取得更大优势，是本次活动的终极目标。

针对春晚节目组的互动诉求以及新浪微博紧密贴合春节送红包习俗的#让红包飞#活动，通过整合双方的优势资源，深切把握跨媒体合作的最新趋势，以当下最为流行的二维码作为核心互动手段，首创具备移动营销功能的跨屏互动新模式，全力促成央视春晚与新浪微博的强强联合。

一、策划环境分析

（一）策划背景

央视春晚和微博的移动营销合作可以实现跨屏、即时、互动3个维度的全方位整合。央视春晚加入微博互动入口，是收视转流量这一理论的成功实践，具备巨大的传播意义。新浪微博的加入使节目内容不再局限于单向交流，在春晚播出的同时，网友通过手机和平板电脑等移动端实时参与讨论、互动，实现高效扩散。随着参与互动的内容形式增加，内容的影响力也不断放大，为活动平台创造了更多的承载企业品牌推广和移动营销的机会。跨屏互动示意如图8-4所示。

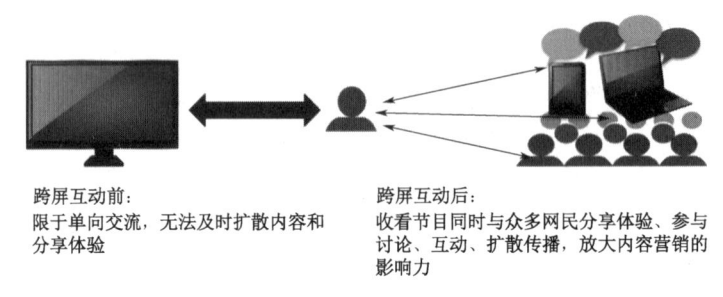

跨屏互动前：
限于单向交流，无法及时扩散内容和分享体验

跨屏互动后：
收看节目同时与众多网民分享体验、参与讨论、互动、扩散传播，放大内容营销的影响力

图8-4 跨屏互动示意

央视春晚和新浪微博是春晚跨屏互动的最佳搭档：新春佳节合家团圆，送红包是中国人的传统习惯；央视春晚每年都吸引着数亿观众观看，具备强大的影响力；每年在新浪微博#春晚#这个热门话题下都会催生诸多热点，吸引用户持续热议，很多人和事件因此一炮而红，微博话题成为舆论的重要风向标。

此次微博移动营销策划的创意互动形式以#让红包飞#活动为基础，整合微博与春晚强势资源，推出了史无前例的"2014聊春晚领红包"跨屏互动活动。

"2014聊春晚领红包"活动，参与机制简单，以良好的用户体验，轻松连接节目与观众、品牌与用户。

（二）策划目的

1. 以跨屏互动的方式实现收视转流量，流量转销量

通过央视春晚强大的用户覆盖和影响力，引导观众通过二维码互动的方式，参与新浪微博的抢红包活动，将庞大的收视用户群体导入到互联网移动端和PC端，实现大规模的观众引流，企业通过给网友发红包来展示品牌和产品。

2. 以跨媒体合作的方式，扩大和提高春晚的影响力与关注度，实现台网优势资源互补

充分利用近年来#春晚#话题在新浪微博持续热议的趋势特征，把观众和网友对于节目的讨论、吐槽进行整合引导，充分发挥新浪微博平台的强传播扩散能力以及明星名人的影响力，让春晚的优秀内容传播更为高效和广泛。同时实现央视收视群体（整体年龄偏大）与新浪微博互动群体（整体年龄偏小）的优势互补。

3. 开创移动营销新模式，提升品牌影响力

新浪微博作为央视春晚独家二维码互动合作伙伴，在春晚直播中获得大量口播、字幕、二维码独家宣传曝光资源，同时还有海量观众的深入互动，全方位地提升了新浪微博的品

牌影响力和用户参与度。

4. 为企业提供春节情感营销的良机

"2014 聊春晚领红包"活动，为企业提供了借助央视春晚和新浪微博两大顶级平台展示品牌，回馈广大消费者的珍贵营销机会。通过给消费者发放红包（实物礼品、体验卡、电商平台优惠券）并且实时互动，企业获得了更多关注和赞誉，同时也完成了春节期间的一次产品促销。

二、营销实施

"2014 聊春晚领红包"集多方强势资源，把握重要时间节点，紧密协同配合，利用大数据挖掘技术，实现活动的热度不断升温。活动传播周期如图 8-5 所示。

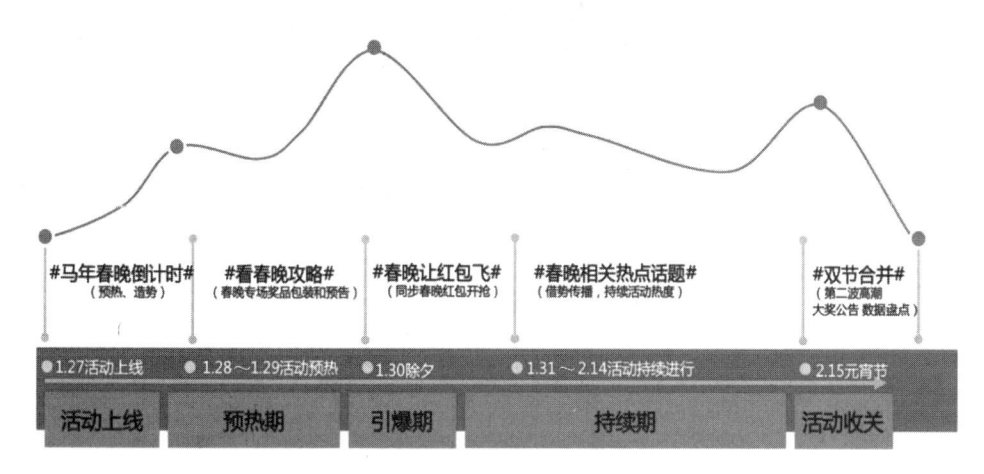

图 8-5　活动传播周期

（一）央视营销活动实施

在正式进行微博营销之前，央视与新浪微博共同召开"2014#让红包飞#"活动新闻发布会，拉开了央视与新浪微博合作推广的序曲，如图 8-6 所示。活动现场相关负责人介绍，此次活动不仅会通过前期的网络线上的话题预热，还会利用央视的《直通春晚》节目及春晚宣传片对于此次#让红包飞#活动进行全方位的推介。

同时，春晚在直播中通过口播、字幕、活动二维码展示共计 30 余次，将活动推向高潮；春晚直播

图 8-6　央视春晚微博让红包飞活动新闻发布会现场

平台包括央视 7 个频道和 31 个省级卫视；春晚多频次重播中持续进行活动宣传推广；元宵节晚会口播、字幕、活动二维码展示共计 20 余次，掀起第二波互动高潮；活动期间央视网全网活动推广并通过百余家主流平面媒体进行活动推介。

（二）新浪微博移动营销实施

明星资源强势助阵：为充分利用名人效应，"2014 聊春晚领红包"专门设计了春晚明星发红包模块，刺激更多明星粉丝参与活动，如郎朗、冯小刚、朱军、张亮、韩庚、汪峰、张靓颖等，如图 8-7 所示。

图 8-7　春晚明星发红包

活动预热期，新浪微博投入大量硬广及内广资源宣传（PC 端+移动端）。

除夕全天新浪微博首页（PC 端+移动端）、新浪网首页特型二维码互动浮标广告展现，覆盖全量用户，直达活动页面。同时，全天还配以总价值 1 亿元的海量站内推广资源（PC 端+移动端），如图 8-8～图 8-11 所示。

图 8-8　PC 端春晚红包活动页面

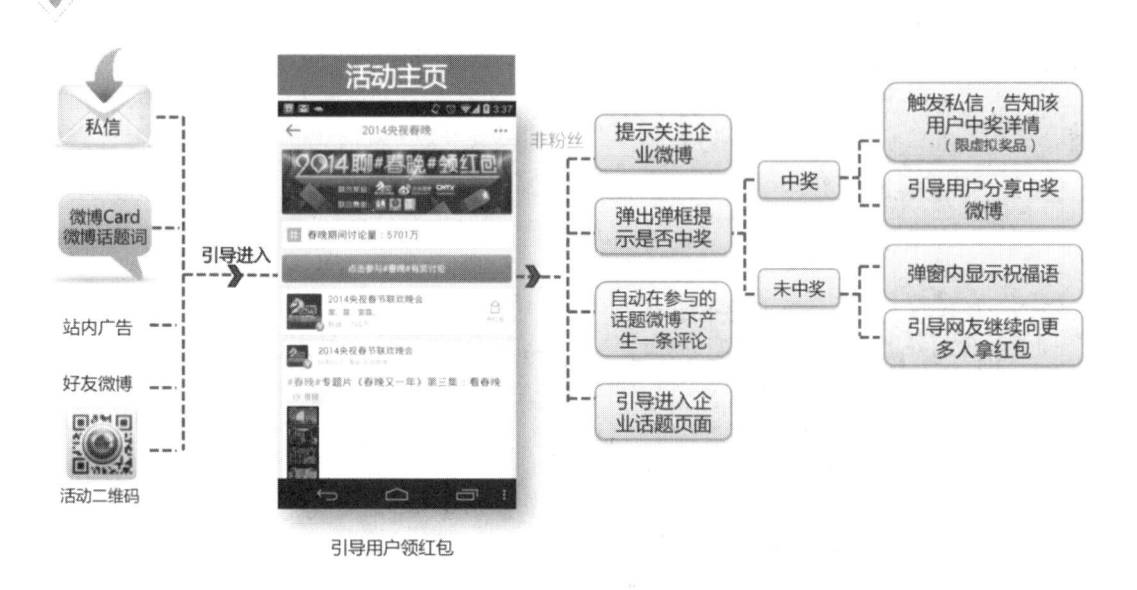

图 8-9 移动端春晚红包活动引导流程

图 8-10 移动端春晚红包活动详情页面

图 8-11 移动端微博红包发布页面

同时通过登录页左侧广告、手机端 Tips、微活动首页、iPad 焦点图、iPad Tips、PC 端 Tips、话题首页右侧图、手机端话题榜 Tips、新浪网首页二维码互动浮标广告、新浪网 15 个频道及大部分地方站正文页二维码互动浮标广告、微博 Home 页粘顶式通栏广告、微博手机端置顶式趋势大 Card、手机端广场图片等对此次活动进行全方位营销。

活动全程通过新浪微博、新浪网双平台黄金推广资源持续推广，整体资源量价值不少于 1 亿元。

传统媒介推广：硬广 4 次（环球时报）、软性报道 8 次（北京晚报、大河报、人民日报、法制晚报等）；14 家电台 1 月 18～30 日每天一次口播；传统媒体共发布稿件 20 篇，覆盖平面媒体 110 个频次、电波媒体 29 个频次。

网络媒体推广：自媒体发稿约 18 篇，网络媒体覆盖 576 个频次，重点网站发布 24 个频次。

（三）活动奖品设置

新浪微博提供了价值 5 亿元的活动奖池奖品，包括路虎极光使用权一年、智能手机、充值卡等。同时，知名企业还提供了丰富的奖品来回馈用户，包括 999 千足金、私人定制豪华包机三亚双人游、汽车使用权、加油卡等，如图 8-12 所示。

图 8-12　微博红包奖品

此次活动不仅赢得了更多粉丝的关注和赞誉，同时也完成了春节期间对众多企业的产品促销。

三、微博内容的编辑与投放

微博内容的编辑要求短小精悍，语言高度浓缩，字数限制在 140 字以内。这就要求微博内容的编辑者在书写内容时惜字如金，简明扼要，在一定程度上对文笔的提升有所帮助。同时，新浪微博联合国家互联网信息办公室为了进一步规范微博内容编写，颁布了 7 条底线。

对于编辑好的微博，直接发布即可。微博的发布形式有多种选择，有纯文字的、图文结合的、视频分享以及加入热门话题的形式。可依照客观条件来选择发布形式。央视春晚所发的微博绝大多数为图文并茂的，图片不仅能够吸引用户群体的眼球，还能促使用户群体对相关营销信息进行详细的了解。

通常，微博的内容可归为两类：原创类和投票类。

（一）原创类

央视春晚在新浪微博上采用的是专题制作的形式来展示品牌的魅力。首先在专题上推出春晚抢红包专区，宣传此次抢红包互动活动的理念，如图 8-13 所示。

图 8-13　春晚抢红包专区

在新浪微博中的主要发布内容依然遵循此次春晚抢红包的主题思想,内容以"让红包飞 2014 春晚"等为主,这些内容不仅进一步地提升了主题"2014 聊#春晚#领红包"的影响力和传播力,而且让每一个用户群体都深刻地了解了主题所带给人们的意义。通过在微博添加二维码的方式让用户通过手机进行扫描,利用移动营销的方式对此次"2014 聊#春晚#领红包"活动进行宣传推广,如图 8-14 所示。

(二)投票类

通过在微博中设置让观众对春晚相关的节目进行投票的方式加强微博网友的相互联系、互动,如图 8-15 和图 8-16 所示。此外,在策划微博投票过程中,央视春晚官微均确保微博内容与春晚移动营销目的保持一致,其中包括与网友对马年央视春晚各类节目相关主题

图 8-14 央视春晚微博二维码

的相互互动,同时也加入了抽奖环节等内容。通过评论+投票+转发的形式产生"新内容"不仅极大地丰富了微博的内容,同时也与微博参与评论的用户形成交互,使得用户真切感受到微博背后来自运营团队的认真与用心。

图 8-15 央视春晚微博内容

图 8-16 央视春晚微博投票内容

四、微博营销效果分析

央视春晚借力微博话题和发红包活动,通过短短 20 天的时间,借势热点事件,实现了媒体、消费者和企业的无缝对接以及影响力的社会化倍增效果。

马年春晚第一分钟共有 863408 条微博发出。活动截止时,微博上关于春晚的讨论量达

6133 万多条（见图 8-17），同比 2013 年增长 1.39 倍。3447 万用户参与春晚互动，总互动量（转发、评论、赞）高达 6895 万次。

图 8-17　2014 聊#春晚#领红包活动页面讨论量统计

央视春晚 2014 聊#春晚#领红包活动首页的整体 PV 为 66180032 次；整体 UV 为 15688454 次；整体互动量（互动量指原、转、评、赞）为 88805015 次。春晚当天三值均达到活动期间最高峰。活动红包发放量为 2500 万个，粉丝累计增长 950 万，其中 5 家合作方的粉丝翻倍增长：@俏十岁、@恒大冰泉的涨粉量均在 300% 以上；@金典爱上有机的新增粉丝为 81.74 万，涨粉率为 194.25%，活动参与量为 2187987 人次；@雪花中国古建筑的新增粉丝为 93.34 万，涨粉率为 186.83%，活动参与量为 1900661；@恒大冰泉的新增粉丝为 104.32 万，涨粉率为 303.25%，活动参与量为 1856978。@俏十岁的新增粉丝量为 75.66 万，涨粉率为 351.97%，活动参与量为 955263；@世纪佳缘的新增粉丝量为 54.63 万，涨粉率为 166.01%，活动参与量为 877033；@江淮乘用车的新增粉丝量为 25.43 万，涨粉率为 45.19%，活动参与量为 714087。参与活动企业的粉丝总增长数为 680 万，粉丝总增长率为 344%。

同时，为了回馈观众与网友，新浪微博当晚特别准备了价值 5 亿元的红包，在 4 个小时的直播中通过"红包专场"送出，相当于每小时送出 1.25 亿元的红包。

截至 2014 年 1 月 30 日 24 时 24 分，CCTV-1 综合频道等 5 个频道并机总收视率达 19.71%，高于 2013 年（18.7%）。总份额为 45.21%，高于 2013 年（42.51%）。2014 春晚直播全国并机总收视率达 30.98%（其中包括直播收视率 30.94%，时移收视率 0.04%），电视观众规模达 7.04 亿人。

模块二　相关知识

一、微博营销的分类

（一）个人微博营销

很多个人的微博营销是由个人本身的知名度来得到别人的关注和了解的，明星、成功商人或者是社会中比较成功的人士，他们运用微博往往是为了让自己的粉丝更进一步地去了解自己和喜欢自己，微博对于他们是用于平时抒发感情的，功利性并不是很明显，他们的宣传营销目的一般是由粉丝们跟踪转帖来达到的。

（二）企业微博营销

企业一般是以盈利为目的的，他们运用微博往往是想通过微博来增加自己的知名度，最后达到销售自己的产品的目的。往往企业微博营销要困难许多，因为知名度有限，短短的微博不能让消费者对商品有一个直观的理解，而且微博更新速度快，信息量大。企业微博营销时，应当建立起自己固定的消费群体，与粉丝多交流，多互动，多做企业宣传工作。

二、微博营销的特征

（1）注册简单，操作便捷，运营成本较低，方便实现"自营销"。

微博具有媒体属性，是将信息广而告之的媒介，但是与其他媒体相比，微博注册免费、操作界面简洁、操作方法简易（所有操作都基于信息发布、转发、评论）、又有多媒体技术使信息呈现多样形式，而运营一个微博账号，不必花大价钱架构一个网站，不必有十分专业的计算机网络技术，也不需要专门拍一个广告，或向报纸、电视等媒体支付高额的时段广告费用等，充分利用微博的"自媒体"属性，做好"内容营销"即是微博营销的王道。

（2）微博营销的"品牌拟人化"特征更易受到用户的关注。

社交媒体时代，传播强调人性化与个性化，"官方话"和"新闻稿"通常在严肃事件中扮演信用角色，在这样一个社交与娱乐至上的场所就显得格格不入。企业用一个很人性化的方式去塑造一个自身的形象，不仅可以拉近和受众的距离，达到良好的营销效果，而且品牌的美誉度和忠诚度会大大提高。

品牌拟人化是指通过饱含个性、风趣、人情的语言，使品牌账号富有"人"的态度、性格与情感，真正与消费者互动，从而获得消费者的认可，这种认可不是传统的单纯的买卖关系，也不是粉丝的追捧，而更像是建立并维系一种"友情"关系。这样品牌的忠诚度和美誉度就很强，用户就会支持这个企业的产品，而且会主动地参与到这个品牌的塑造过程，这也是实现口碑营销的绝佳途径。尤其是在 SICAS 的消费行为模式时代，品牌拟人化更能够在每一项消费环节中发挥作用。

（3）多账号组成的微博矩阵，在保持整体协作的企业文化同时，便于针对不同的产品受众进行精准营销。

微博矩阵是指在一个大的企业品牌之下，开设多个不同功能定位的微博，与各个层次的网友进行沟通，达到 360 度塑造企业品牌的目的。换句话说，矩阵营销是内部资源在微博上的最优化排布以达到最大效果。

（4）微博造星，可以借助知名微博主的影响力进行营销。

微博的传播机制建立在六度分格、二级传播等人际传播理论的基础之上，换句话说，微博中的社交关系是现实社交关系链的扩张性虚拟迁徙。微博的影响力同时也代表了一种关系的信用值，按照新浪微博的计算方法，微博影响力由活跃度（原创微博、转发次数、评论次数、私信数）、传播力（原创被转发与被评论数）和覆盖度（即粉丝数）共同决定。借助拥有大量粉丝人气和较高影响力的微博主的平台，一则可以和更多的潜在用户接触，"发生关系"，达到广而告之的效果；二则扮演意见领袖的人往往也具有消费引导的功能。或是具有某些专业领域的特征，或是一些生活趣味的汇集，或是提供娱乐讯息，或是对社会热点有明晰的评论与态度，或仅仅是靠语言个性魅力打动人……微博是无可争议的自媒体，借具有大量粉丝受众的微博账号做推广，也是一种打广告的方法。值得一提的是，这种方法和渠道多为营销公关公司利用，开展专业的微博营销有偿服务业务，且根据粉丝量的多少不同微博账户有收价等级。

三、微博营销的技巧

（一）定位（账号领域）

想要实现微博的长远商业价值，一个独立领域定位的微博肯定比一个大杂烩的微博走得更远，更易实现商业价值，而且在推广的时候更容易抓住核心的粉丝用户。例如，定位为美食、宠物、心灵鸡汤、情感、旅行、公知等，每一种定位背后都有天然的商业价值存在。目前美食微博发菜谱、宠物微博发萌宠图片的模式显然已经过时了，一定要寻找独立的边缘领域，塑造自己的特色。以@柒个先生为例，它就寻找到了一个独立的特色，以萌宠金毛狗的口吻讲情感，情感的话题都以美食特点作为特色素材，积累吃货和金毛狗的粉丝群体。

（二）话题（讲故事）

不做素材的搬运工，原创可能会累，但是粉丝忠实度高。以话题#我和柒小汪的七个约定#为例，持续讲连载故事，3个月引发超5万人转载分享，3000万人阅读，吸引3家出版社邀约出版。这就是故事的魅力，一个好的故事会成就一个微博的独立特色，让粉丝有追剧情的趣味感。

当然，最有效的微博话题一定是互动话题，让网友有参与感的话题，这样的话题才能实现网友产生内容，才能挤进话题的排行榜。例如，#免费画头像##免费送故事##免费找对象#，好的互动一旦进入前10排行榜，每天增加几千甚至过万粉丝很轻松。

（三）热门微博（抢曝光）

一般来说，每小时的热门榜单增加几百粉丝不成问题，一旦进入24小时热门排行榜，粉丝一天能否破万就看话题自身内容的关注度了。原创故事#我和柒小汪的七个约定#开始微博连载时，第一集当时转发6000多次上榜，维持24小时，最后触动15000多次转发，增加了8000多个粉丝。

上热门榜单有一定技巧，那就是热度。只要不是明显的商业广告，就有机会上热门榜单。那么如何来实现热度？进入24小时榜单难度系数太高，那么就玩小时榜，持续关注这个榜单你就会发现，上榜的微博一般发布时间靠近整点，发布后一定要在最短的时间实现阅读量的增加，记住是阅读量，这个数据只有自己的微博可以看到，转发、评论、点赞在上榜前贡献值会弱一些，所以有效账号的转发很重要，而且是第一时间转发很重要。这就要求转发的号必须有绝对够多的真实粉丝。如果没有足够多的真实粉丝，那么继续往下看：人海战术冲热门榜单。

（四）互推（会借力）

互推是一种有效的增粉丝推广方式，是微博账号之间互换粉丝的一个过程，你有1万个粉丝，我有1万个粉丝，我们之间互推内容，也许最后我们每一人都有12000多个粉丝。参与互推的同等级账号越多，交换的粉丝就越多。组织的力量是无穷大的，而且内容的互推会实现微博内容的有效阅读，为冲热门排行榜提供了有效的途径。

寻找互推资源，首选QQ群，其次是联系与自己相当的账号。建立了有效的互推渠道后，增粉就有了计划。现在微博的活跃度在下降，抱团肯定有利于内容的传播。

（五）带号（会借势）

想要做一个漂亮的自媒体账号，找大号来带小号也是必经之路，这样粉丝转化率高，如维护美食类账号，找美食类的大号推自己的内容，这样精准的转化肯定最有效。当然，弊端就是要投入，私信大号谈好价格，根据效果不停地更换带号的大号就可以了。如果经济实力可以，同时一次性由五六个大号来带，只要内容足够有吸引力，粉丝增加五六千不成问题。但关键是内容的输出和大号的选择。

四、微博营销对企业的价值

企业进行营销的核心诉求是汇聚人气、培育潜在和忠诚的消费者以及刺激销量，在营销过程中构筑品牌形象。微博具备媒体性、扩散性和社会性三大属性。企业可利用微博的媒体性和扩散性为媒体端的各类营销活动导流、造势，从而汇聚人气；利用微博的媒体性和社会性全方位展示品牌气质、产品优势，并且通过和粉丝深度互动，从而培育潜在的和忠诚的消费者；通过微博的扩散性、社会性、与阿里巴巴的战略合作，实现品牌、产品口碑的广泛传播，并且向消费者提供快捷的购买通道，从而刺激销量。可以理解为，微博营销是企业营销的"发动机"。

（一）深入了解目标消费者

在微博平台上，用户可以自由地参与信息的传播，微博上记录了他们的爱好、需求、愿望等具有商业价值的信息。企业可以通过微博互动来获取更多消费者反馈信息，更有效地了解消费者行为，从而为企业的产品策略和营销策略提供有价值的信息。

（二）节约营销成本

企业通过微博发布各种信息都是免费的，通过策划用户感兴趣的网络话题，吸引大量的用户参与互动交流。企业可以通过微博平台将新产品、促销等信息传递给消费者，同时也可以倾听他们的声音，拉近与消费者之间的距离。企业可以降低信息传播以及维系客户关系的成本，同时实现理想的营销传播效果。

（三）提高客户满意度

微博使企业更贴近客户，与客户之间建立起更紧密、更直接的关系。企业可以通过微博倾听消费者最真实的意见和想法，及时地调整相关策略，提高客户满意度。微博是企业与客户"面对面"沟通的最佳方式，这种沟通方式更加柔性，更能带动消费者的积极性，它通过微博潜移默化地传播了自己的企业文化和品牌理念，通过软性的话题植入，让用户在发表了个人观点后，不知不觉地加深了对企业品牌的认知。

（四）应对危机公关

当微博成为企业发布信息的官方平台后，其快速、开放、透明的沟通方式也为企业预防和处理危机提供了一种新工具。在日常与用户的交流中，企业可以通过微博进行监控，及早发现危机的苗头，主动采取措施将危机扼杀在摇篮中。当危机事件发生后，企业可以通过微博了解公众对危机事件的态度，从而迅速采取适当的处理措施，针对其中的误解和问题进行主动、透明、公开的回应，避免事态扩大。

同步训练

一、实训概述

根据实训背景，在教师的指导下，学生以小组为单位，在移动电子商务实训室完成微博营销的实训项目，从而了解微博营销的规划和设计，熟练掌握微博营销的具体步骤，熟悉微博客户端的基本功能和模块设置，包括微博内容策划和相关自定义内容自动回复设置，从而掌握微博营销的基本操作方法和工作技能。

二、实训素材

（1）实训场地：移动电子商务实训室。
（2）必备设备：计算机、智能手机。
（3）软件环境：可连接互联网和无线网络。
（4）国内主流微博平台。

三、实训内容

全班按每组 5 或 6 人组成实训小组，选出一位小组成员负责本组所有项目任务的相关决策。

任务一　策划微博营销方案

1．根据此次微博营销实训的要求进行微博营销分析，熟悉实训所提供的相关素材，明确实施原因、实施目的及目标受众群体。

2．根据微博营销目的以及受众群体进行微博营销策划，确定微博营销的相关主题、内容及其表现形式，同时确定合适的微博营销平台，熟悉主流微博平台的功能。相关内容形成下表。

营销目的	实施微博营销的目的
实施原因	实施微博营销的原因
实施步骤	具体实施方法
微博营销方式	选择的微博营销方式
微博内容编写	营销微博内容的策划
微博发布	发布内容和发布方式

3．制定进度计划书，明确工作进度与人员分工，并填写下表。

班级		所属小组		姓名	
账号名称	设计符合"背景"内容的微博账号名称（需慎重，一旦选定不可更改）			设计缘由简要说明	
头像设计	设计符合"背景"内容的头像			设计缘由简要说明	
功能介绍	编制微博将推广功能进行介绍。注意功能介绍要简洁、有重点、有方向			分析说明	
特色亮点	给微博定营销方向，突出特色亮点				
账号主体	企业名称				
我的任务总结	通过完成上述任务，此阶段获得的经验、心得等				

任务二　微博营销实施

1．针对企业和个人需求，进行微博营销分析。

2．根据营销分析的结果，进行移动微博营销实施的前期规划。

3．根据规划，制定微博营销实施流程，并填写下表。

任务名称	步骤名称	实训内容
微博营销实施	步骤1：关注、查看和学习微博营销案例	以小组为单位关注学习其他微博营销实施案例；在移动电子商务实训室内规划、设计、创建并运营一个微博营销账号
	步骤2：规划和设计微博营销实施方案	
	步骤3：微博营销的具体实施	

任务三　内容编辑及发布

1．根据微博营销主题确定微博内容主题，进行简短的营销性质的微博内容发布。

2．选择微博平台中的热门话题编写微博内容，提高微博访问量。

3．转发与微博营销相关的热点或精彩内容，提高微博的访问量。微博内容编辑过程中应注意语句要精练顺畅，避免语法错误、错别字等。

4．将编辑修改完成的微博话题内容进行发布。

5．将自己转发量较多和评论量较多的微博发至自己所加入的微群。

6．转发、评论其他人的微博，增加与他人的互动，进行自身微博的推广。

填写微博内容，编辑实训内容，并完成下表。

任务名称	步骤名称	实训内容
微博内容编辑	步骤1：关注、查看和微博营销内容选题	以小组为单位关注学习其他微博内容编辑案例；在移动电子商务实训室内针对自身微博账号属性进行微博内容编辑和发布
	步骤2：规划和设计微博内容的表现形式	
	步骤3：微博内容的具体编辑实施	

任务四　效果监控与评估

1．查看微博的粉丝量、转发量、评论量。

2．查看微博营销给自己推广的网站或网店带来的访问量数据。

3．分析微博营销的总体效果。

4．查看其他人微博营销的效果并做评价。

填写如下微博营销效果监控评估实训内容表。

任务名称	步骤名称	实训内容
微博营销效果监控与评估	步骤1：通过微博数据分析工具，统计相关微博营销内容的评论、转发、点赞的数量	以小组为单位针对上一任务中微博发布的相关营销内容进行监控与评估；在移动电子商务实训室内利用相关数据分析软件评估此次微博营销的效果，为今后的微博营销优化提供借鉴
	步骤2：对统计的数据进行比对分析，找出转发、评论、点赞数量最多的单条微博，分析该条微博数据胜出的具体原因	
	步骤3：分析其他微博数据不高的原因	
	步骤4：进行微博营销优化	

项目九

社群营销

互联网创造了很多的奇迹：小米开创了互联网营销的"小米模式"，特斯拉电动车崛起，UBER 颠覆了出租车，这些产品在移动时代给用户带来了满意的体验，无一不是利用了社群的力量，实现产品引爆。几乎可以肯定的是，企业的下一个重要流量入口，非社群莫属，基于此，社群越来越受到诸多人的关注，资本市场的目光也开始倾斜于有影响力的社群。

学习目标

知识目标

1. 了解什么是社群。
2. 了解常见的群工具。
3. 明确构成社群的五要素。
4. 了解社群的优势与价值。
5. 了解社群的组织模型。
6. 了解保持群活跃度的方法。
7. 掌握社群的运营方法。

能力目标

1. 熟练掌握社群的平台选择技巧。
2. 能够明确社群构建的实施步骤。
3. 具备 QQ 群的基本运营能力。
4. 能够熟练借助社群做营销。

项目情景

i 博导网站（见图 9-1）依托互联网协会的支持，结

图 9-1　i 博导平台的 LOGO

合北京博导前程信息技术股份有限公司与全国1000家本科、高职、中职的优秀关系及强大的行业背景，致力于打造出一个连接企业、高校学生、教师与学校就大学生实习与求职提供各项服务与支持的综合性平台。它围绕"实习—招聘"，基于不同对象之间的诉求及需要提供了实习项目的发布与参与、工作岗位的提供与应聘、不同客户关系间信息的分享与传播，以及独特高效的人才筛选机制等，通过这些构建了实习与求职就业的完美结合。为了服务于 i 博导平台，调动用户的活跃度，为平台培养更多潜在用户，i 博导网站安排了专门的工作人员组建并管理着多个社群，以求协助 i 博导平台做推广。

模块一　任务分解

☑ 任务一　认识社群

点与点之间通过某种媒介的互动和连接，就出现了联系，连接这两个点之间的这条线就是社交。每个点不只连接一个点，于是多点之间的多线条社交就形成了面，并且经过不断地优胜、劣汰、协作，连接线越来越牢固，形成的这个面也越来越稳固。这些点与线形成的面，就是社群（见图9-2）。

图9-2　社群

随着移动互联网的快速发展，桌面端转移到移动端，再加上打破空间、时间的高效率工具（如 QQ、微信）的出现，这些限制逐渐被摆脱，使得社群组织更容易、互动更容易、管理也更容易。

社群由五要素构成。

构成社群的第一要素——同好，它决定了社群的成立。所谓"同好"，是对某种事物的共同认可或行为。可以基于某一个产品，如苹果手机、锤子手机、小米手机；可以基于某一种行为，如爱旅游的驴友群、爱读书的读书交流会；可以基于某一种标签，如星座、明星的粉丝、PPTer；可以基于某一种空间，如某生活小区的业主群；可以基于某一种情感，如老乡会、校友群、班级群；可以基于某一种观念，如"每天进步一点点"的秦友团。

构成社群的第二要素——结构，它决定了社群的存活。社群的结构包括组织成员、交流平台、加入原则、管理规范4个部分，这4个组成结构做得越好，社群活得越久。

构成社群的第三要素——输出，它决定了社群的价值。没有足够价值的社群迟早会成为"鸡肋"，群主和群员就会选择解散或者退群。好的社群一定要能给群员提供稳定的服务输出，这也是群员加入群、留在该群的价值。例如，逻辑思维坚持每天一条语音、大熊坚持定期做干货分享、某些行业社群可以定期接单等。另外，"输出"还要衡量群员的输出成果，全员开花才是社群。

构成社群的第四要素——运营，它决定了社群的寿命。通过运营要建立"四感"：仪式感，如入群要申请，行为要接受奖惩；参与感，如通过有组织的讨论、分享等，保证群内有话说、有事做、有收获的社群质量；组织感，如通过对某主题事物的分工、协作、执行等，以保证社群的战斗力；归属感，如通过线上线下的互助、活动等，保证社群的凝聚力。

构成社群的第五要素——复制，它决定了社群的规模。由于社群的核心是情感归宿和价值认同，社群越大，情感分裂的可能性越大。一个社群如果能够复制多个平行社群，将会形成巨大的规模。在复制多个平行社群之前需要完成以下3件事：首先需要构建好自组织，具备足够的人力、财力、物力；其次，组织核心群，要有一定量的核心小伙伴，他们可以作为社群的种子用户加入，引导社群往良性的方向发展；形成亚文化，要形成一种群体沟通的亚文化，如大家聊天的语气、表情风格一致。

☑ 任务二　社群组建

i博导是博导前程旗下的电子商务技能提升与实习就业对接平台，连接着学生用户、教师用户与专家用户，致力于培养社会所需要的优秀专业人才。为了让每一个用户群都能更好地沟通，也更方便于企业管理，i博导官网有专业的管理人员分别在QQ、微信及官网论坛上建立了对应的学习交流群。那么 i 博导是如何成功构建社群并使其良性地发展壮大的？答案还要从社群构成的五大要素出发来寻找。

一、找同好

社群的组建离不开灵魂人物，对于企业而言，可安排专业人员来专项负责社群的创建与经营管理工作，也可根据企业自身定位，找到产品"发烧"级用户，让这样的用户成为自己运营的社群里面的精神领袖，从而完成企业领袖的培养。

有了社群的创建者，还要确定社群的管理者，管理者要做到赏罚分明，能够针对成员的行为进行评价，并运用平台工具实施不同的奖惩。例如，i博导QQ群的管理人员是i博导君，i博导君会在群里负责答疑、审核新成员、监督群纪律等工作。

i博导的受众是广大的在校电子商务专业学生及教师，为了吸引这些人员参与到社群的活动或讨论中，i博导的官网首页上把QQ群的信息及微信群的二维码展现出来，如图9-3所示。同样，在一些i博导的线下活动中这些加群方式也会出现在海报中，这都极大地方便了用户加群。而且i博导官网组织的一些论坛活动的主战场也定在QQ群，在活动中有时会以奖励红包的方式吸引群内成员带人入群。

图9-3 加群方式

群的活跃度决定了参与度，要想提高活跃度，参与者中有一些意见领袖、萌妹子、搞笑大神等会很有效，这一群人能激发社群整体的活跃度，所以在找"同好"加群的同时要特别留意此类人的加入，日后可以借助他们提高群的活跃度。

二、定结构

群结构有环形结构与金字塔结构，在环形结构中，每一次群交流，每个人的身份都可以互相变化和影响，但是一个群里面必须至少存在一个活跃的灵魂人物，他可能身兼思考者、组织者等多个身份，如果一个群拥有两三个活跃的思考者，那么这个群不但生命力很强，而且会碰撞出很多火花。i博导的交流群基本以环形结构为主，在每一次群交流中，每个人的身份都可以相互变化和影响，地位相互平等，管理相对松散，不必太严格，在i博导群里大家互相交流分享，学习之余也经常玩匿名、爆照等，在各种有趣互动的过程中，也培养了真正的感情认同。

与交流群不同的是，i博导的学习群基本以金字塔结构为主。在金字塔结构中，一定有一个高影响力人物，然后发展一些组织者帮助管理群，群员基本上是追随影响力人物进行学习的，所以在群里必须设计严格的群规，否则如果每个学员都直接和影响力人物沟通，影响力人物就无法进行任何有效的通信，所以在群里有影响力人物进行定期分享时，由组织者进行日常的群管理。

i博导群主要从以下4个方面去做群的结构。

（一）组织成员

i博导群管理人员发现并号召那些有"同好"的人抱团形成建群最初的一批成员，并以此为基础不断扩大群的规模，最初的一批成员将会对以后的社群产生巨大影响。在社交群里，必须有一类活跃分子，清谈者很难奉献出结构化有深度的内容，但是他们往往有比较多的信息来源，可以给群提供一些有趣的话题，诱发思考者奉献出有质量的内容，一些围观者也可能被激活，带来有深度的内容。

另外，清谈者往往有比较开放包容的心态，能够接受调侃，这样会让一个社交群不至于像工作群一样变得单调乏味。

（二）交流平台

组织好成员之后，要有一个聚集地作为日常交流的大本营，目前常见的有 QQ、微信、YY 等。那么什么工具更适合做社群营销呢？

如果是 B2C 类型的电商，采用微信公众号或微博比较合适，因为 B2C 平台的客户太多，少则几十万，多则几千万，唯有微信公众号与微博才能管理这么多的客户群体，其他工具无法胜任；如果是自媒体类或者企业交流分享群，则采用 QQ 群为好，QQ 群最多人数为 2000 人，能够将 2000 人聚集起来，一起分享、一起创造价值，自然会产生很大的经济效应。

i 博导在微信上开了 i 博导小助手微信公共账号，也是 i 博导官方微信账号，专注于电子商务、互联网、网络营销相关高端行业，专注于经典网络营销案例、话题分享、探讨与剖析。推送全网营销、社会化营销、微博营销、精准营销等相关网络营销新闻、知识与观点，探寻热点趋势变化，分享新潮营销概念。i 博导小助手微信公共账号每天为听众推送电商、互联网行业、网络营销、科技类的最新资讯，并实时回复听众的相关提问与资讯，并且与微博结合，通过二维码进行平台推广。

i 博导把重要的交流分享平台选在 QQ 上，i 博导目前拥有两个普通的学生群，每个群的群成员在 2000 人左右；3 个教师群，每个群的群成员在 1000 人左右。

（三）加入原则

有了元老成员，也建好了平台，慢慢会有更多的人慕名而来，那么就得设立一定的筛选机制作为门槛。i 博导的加群方式设置为邀请制，可以是群管理人员主动邀请，也可以是群成员推荐好友加入，申请加入的人员需要通过管理员的审核才可以加群。这种加入方式一是保证质量，二是会让新加入者感到加入不易而格外珍惜这个社群。

（四）管理规范

人越来越多，就必须有管理，否则大量的广告与灌水会让很多人选择屏蔽。所以，一是要设立管理员，二是要不断完善群规。

一般群规主要是限制群员发和群无关的内容，特别是发垃圾广告，或者两个人在群空间里过度聊天，影响别人的阅读体验。对于违规的群员，i 博导群一般会采取的模式有：①小窗口提醒；②公开提醒晒群规；③私下警告；④直接移除。

i 博导群的置顶群公告即是本群须知，如图 9-4 所示。这样的设置使新人入群时就能对群规有一定的了解，在以后的群管理期间就比较容易得到群员的认同。

[置顶] 本群须知

各位同学们，2017年全国电子商务运营技能大赛开始啦！请大家抓紧时间进入i博导官方网站报名参赛！任何不懂的，都可在群里提问，会有人帮助大家的。
特别提醒：初赛2017年4月25日开赛，今天开始，群内禁止任何广告，犯一次者禁言10分钟警告一次，第二次犯直接请出，请大家注意，我们也是为了给大家营造一个好的比赛咨询环境，希望大家理解，再次感谢大家的配合，预祝大家取得好成绩！

收起

图 9-4 本群须知

三、产输出

输出决定了社群的价值，要进行社群进化，就要让普通群成员也能输出。i 博导的核心

i博导组建的群主要是服务于i博导教学平台的，而i博导教学平台不管对于学生的学习还是教师的教学都有很大的帮助。在此平台上教师梳理自己的教学过程，应用i博导内的资源、训练、任务等串联起教学，并可定制出自己个性化的教学过程，i博导平台提供的班级内学生在站内的动态数据汇总，如学习进度、训练完成成果分析等，系统化地将这些数据进行归类，给教师提供了教学建议，进一步稳固和提升了教学效果。同时，便捷的班级管理能够让教师与学生在i博导平台内建立充沛的联系与交流。

学生进入i博导平台可以学习海量免费课程，也可付费购买精品收费课程完成学习。学生也可通过完成技能点下的训练任务，获得技能成长，在获取技能模块勋章后，就可承接企业实战任务，获得综合实践经验与经济回报，还有机会直接被企业选中获得工作机会。

四、巧运营

群的运营要建立"四感"，激活群内的活力也是从"四感"出发的。其中"四感"分别指的是仪式感、参与感、组织感、归属感。建立仪式感，入群做自我介绍，老群员纷纷发言欢迎新成员等。建立参与感，如i博导群的"每日一签"赚金币活动，定期的分享、话题讨论、公开课。如图9-5所示，i博导的学生群每天都会有"每日话题"分享，让群成员每天都可以持续学习新知识。如图9-6和图9-7所示，在教师群每天一则的"新闻早知道"，播报最新的国内大事与生活服务类内容。建立组织感，社群可以组织群员协作完成任务，如i博导群定期做的线上电子商务技能大赛，组织教师带领学生一起来做任务，在比赛中学技能。建立归属感，如线下交流、聚会吃饭等。

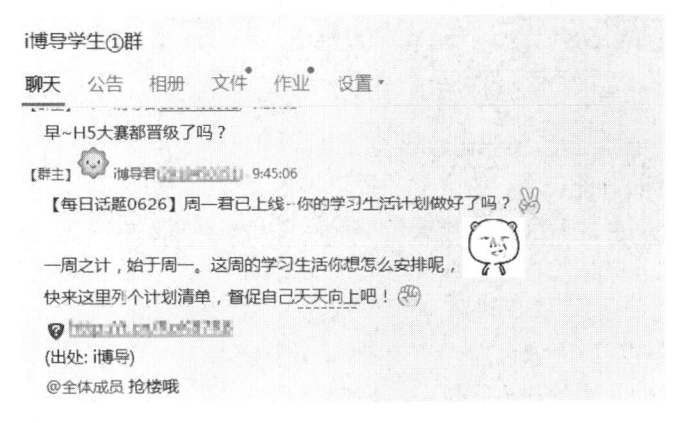

图9-5 学生群的常规活动

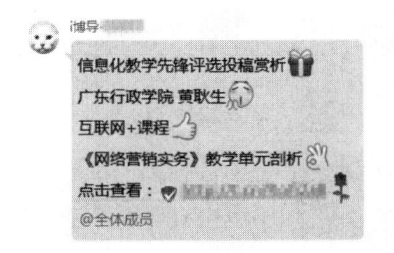

图9-6 教师群的常规活动（1）

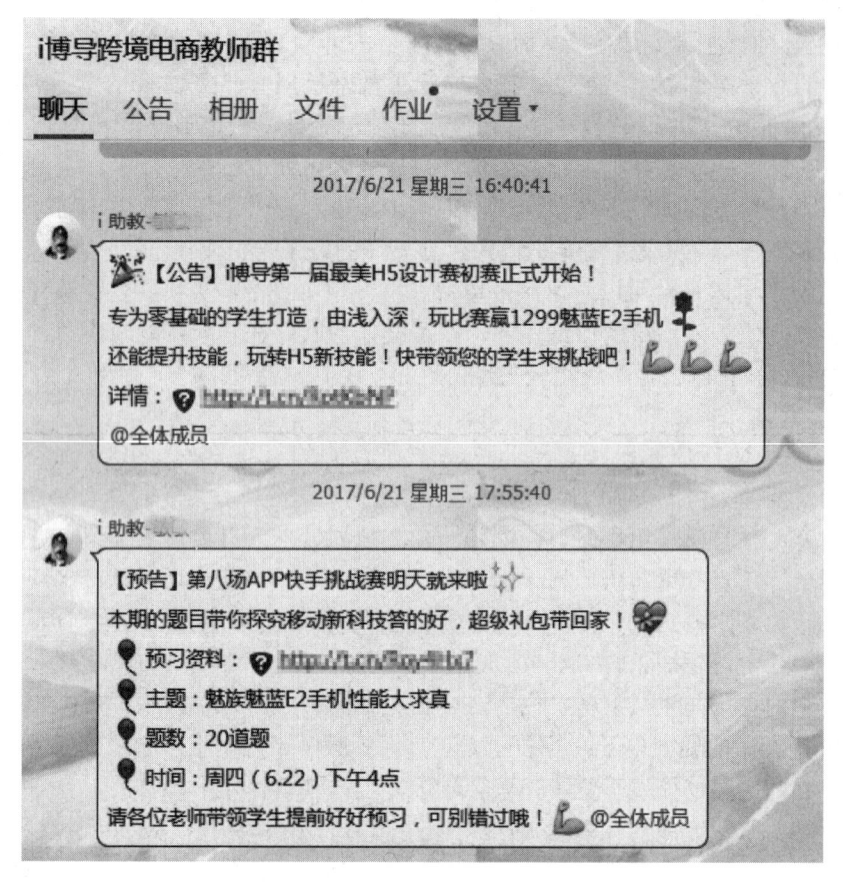

图 9-7　教师群的常规活动（2）

（一）群内统一的命名和视觉化

以 QQ 群为例，对群头像、群名称、群资料的统一，在进群之前就给人一种规范的感觉；同时，新成员加群之后会弹出群公告引导新成员了解入群相关事宜，并适时对新消息进行更新置顶；完善成员的群名片备注，有助于更好地进行管理和促进群成员之间的相互了解。

统一规范群名片，群内成员以"学校名-姓名"修改名片名，因为 i 博导对接学校与企业、培养学生、方便教师管理的定位，这样的群名片，更便于在后期运营中根据学校需求把群内成员转化为 i 博导官网用户。

多个群名的统一，i 博导教师群以"i 博导+课程名称+教师群"为名，目前有"i 博导教师群""i 博导网络营销教师群""i 博导网店运营教师群"3 个教师大群，而学生群命名依次为"i 博导学生①群""i 博导学生②群"……

（二）群设置的应用

除了群视觉化的统一，群设置也不能忽视。相比微信群，QQ 群为群管理提供了丰富的选项，也带来了很多可用性。单击左上角的群名称，在"首页"中可以看到群的基本信息、群成员的群名片管理等，有效利用群设置的每一个选项是很有必要的。图 9-8 是 i 博导的群设置截图，由图可见 i 博导的加群方式设置的是"需要回答问题并由管理员审核""允许群成员邀请好友加入群"，在访问权限上设置为"不允许非群员访问""不可以预览资料卡相册和共享"。这样的设置既增加了新人加入的入口，同时又在管理员的审核控制之下便于管理。i博导群在设置的基本信息处注明本群是i博导课程教学包分享、交流的专业群，并提示加入该群的成员，修改群名片为"学校名称-姓名"，让入群的成员一入群就可以对本群有一个初步了解。

图 9-8　群设置

（三）组织群活动

组织群内活动是提高群活跃度的一个很有效的方式。i博导在QQ群目前的主要活动安排如表9-1所示。

表 9-1　i博导学生群的活动安排

活动名称	活动内容	活动时间	奖励机制
群作业	互联网知识、电商知识、电商大赛知识点及其他根据情况调整的知识点（如网站更新点提问等）	每周三和周五	由群成员答作业题，君君批作业，每月×日在群里公布最佳作业获得者，3名。偶尔可以在群内搞投票的形式，投票最佳作业只有1名。奖品有QQ会员、各种Q钻、电子书、读书券等
群签到	每日一签	每天	金币奖励：一天一个金币，签到连续一个月获得50个金币
群话题	小话题. 内容主要围绕学生关注的微博热门话题或者热门事件等	每周一、二、四	无奖励
群游戏	定时炸弹（QQ群自带小游戏）	时间待定，与群话题结合进行	无奖励
辩论赛	主要围绕电商主题，偶尔可有其他主题	两周一次	胜利队伍每人得1000个金币，最佳辩手再得500个金币

不管是哪种形式的群内活动，要组织成功，都是不容易的。i博导组织的活动形式中最常见的是群分享活动，要做一次成功的分享，需要考虑如下细节。

1. 提前准备

（1）寻找话题。

话题分享模式要邀约分享者，并请分享者就话题准备素材（特别是对于没有经验的分话题分享模式要邀约分享者,并请分享者就话题准备素材(特别是对于没有经验的分享者,管理员应检查其分享的内容质量),特别要强调分享者应该分享对大家有启发的内容,而不是借着分享只想做自己的广告。

话题分享模式要准备话题,并就话题是否会引发大家讨论进行小范围评估,也可以由大家提交不同的话题,由话题主持人选择分享话题。

(2)内容预告。

确定好话题之后,接下来就是写预告,通知 QQ 群内成员群内将要进行一场××活动。图 9-9 为 i 博导平台升级的内容预告,在活动开始之前会在群公告中提前贴出公告,并在活动当天再次强调,以求更多的人看到此公告并准时参与到此次活动中。事实证明这样的操作也为 i 博导每次的分享活动带来了不错的活跃度。

图 9-9 内容预告

(3)互动稿的准备。

对于没有太多分享经验的人来说,需要提前设想在分享的不同过程中应该说什么话,并写下来,也可请教群管理组中的其他成员并让其提出意见,这个过程也可以让自己更加自信。正常讨论就可以按照互动稿上面的内容进行,不过需要根据情况进行适当变动。

2. 分享进行时

(1)强调规则。

每次在群分享前都可能会有新朋友入群，他们往往不清楚分享规矩，有可能出现在不合适的时机插话，影响分享者分享的情况，所以在每次分享开场前都需要提示规则。如果是QQ群，可以在发布分享规则时临时禁言，避免规则提示被很快刷掉。

（2）提前暖场。

在正式分享前，应该提前打开群禁言功能，或者主动在群内说一些轻松话题，引导大家上线，进入交流氛围，一般一个群上线的人越多，消息滚动就越快，会吸引更多人顺便观看。

（3）介绍嘉宾。

如果邀请嘉宾来做分享，分享者在出场前需要有一个主持人引导，介绍他的专长或者资历，让大家进入正式倾听状态。

（4）诱导互动。

不管是哪种分享模式，都有可能出现冷场的情况，所以分享者或者话题主持人都要提前设置互动诱导点，而且要适当留点耐心等别人打字，很多移动端在线的用户打字不会太快。

如果发现缺乏互动，需要提前安排几个人赶紧热场，很多时候需要有人开场带动一下，这样就容易进入气氛。

（5）随时控场。

适当的禁言：在结束上一个问题，进入下一个问题时，或者有重要的事情要通知时，就需要及时开启禁言功能，避免因为过度刷屏导致管理人员重要的发言被淹没。

有时候在分享过程中有人乱入，只描述自己的问题，或者提出和主题无关的内容，这个时候主持人需与其私聊，利用QQ群小窗口直接沟通，引导这些人先服从分享秩序。

3．分享结束时

（1）收尾总结。

分享结束时，对本次分享的发言进行汇总，并把本次分享的重点内容整理成笔记供群内成员后期回顾学习。汇总完内容后，可以修改一下汇总文档的内容，确定无误后就可以上传到群共享中，同时在群里发布通知，告诉大家分享的内容已经整理上传，提醒没有赶上讨论的人下载阅读。如图9-10所示，i博导管理员把群分享内容整理完成后发布到了群文件中供群成员随时下载。

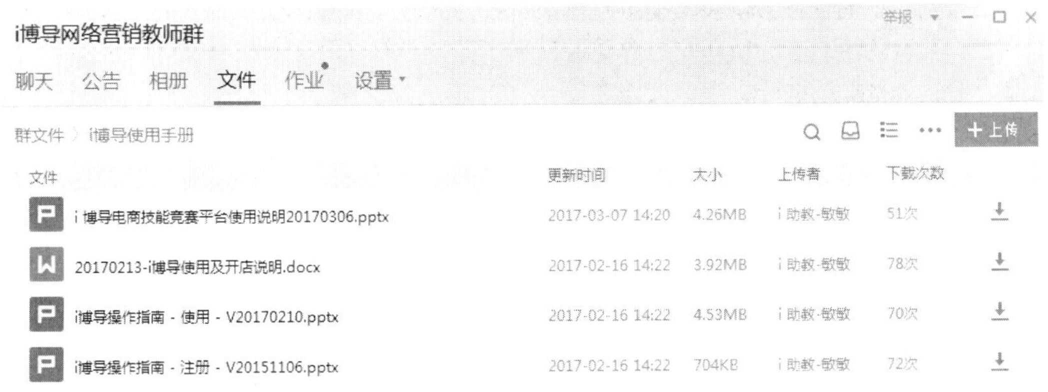

图9-10　将群分享整理发布到群文件中

(2)提供福利。

分享结束后,要引导大家就分享做一个总结,甚至鼓励他们去微博、微信朋友圈分享自己的心得体会,这种分享既是互联网社群运营的关键,也是口碑扩散的关键。在分享结束后,对总结出彩的成员及用心参与的成员,发放各种小福利给以鼓励,这样更加吸引大家下一次来参与分享。

五、能复制

复制决定了社群的规模,在保证社群质量的前提下要适当扩大群规模。i博导网站是以大学生实习、就业为出发点,糅合线上学习讨论、线下实训、就业服务,为大学生提供各种帮助并专注于提升大学生就业能力的学习成长型互动网络平台。在此平台上汇聚了来自全国的20万学生用户,3000多位教师用户。为了与这些学生用户与教师用户进行更深入的沟通,i博导需要把之前做得好的群模式不断地复制扩大,吸收更多的群成员,壮大i博导群的规模。

i博导决心利用网络找到面向的用户群,一方面在i博导官网用户上导流,一方面做线下的校园内部广告宣传。当第一个学生群运营进入良性循环,人数突破1500人时,i博导开始第二个学生群的组建,首先通过内部小窗口,转移了一部分老群员到2群,这样做的好处是2群一开始就有了一定的规模,再添加新人入群感觉就会好很多。然后老群员在群里,自然就把群里的文化传承下去了,不需要管理人员再过多地干涉和引导。第二个群快加满时,再建设第三个群,然后交叉引入,以此类推,建设更多的学生群。交叉法引入学员的好处是新老结合,既有数量上的抱团感,又为群管理打好基础,群文化也自然得到了复制。

在不到两年的时间内,i博导的学生群发展到两个2000人的大群,教师群也发展到3个1000人的群,分别是i博导的教师群、i博导网店运营教师群、i博导网络营销教师群,经过两年多的沉淀,内部群的信赖关系和互动已经达到默契的地步,在目前的规模下i博导管理人员也在不断征集群内成员的意见,筹建新的教师群组。

☑ 任务三 社群营销

要做好企业的社群营销,需要重点解决一系列的操作问题:如何有效利用各个平台,如何维护社群的活跃度,如何在社群中进行推广。接下来将围绕这几个难点以i博导官网的社群营销为例一一展开讲解。

为什么很多企业在社群经营上总觉得施展不开?无论是粉丝的数量,还是用户的活跃度,都让企业伤透脑筋。明明有了账号,也有了自己的页面,还经常发布话题分享,为什么粉丝的回应总是不够积极?i博导在运营社群的过程中也遇到过同样的问题,接下来来看i博导是怎么组织社群营销活动的。

图9-11用一个三维空间图来帮助了解社群营销的定位。从这个三维空间图中我们可以判断一个企业的社群究竟达到了"立体沟通""平面沟通"还是停留在原点没有任何进展。三个维度分别是"内容""交流"和"引导",而原点就是品牌账号。

以i博导策划的"第一届i博导客服技能大赛"为例,在此次活动中,i博导以社群营销的三维定位为指导，从"内容""交流"和"引导"出发完成了一次成功的社群营销活动。

一、内容

内容是所有社群营销的基础，其要点不外乎 4 个字："写、读、评、转"。一个好的话题，需要让用户"希望写、想要读、愿意评、用力转"（不必 4 项兼备，满足一两项即可）。汽车可以写保养小常识，食品可以写养生心得，化妆品可以写美丽秘诀，计算机可以介绍趣味软件等。说来简单，然而纵观目前的品牌账户，还是多以自我宣传为主，很少从真正意义上与消费者互动。固然，企业社群担负着企业营销的任务，但是怎样巧妙糅合两者是企业社群在经营上首先需要思考的议题。毕竟，群建好、群员组织来只是社群营销的第一步。内容和互动才是接下来的关键。

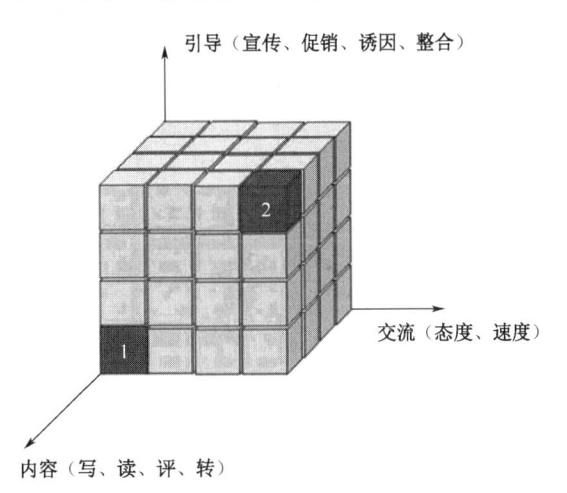

图 9-11 社群营销的三维空间图

在 i 博导策划的"第一届 i 博导客服技能大赛"活动中，内容是最花心力的部分。从活动的成形和方向、不同活动区块之间的组成与顺序，到各个细节的设计与原因等，都经历了反复讨论和斟酌。

二、交流

一旦有了品牌账户，企业就开启了一扇门，消费者随时有权利进来在这个平台上发表任何言论，这时候企业的回应方式极为重要。用具有诚意的态度交流，正面的言论能够得到正面的印证，负面的言论也有可能变成转机。此外，还需要让消费者看见改变，鼓励消费者勇于建言，并且针对消费者的建言做出改进。

整个大赛的战场定在 i 博导在线教育平台，经过近两个小时的比赛，各位参赛同学层层闯关，在以解决实战问题为契合点的指导思想下，每一位参赛者都受益匪浅。

在赛后的问题解析进行过程中，群内管理人员很好地维持了群内交流的秩序，并对群成员提出的疑问及时回应。图 9-12 是问题解析开始之前管理人员发布的群内秩序，活泼俏皮的语句在表明秩序的同时也不失亲和力，达到了与群成员友好交流沟通的目的。

三、引导

消费者很少会特意经常上网搜索和询问一个企业的品牌专页或者官方微博是否上线。他们需要企业自己来告诉他们企业有了这样一个平台，甚至告诉他们为什么要上这个平台。适度的引导非常必要，尤其是需要在短期内看到效果的时候。不只是互联网，其他一切可以运用的媒体都需要引导这一步。好的产品需要做广告，好的平台亦然。

没有人会拒绝一个经常发红包的社群，随机红包，金额不一定很多，却能起到很好调动气氛的作用。除去随机红包，如果某位群员为某件事做出了贡献，也可以私下发一个红包感谢一下，钱不在多，重在暖人心，增长群的活跃度。如图9-13所示，在本次客服技能大赛中，i博导就用了博导金币和神秘大礼的方式来吸引新成员的参与。

三、比赛奖励

晋级复赛：奖励100能量！刷榜必备，成为学霸，拿到奖学金指日可待~

客服之星：所有获奖者平分50000i博导金币

三套客服套题中，每一套第一个达到100分的同学，奖励i博导199神秘大礼包一份！

荣誉教师奖：所带学生获奖，即可获得1000金币及电子版荣誉证书

图9-13　比赛奖励

在社群营销中，有一个很关键的位置常常被忽略，那就是QQ空间，在社群营销的过程中，i博导君通过在QQ空间中发表说说（见图9-14），将每一次活动以实施转播的方式，引导QQ好友及时围观，为i博导平台及i博导学生群做了很有力的推广与宣传。

在结束之后i博导君对本次活动做了总结回顾，并在i博导平台论坛发布，让没有及时参与的学生也可以了解到本次活动的大体内容，进一步引导i博导平台用户加入到i博导学生群中，增进平台与用户的进一步沟通与交流。

三维定位只是检验社群营销的一个标准。要在每一个维度做出表现，必须让整个工作团队不断地思考"用户体验"这个极为重要的命题。当能够真正在用户体验上用心并且实践，

图9-14　QQ空间的说说

户体验"这个极为重要的命题。当能够真正在用户体验上用心并且实践，思考如何将品牌精神传递给消费者，而非单纯地、重复地传递自己的广告信息的时候，消费者也一定会用相应的热情来回馈，这才是社群营销真正的意义所在。

模块二 相关知识

一、管理群的群工具

几乎每一个互联网门户都提供了管理群的工具，最早是新浪、网易这些门户网站推出的红极一时的聊天室，腾讯基于通信交流平台 QQ 推出群组功能后，因为其软件的超高普及率和功能体验上的易用性，成为国内垄断的群组管理软件，直到近年微信群的火爆才打破了这一局面。

（一）QQ 群与微信群

在中国最早普及的在线群是 QQ 群，现在最火的是微信群，回顾 QQ 群和微信群的功能发展变化，分析其中的产品设计逻辑，对于理解如何管理群会非常有帮助。

实际上，很多人对群的管理困惑就源自没有从根本上理解 QQ 群和微信群在产品设计逻辑上的区别。QQ 群与微信群的对比如表 9-2 所示。

表 9-2 QQ 群与微信群的对比

对比项	QQ 群	微信群
群规模	购买超级会员后可以建 4 个超级群，每个群 2000 人。500 人群随意建，1000 人群 8 个	早期一个微信用户只能创建 40 人群，群的数量没有特别限制，现在普通用户可以建立 500 人群
群数量	低于 500 人群可以建多个，只要不超过 QQ 好友剩余上限即可	随时可以建，可以认为没有限制
群结构	每个群必须有一个群主，群主可以设置管理员帮助管理群，只有管理员权限才能允许别人入群	每个群有一个创建者，每个群之间的关系是平等的，大家可以同时面对面建群，每个人都可以拉自己的好友入群，对应 QQ 的讨论组
群权限	群的管理员拥有比普通群员更大的权限，如批准新成员加入、淘汰老成员、群发群邮件、群发群文件、修改群信息等	群员之间的权限更平等，但群的创建者可以踢人，其他群员不能踢人。 不支持群发邮件或文件
群玩法	群有很多让群有趣味的玩法，如匿名、群等级、改名、群发消息、全体禁言、个别禁言等玩法。 QQ 群也支持红包，单个金额最高为 5000 元，最多为 200 人	微信群目前最有趣的玩法是打赏红包。 微信群红包单个金额上限刚刚调整为 5000 元，最多为 100 人
群共享	有群论坛，在群里发任何网站的链接都可以	微信群屏蔽了某些网站的跳转链接，如淘宝网

在 QQ 里面提供了一个讨论组功能，讨论组表面上看基本功能和 QQ 群接近，但是它更接近微信群组的逻辑，如果什么事情需要临时碰撞一下，建一个长期维护的群并没有必要，那么就建一个讨论组，大家都可以邀请需要的人进来，话题聊完，讨论组就可以退出关闭。当然实际操作过程中大部分人并没有意识到讨论组和 QQ 群有什么不同。

如果是为了社群运营，QQ 群比微信群目前更适合社群运营，主要理由有以下 7 个。

（1）QQ 群的覆盖面更大，不管是哪个年龄段的人，都有 QQ 号。

（2）QQ 群的容量可以超过 500 人，一直到 2000 人，规模优势明显。

（3）QQ 群有更灵活的管理手段，如改群名片、禁言、群发消息等。

（4）QQ 群的桌面交互功能更强，支持多群同时互动，而微信群是不支持多群多窗口同时进行互动的。

（5）QQ 群基本对链接没有设置屏蔽，对网络跳转的兼容性比微信更好。

（6）QQ 群对文字分享和交互参与的支持更好，进行群分享的内容可以很快汇总打包变成对外传播的文字分享版。

（7）QQ 群群管拥有管理群员的权力，对大社群的运营，如果群管没有足够权力管理群也是很麻烦的。

（二）其他群产品

1．微博群

微博早期建立了一个微群，虽然也有群主和群员，但是它本质是一个论坛，不是真正意义上的聊天群。现在微博也允许会员开设聊天群，但在没有真正社交关系的人群中，在微博私信流中开设一个聊天群的场景并不好实现，它既没有更好的体验替代 QQ 和微信，也没有找到 QQ 和微信不能满足的交流产品。

羊年微博群借发红包迅速火了一阵，但是没有真实应用场景支持的微博群无法长久生存，除非微博定位这个群是粉丝群，专心服务明星和粉丝的互动。

2．YY

YY 语音分享是当下比较常用的群组学习工具，也是目前唯一支持万人加群的平台。

YY 有两种模式，一种是游戏工会，支持群内再分组，是典型的金字塔式管理架构。另一种是在线学习群，这种群组的成立往往主题非常单一，教师做在线分享，群员在线学习和交流，互动多存在于教师和学生之间的交互，群员之间的互动非常少，就如同教师在上面讲课学生在下面开小课的场景，很不合适。

如果群员之间建立了认同，变成好友，他们会选择互相加 QQ 或者微信群。YY 无法摆脱一直以来的工具定位，不能附加最有价值的社交关系。

3．阿里旺旺

淘宝聊天工具阿里旺旺也有群功能，可以针对有兴趣的游客买家或老用户进行促销和维护，快速导流到店铺中，快速群发优惠信息，跟大多群的性质一样，针对淘宝商户推出一些相关的功能。这种比较适合重复购买商品的忠实粉丝。

二、社群的组织模型

只要是能长期生存一段时间的社群，都有其内在的生态模式。重点分析基于兴趣或者学习成立的群组，在这样的群组里都存在如表 9-3 所示的几种角色，这几种角色的不同组合，就构成了不同的群生态模式。

表 9-3　群角色及其说明

群角色	说　　明
组织者	负责群的日常管理和维护，也是群的活跃分子

续表

群角色	说　　明
思考者	群的灵魂人物，在圈子里拥有威信或影响力的人
清谈者	能够轻松自如接受大家的调戏，让群变得活跃和有气氛的人
求教者	在群里提出自己的各种困惑希望得到帮助的人
围观者	习惯潜水，偶尔插一句话，很快又消失了的人
挑战者	加入一个群组后往往对群的管理方式或者交流内容公开提出不满的人

围绕这些群角色，基本上只有两种管理模式，一种是基于社交群的环形结构，一种是基于学习群的金字塔结构，如图9-15所示。

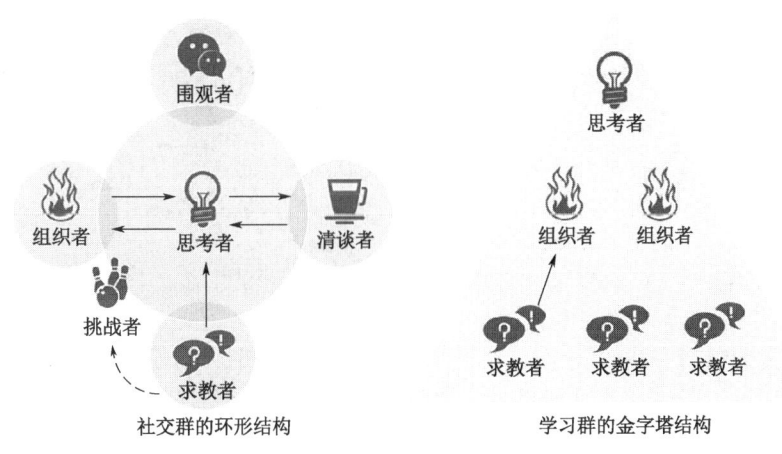

图9-15　群结构

在环形结构中，每一次群交流中，每个人的身份都可以互相变化和影响，但是一个群里面必须存在至少一个活跃的灵魂人物，他可能身兼思考者、组织者多个身份，如果一个群拥有两三个活跃的思考者，那么这个群不但生命力很强，而且会碰撞出很多火花。也正因为环形结构可以身份互换，群规的设置往往很难严格，留下很多弹性空间。

在金字塔结构中，一定有一个高影响力的人物，然后发展一些组织者帮助管理群员。在此结构中，基本上都是追随影响力人物进行学习的，所以在群里必须设计严格的群规，否则如果每个学员都直接和影响力人物沟通，影响力人物就无法进行任何有效的通信，所以在这种学员都想直接和影响力人物沟通的情况下，最可能的模式是影响力人物在群里进行定期分享，由组织者进行日常的群管理。

三、活跃度较高的群

在以下几种群里，即使群主很少出现、很少投入，群里的用户也能非常活跃。

（1）群里有>=1个灵魂人物或者明星用户的群。例如，明星的粉丝群。

（2）从某些用户组织或者用户型产品衍生出来的社群。例如，版主团队、游戏上的工会、一些群组类的产品，大家觉得在那里不能聊或者聊得不够深入时，就在QQ或者微信上建一些群。

（3）从大的社群里把一些非常核心的用户拉出来再建的辅助管理群。从某种程度上讲，这等于完善了大群的用户金字塔。所以企业管理用户组织的时候，往往有很多群，绝对不可能只有一个群。

（4）因为某些特殊的爱好而产生的社群。例如，大家喜欢足球，每逢比赛时，群内一定会有很激烈的讨论。

基本上除以上情况外，群主或者群管就得花更多精力来维护这些群。

同步训练

一、实训概述

本实训项目要求学生以企业社群管理员的身份策划一次社群活动。通过策划群内活动方案，设计制作社群营销的内容等。目的在于让学生通过实训掌握社群营销的相关方法和技巧。

二、实训素材

相关实训软件、智能手机实训设备。

三、实训内容

任务一　策划背景分析

教师布置任务，学生在教师所提供的案例背景下对案例背景进行分析，并完成下表。

营销主题	营销的品牌或核心要素
确定社群营销的原因	确定社群营销的实施原因
营销的主要目标	提升品牌知名度、提高站点访问量等
创意及相关	相关资源来路等

任务二　社群构建

学生分析不同群工具的优缺点，选择合适的建群工具建群，并完成下表。

群工具	选择的原因
QQ	
微信	
……	

学生在选择好的群工具上组建两个以上的群，加小组成员入群，并完成下表。

群名	群设置截图

任务三　社群营销

1. 群内活动策划

按照要求，策划一次群内营销活动，详细说明活动前的准备工作、活动中的注意事项及活动后的总结，制作一份活动策划书，并完成下表。

活动准备	准备事项
活动进行中	活动中的暖场、互动、控场的相关操作过程
活动结束	活动的收尾工作及活动经验总结

2. 营销活动分析

学生对营销活动中在 3 个维度的具体表现进行总结，并完成下表。

内容	
交流	
引导	

项目十

移动广告

现今移动互联网迅猛发展，随之而来的则是广告投放的转变，越来越多的广告主开始从传统的渠道转向在移动端投放广告。

众多商家深知移动端屏幕战场的重要性，不惜用重金来获得更多的客户关注度，提升客户忠诚度。为了更好地达到营销目的，商家普遍选择多种移动广告的形式全面展开，打的是移动广告组合拳。

学习目标

知识目标

1. 了解移动广告的定义。
2. 熟悉移动广告的主要类型。
3. 熟知移动广告的展现形式。
4. 掌握移动广告的投放技巧。

能力目标

1. 具备移动广告方案的策划能力。
2. 能够有效选择移动广告的投放方式。

项目情景

携程旅行网（以下简称携程，其 LOGO 如图 10-1 所示）是中国领先的电子旅游商务网站，随着移动互联网风潮渐起，移动互联网技术与旅游业动态化、碎片化趋势相呼应，改变了旅行预订模式、营销方式和场景体验。在传统利润趋薄、竞争对手林立的大背景下，携程的移动战略以及旅行行业在移动互联网下发展趋势的判断与分析就势在必行。

图 10-1 携程旅行网的 LOGO

模块一 任务分解

☑ 任务一 认识移动广告

移动广告是通过移动终端设备（手机、平板电脑等）访问移动应用或移动网页时所显示的广告，广告形式包括图片、文字、插播广告、H5、链接、视频、重力感应广告等。移动广告大多通过移动广告平台进行投放，和互联网的广告联盟相似，移动广告平台属于一个中介平台，连接着应用开发者和广告主。移动广告平台的模式如图 10-2 所示，在这个平台上，开发者提供应用，广告主提供广告，而移动广告平台就会提供相应手机系统的 SDK（软件开发工具包）。

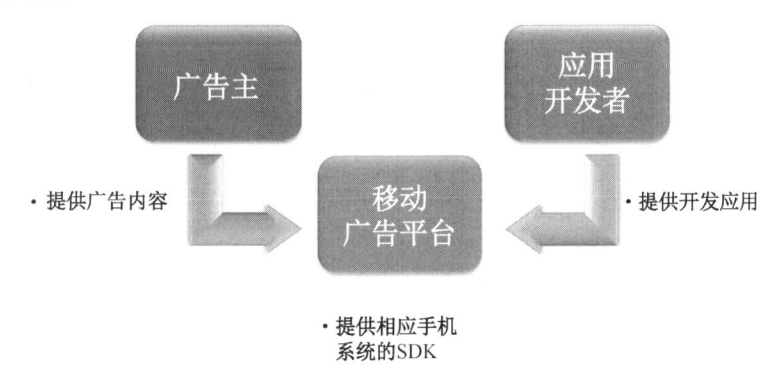

图 10-2 移动广告平台的模式

一、移动广告的应用

近年，全球移动广告市场风起云涌，移动互联网迎来新的发展机遇，移动广告平台作为移动营销产业链的重要一环，已经凸显出独特的魅力和商业价值。移动广告平台主要依托于 App 及手机 Web 端导流量，在产品平台型入口诞生的时候（如苹果 App Store、豌豆荚、91 助手等），移动互联网平台之上运行的更多是产品，一些满足各方面需求的 App 产品成为传播的主体，并且迅速满足了用户的基本需求。而随着业务平台型入口，（如淘宝、天猫、京东、微博、微信、支付宝、新闻客户端产品等）的诞生和成熟，移动互联网平台之上运行的更多是业务和服务而非产品，一些满足用户需求的业务和服务成为传播的主体，并且呈现集中化趋势。各式各样的手机 App 为人们的生活提供了很大的便利，用户所有的需求都被细化成每一个客户端，用户消费入口更加多元化。当下用户的目光、时间、消费都已经转移到了移动端，丰富的手机 App 吸引了用户的注意力，广告商们深知用户的注意力在哪里商机就在哪里的道理，所以在人们使用手机刷微博、看新闻、玩手游的时候，在不知不觉中就被移动广告包围，毫不夸张地说，移动广告已经无处不在，并融入到日常使用的各种应用当中。

二、移动广告的特点

1．精准性

相对于传统广告媒体，移动广告在精确性方面有着先天的优势。它突破了传统报纸广告、电视广告、网络广告等单纯依靠庞大的覆盖范围来到达营销效果的局限性，而且在受众人数上有了很大超越，传播更广。移动广告可以根据用户的实际情况和实时情景，将广告直接送到用户的移动终端上，真正实现"精致传播"。

2．即时性

移动广告的即时性来自于移动终端的可携带和可移动性。以手机为例，手机属于个人随身物品，绝大多数用户会把手机带在身边，甚至24小时不关机，所以手机媒介对用户的影响力是全天候的，广告信息到达也是最及时、最有效的。

3．互动性

移动广告的互动性为广告商与消费者之间搭建了一个互动交流平台，让广告主能更及时地了解客户需求，使消费者的主动性增强，提高了自主地位。

4．扩散性

移动广告的扩散性，即可再传播性，指用户可以将自认为有用的广告转给亲朋好友，向身边的人扩散信息或传播广告。

5．整合性

移动广告的整合性优势得益于3G技术的发展、无线技术的普及和移动终端设备功能的多元化。移动广告可以通过文字、声音、图像、动画等不同的形式展现出来，如手机不仅仅是一个实时语音或者文本通信设备，也是一款功能丰富的娱乐工具，它具有影音功能、游戏终端、移动电视等功能，还是一种及时的金融端——手机电子钱包、证券接收工具等。

6．可测性

对于广告业主来讲，移动广告相对于其他媒体广告的突出特点还在于它的可测性（或可追踪性），使受众数量可准确统计。

☑ 任务二 移动广告的展现形式

在日常使用手机App过程中遇到的移动广告形式可以说是多种多样的、如在应用开启时出现的3～5秒的全屏展示开屏广告，在手机屏幕的顶部或底部出现的Banner广告，应用开启、暂停、退出时以半屏或全屏的形式弹出的插屏广告，在微博、微信好友动态中的信息流广告，玩游戏过程中获取积分的积分墙广告等。

一、开屏广告

开屏广告是在应用开启时加载，一般会全屏展现3～5秒，广告内容无法跳转，展示完毕后自动关闭并进入应用主页面的一种广告形式，如图10-3所示。

开屏广告对于广告主来说是一种广告效果最大化的广告形式，在广告发布页面里，它基本上可以达到独占。因此，在广告进行收缩的这段过程里，基本上对用户浏览广告没有任何干扰。开屏广告的表现是根据广告创意的要求，充分利用整个页面的最大空间而形成广告信息的传递，通过特定技术手段把广告锁定在最大空间。开屏广告对用户的视觉冲击力强烈，能够表达一个整体的宣传概念，可以达到很好吸引客户的目的，使客户的广告点击率非常高。

图 10-3　开屏广告

二、Banner 广告

移动端的 Banner 广告是对 Web Banner 广告的直接复制，直接嵌入在屏幕的顶部或底部，如图 10-4 所示。

Banner 广告可以看作简单地将传统 PC 互联网桌面广告缩小尺寸进行移植，并没有真正利用手机的特性进行创新的广告营销。不过 Banner 广告的展示量大，对于提高品牌的曝光率有很好的效果，但是 Banner 广告的展示面积较小，很难承载丰富的信息。Banner 广告更多的是起到了配合推广的作用，在移动端的效果没有那么大，但绝对是不可或缺的。

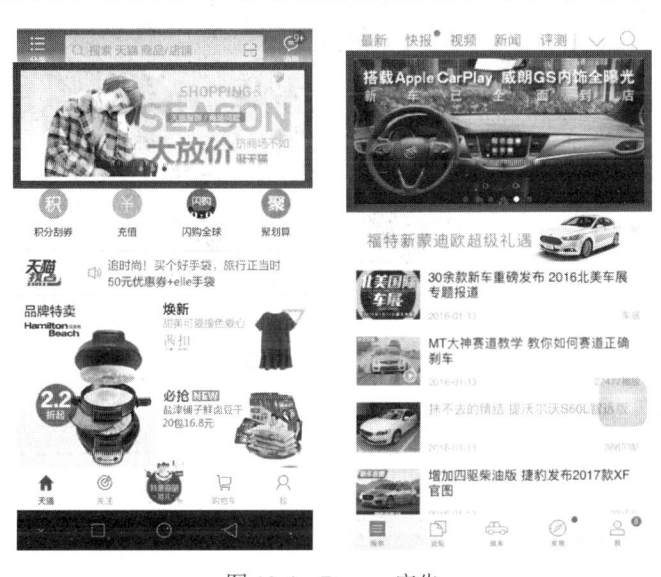

图 10-4　Banner 广告

三、插屏广告

插屏广告一般在应用开启、暂停、退出时以半屏或全屏的形式弹出,展示时机巧妙地避开了用户对应用的正常体验,如图 10-5、图 10-6 所示。

插屏广告最大的特点就是用户的点击率高,转化效果明显,广告图片丰富绚丽,并能够大尺寸展现应用特点,现在已经成为广告主喜爱的投放方式之一。在尺寸方面,插屏广告拥有占据手机屏幕超过一半的大尺寸,可以更好地展示品牌广告主的创意,点击率和广告效果也比 Banner 广告更为明显。在用户体验方面,插屏广告一般不固定占用应用界面,而是以事件触发式的方式弹出,不会影响用户的正常体验。在用户质量方面,插屏广告的用户高于其他广告形式,也是效果类广告主的首选。

图 10-5 视频中的插屏广告

图 10-6 游戏中的插屏广告

四、信息流广告

信息流广告就是夹杂在用户想要阅读内容中的广告,如图 10-7 所示。因为内容的原生加工,它让用户容易忽略其广告属性,在第一道心理防线上放下警惕,能够有效吸引用户的注意力。

信息流广告最早于 2006 年出现在社交巨头 Facebook 上，现在国内的 QQ 空间、微博等社交媒体也相继推出信息流广告。信息流广告之所以成为一种趋势，不仅是因为整个互联网环境催生的社交信息爆炸，更是因为它在实际的运作模式中，能完全融入每个用户的社交生活中。

图 10-7　信息流广告

以国内最早涉足信息流广告的微博为例，2013 年第一季度，微博推出粉丝通，这算是国内最早正式推出的信息流广告。粉丝通推出后两年内，已有超过 4 万家客户投放了微博信息流广告，重复投放比高达 50%，而在后期口碑中可以看到，无论是品牌客户还是中小企业都取得了不错的效果。

以一个典型案例来看微博是如何解决精准传播这件事的。2014 年，《继承者们》带着《来自星星的你》横扫中国，肯德基顺势邀请金宇彬、全智贤担任新一季代言人，在传播媒体广告轰炸的同时，使用微博对"韩剧迷"人群进行精准投放，其转发、评论、点赞互动率达到 4%，比行业平均值高出 5 倍。

而微信朋友圈广告所处的环境相较微博更加私密，在后期投放中还存在诸多用户体验的问题。目前大多品牌还是以微博的粉丝头条、微博精选、品牌速递等信息流广告产品为主，去满足品牌在博文、应用、账号到商品、活动、视频等不同场景的投放需求。而原生互动的广告机制使品牌信息达到口碑式裂变传播，能保证用户体验及广告投放效果。信息流广告的特殊机制应时应景，存在着诸多大机遇，是值得品牌尝试的一种移动广告推广方式。

五、积分墙广告

积分墙是指在一些应用中嵌入软件包，这个软件包里会嵌入一个类似于墙的屏幕，这个屏幕上会展示各个广告主的应用，用户下载这些应用就会获得一定的积分或虚拟货币（见图 10-8），当积分或虚拟货币累积到一定量时，就可以用来购买应用中的道具，继续应用，该应用的开发者就能得到相应的收入。目前积分墙主要支持安卓和 iOS 平台。

图 10-8　积分墙广告

积分墙广告属于激励型广告，通过激励的形式吸引用户的参与，并尽量延长用户在应用的停留时间。积分墙广告因有用户的互动从而使用户下载应用转换率较高，受到对广告效果日益严苛的广告主的青睐。

积分墙的本质是交叉广告，而因为激励的存在，导致用户更多是为了获取道具而去下载，广告的效果更为利己而非利人。对于一些游戏开发商来说，在产品早期，可以通过积分墙广告提高低价值的非付费用户的留存率，同时换取一定的广告收入。而在产品的发展期，积分墙广告又可以用来提高排名。在产品的成熟期，积分墙广告还可以用来增加用户。

（一）积分墙广告的特点

第一，操作简单，不管是用户还是开发者，在操作上都很容易实现，无须烦琐的过程和步骤。

第二，丰富多样，积分墙内的应用非常丰富多样，可以说只要愿意基本都可以在积分墙上体现，当然那些劣质的应用除外。

第三，智能可靠，现在的积分墙基本能实现实时表现数据，能够有效地避免数据延误，同时拥有多重安全机制，可以最大限度地保护积分墙聚合服务不间断。

现在比较主流的积分墙广告形式有 App 内积分墙、聚合积分墙、微信积分墙，3 种积分墙形式也是各有特点。

1. App 内积分墙的特点

（1）通过多重激励的形式吸引用户的参与，提高了用户对下载应用的留存率。

（2）根据广告主产品主要受众群体有针对性地进行精准营销，使营销效果显著。

（3）利用积分墙平台自身巨大的广告网络使积分墙拥有了更多可嵌入优质应用的合作，在合作应用中内会展示各种与广告相关的任务，而用户通过在应用内完成任务来获得虚拟货币奖励。

（4）积分墙将广告与应用融为一体，避免生硬的广告推送，对用户体验的影响最小。

（5）积分墙对媒体采取严格的准入制度，只有优质应用才能接入积分墙广告。高质量的媒体保证了广告的真实有效性，避免开发者的弄虚作假；同时为广告主带来有效的活跃用户，提升用户质量。

（6）高效的互动广告形式最大程度地提升了广告主投放的 ROI（投资回报率），显著提升了应用在 App Store 的排名。

2．聚合积分墙的特点

（1）集合多家积分墙的所有应用，为用户提供更多选择。

（2）过滤掉用户已安装或曾经安装过的应用，大幅提升激活确认率。

（3）根据每个用户的行为数据优先推荐其感兴趣的 App。

（4）架构稳定：多重安全机制，最大限度地保护积分墙聚合服务不间断。

3．微信积分墙的几个特点

（1）微信平台拥有庞大的潜在用户群，开发者要更多地考虑如何增加微信公众号的粉丝数量。

（2）在"人手一机，手机必微"的时代，用户只需关注公众号即可使用积分墙免费获取奖励。

（3）通过微信公众号与用户增强互动，能够极大地提升用户在积分墙的黏稠度。

（4）微信积分墙可以直接获得现金奖励，通过微信的支付通道，用户可以轻松地提取现金。轻松的变现方式能够更大地刺激用户的活跃度。

（二）积分墙的运作原理

常见的积分墙运作如下：广告商将自家 App 按照一定的单价（随时可变）投放到积分墙的 SDK 接入到自己的 App 中，用户便能在积分墙上看到广告商的 App，下载后获取若干虚拟奖励，而广告商支付的推广费用由积分墙和开发者共同分成，所以这是一个多方共赢的局面，除了付不起钱买积分墙的开发者。运作原理如图 10-9 所示。

图 10-9　积分墙的运作原理

（三）展现模式

有积分的模式内含有"虚拟积分"的功能，开发者可以在自己的应用中设定消耗积分的地方，如购买道具，以刺激用户在应用中安装积分墙的产品，获得积分进行消耗。

无积分的模式分为列表和单个应用两种展示模式。通常以推荐"热门应用""精品推荐"等为推荐墙入口，用户单击进入，便可看到推荐的优质产品。

（四）积分墙的计费方式

积分墙按照CPA（Cost Per Action，每行动成本）计费，只要用户完成积分墙任务（下载安装推荐的优质应用、注册、填表等），开发者就能得到分成收益。CPA单价根据广告价格而定，广告价格高，单价也会越高。

六、移动SEM广告

移动SEM（搜索引擎营销）广告是根据用户搜索意图来进行广告软投放，它能够精准地锁定目标用户群，来获得高质量用户，如图10-10所示。

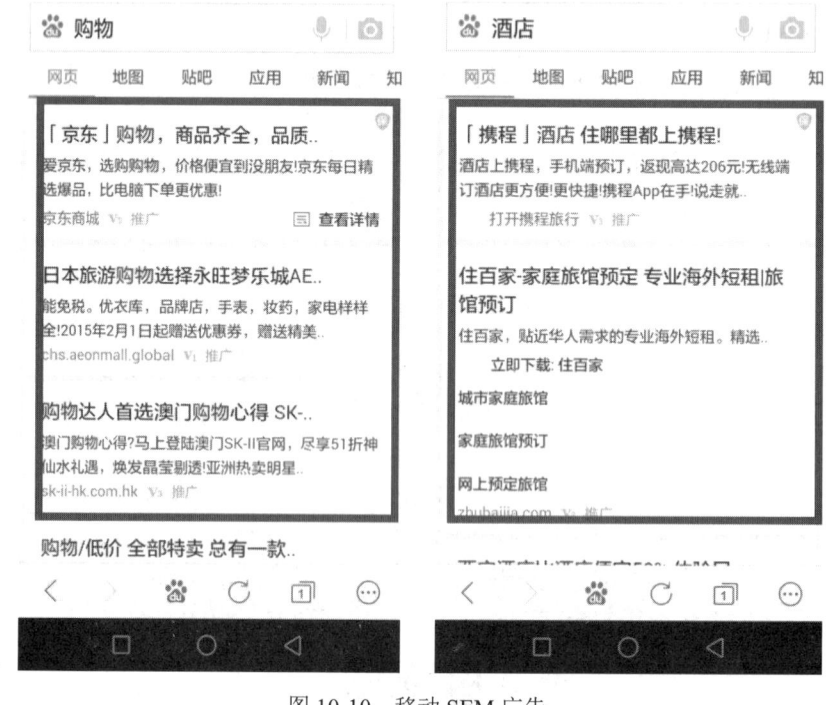

图10-10 移动SEM广告

现在的移动SEM广告多是比较大的平台，推广效果真实可控。推广的关键字按点击量计费，并不是按账户里有多少个关键字来收费的，展现也是完全免费的。假定账户里有10万个关键字，每天有20万次展现，但带来的点击量是0个，则是不会产生任何费用的。最重要的一点是，移动SEM广告是一个非常有效的收口渠道，与其他的渠道一起配合投放，效果极佳。

现在移动广告已经走向了深耕细作的推广模式。除了Banner、插屏、积分墙等广告形式外，更加多样化的广告形式也陆续面世，包括开屏、移动视频及原生广告等。目前，市场仍以效果取胜的积分墙广告、开屏、插屏和Banner广告为主，整体占比达到85%，而视频富媒体类广告也快速上涨。此外，现有技术还被广泛应用到移动应用广告上，包括LBS定位、二维码、图像识别等，使得移动端的互动广告形式提速迅猛，未来互动及原生类广告会逐渐增多，更多适合移动端的独特广告模式将陆续出现。

任务三　移动广告的投放

一个品牌在媒体众多、消费者被高度分散的时代，应该如何做，才能让消费者对你印象深刻，并且不断累积品牌资产？如何通过广告和营销引发消费行动？在扑面而来的移动互联网时代，品牌的传播模式正在遭受一场前所未有的革命。

现在的移动端屏幕空间可以称得上寸土寸金，争夺十分激烈，众多的企业也在移动广告方面不惜投入重金，以此来获得更多客户的关注。下面以携程为例来讲解移动广告投放的整个过程。

一、移动网络广告策划

（一）策划背景分析

携程以网络营销为手段，通过对市场的循环营销传播达到满足消费者需求和商家需要的目的，携程成功整合了高科技产业与传统旅游业，向其会员提供包括酒店预订、机票预订、度假预订、商旅管理、特约商户及旅游资讯在内的全方位旅行服务，被誉为互联网和传统旅游无缝结合的典范。随着移动互联经济的极速发展，携程在移动端的推广也是全面发力，加大了对移动网络广告的投入，来获得更多的关注，增加客户黏度。

（二）确定策划目的

携程希望通过移动端广告的铺开可以在未来获得客户长期、广泛的认可，获得更多稳定的客户群体，并且给到移动端使用用户更多优惠，让客户体验通过移动端操作会比携程的网站和呼叫中心更快捷地预订机票、酒店等各种旅行产品的服务。移动端的这些布局将会成为携程未来成长的动力引擎。移动广告的全面投放就是为了提升携程的品牌影响力，获取更多 App（见图 10-11）新用户和维护 App 老客户的留存，这也是携程移动端广告投放的最终目标。具体目标如下。

（1）增强携程品牌与受众的黏性，使消费者对携程品牌产生信赖和感情。

（2）提高目标人群对携程品牌的忠诚度。

（3）推广其最新服务方案，提升携程品牌的关注度。

（4）巩固意向客户，通过活动刺激客户的购买欲。

（三）定位目标客户

发掘运动健身类广告等与携程有交叉目标受众的人群，吸引经常浏览旅游文章、出行攻略的目标受众的人群。

图 10-11　携程 App 的首页界面

性别分布：整体以男性居多，细分旅游预订用户性别比例存在差异，而女性用户预订度假产品更多，出现这种情况的主要原因有两点：一是男性网民本身较女性网民多；二是男性网民商旅出行的需求量更大。

年龄分布：以 19~35 岁的用户居多，占比接近七成，主要原因有两个：一个是 19~24 岁的用户以学生为代表，对于车票的需求较高，关注度会高；另一个是 26~35 岁这个年龄段的年轻用户有更好的体力和良好的经济实力出行，当中的商务出行占比较大。

受教育程度：教育程度较高，以大学本科学历者居多，会有如此好的受众主要也有两点原因：一是教育程度较高的网民能够较快接受新鲜事物，是在线旅游发展的主要推动力量；二是大学生群体在线旅游的市场大，带动旅游人群整体教育程度偏高。

（四）移动广告推广渠道选择

在营销节奏发生变化的时代，携程也需要做出改变，在移动互联网的各个场景方面部署不同的应用，最终通过一些不同场景的碎片化的触点去接触用户，发掘客户的需求。截至 2015 年 10 月，人们使用移动终端时，有 80%的时间是在使用各类应用程序（App），因此可以对移动终端应用程序进行定制，从而以更流畅的无缝形式将更丰富的营销信息内容与消费者需求、体验结合。

人们最常使用的移动设备其实大多是 5.7 寸屏幕的手机。这么小的页面里，不可能像以前的 PC 一样，一个页面上有多条广告互不干扰。怎么在这么小的屏幕上面更好地完成品牌展现和用户互动，成为移动营销领域人士最先思考和解决的问题。同时，消费者的体验被前所未有地提到了最优先的考虑因素中。究竟广告放在哪里才会被用户看到呢？现在国内的移动广告平台众多，但能够进行广告投放的渠道比较集中，主要还是以一些热门的手机 App 为主要的投放展示终端。

根据对携程的产品特性及目标受众属性的分析，生活服务、地图导航、运动健身、娱乐、游戏、金融、新闻资讯类的 App 是需要重点进行投放的。

如图 10-12 所示，排行榜中的手机百度、腾讯新闻、微信、微博、支付宝等都是手机中常见的热点应用，用户的目光在哪机会也就在哪，排名靠前的热点 App 其实就是移动广告要进行投放的重点广告终端。如果只在单一 App 投放，效果会比较单一，所以综合性的移动广告平台应运而生。移动广告平台就是对移动互联网资源进行全面整合，为广告主提供移动广告的定向投放的服务，以达到移动广告有的放矢地投放，提升移动广告的投放效果。目前国内比较知名的移动互联网广告平台有点入、酷果、有米、百度、多盟、点金、91 斗金、腾讯聚赢、艾德思奇、机锋、畅思、易传媒、广点通、豌豆荚、易积分等。

携程本次的移动广告投放选择了拥有庞大受众的微博、百度搜索和各种热门应用来作为自己广告投放的终端。而点入广告有着丰富的合作渠道，如图 10-13 所示。点入广告是百度的一级代理商，这种强大的整合资源使携程的推广效果更加显著。

点入是一家专注于移动互联网平台开发及网络技术服务的公司，有非常丰富的移动广告开发经验和网络策划经验，专注于智能手机及平板 PC 移动领域的研究与发展。采用手机应用软件植入广告的服务模式，为广告主提供移动精准效果营销服务，为手机程序开发者提供赢利解决方案，广告主、开发者通过广告平台直接查看营销业绩及效果营销服务模式。

图 10-12　2015 年 App 各类型排行榜

图 10-13　点入广告的合作渠道

（五）移动广告形式的选择

目前移动广告主流的推广形式有 SEM 广告、横幅广告、插屏广告、视频广告、Push 广告、积分墙广告等。携程深知移动端屏幕战场的重要性，不惜用重金来获得更多的客户关注度，提升客户忠诚度。为了更好地达到营销目的，携程选择多种移动广告的形式全面展开，打的是移动广告组合拳。

（六）移动广告的投放时间和地域

广告主的投放时间一定是根据受众的使用习惯进行专业时间设定的，通过深度挖掘用户数据信息，汇总整理后会发现，用户在上下班途中、午间休息以及睡前是智能终端设备的使用高峰期。截至 2014 年，大部分移动广告平台的业务区域主要集中在一、二线城市。根据智能终端设备的保有量以及地域受众的使用习惯，广告投放主要集中在六大经济区，包含以北京、天津为首的华北，以上海、杭州、南京为首的华东，以沈阳、长春、哈尔滨为首的东北，以武汉、长沙为首的华中，以广州、深圳、福州、厦门、三亚为首的华南以及以成都、重庆、西安为首的西南。

（七）推广方案制作

作为传统旅游行业类广告主，携程在移动端的推广仍处于发力阶段。投放初期，对目标受众的精准营销至关重要，吸纳更多的固定用户是主要目的。通过对携程目标客户的分析、移动广告的投放要点的了解、投放渠道的选择、移动广告投放形式的确定、投放时间和地域的掌握，最终携程完成了移动广告的整体策划方案。携程选择了与国内知名的点入广告合作，点入广告深入分析了携程的产品特性及目标受众属性，制作专属的投放方案，投放采取了主流的推广效果最好的积分墙广告，图片效果类的开屏、插屏和 Banner 广告，当然传统的移动 SEM 广告的关键词投放也同时进行，还有就是在各种主流的社交媒体上进行信息流广告的软文投放，以取得更多的口碑传播效果。携程移动端是以多管齐下的方式来进行客户吸纳的。

二、移动网络广告实施

根据携程移动广告的策划方案的渠道选择和广告形式，广告实施人员只有抓住公众的兴趣点，充分展示客户所想和所能得到的利益和价值，才能引发关注，进而才有可能产生广告效果。携程移动广告利用微博、微信等即时通信工具，在客户可能接触到的各个层面上影响他们，从而充分展示品牌理念，影响客户的消费行为。

（一）开屏广告的实施

开屏广告仅在应用启动时展现，一般情况同一用户不会频繁启动单一应用，因此与其他广告形式相比，同样数量的广告展示下，开屏广告能覆盖更多的独立用户。开屏广告可以使用静态的页面，也可以使用动态的 Flash 效果。开屏广告的特点就是简单快速地让客户看到广告内容，有的是静态图片，是无法链接的，对广告内容感兴趣的客户可以自己主动搜索与广告活动相关的内容，这样可以有效吸引乐于参加活动的客户群体。

如图 10-14 所示，携程开屏广告中的广告语简单清晰、优惠信息直接，让客户在 3～5 秒的时间里就可以记住优惠的内容，而特别值得注意的是广告语中强调的手机订机票送 20 元，会让想要订机票但还没有携程 App 的客户主动下载携程 App 来了解活动详情。

（二）Banner 广告（横幅广告）的实施

移动端的 Banner 广告内容主要是发布产品的优惠信息、节日活动的优惠、产品打折信息、新服务和新功能推荐，客户只需要单击广告条，就可以直达活动页面，让客户有良好的优惠服务体验。但 Banner 广告的客户体验还是有一定的局限性，由于图片尺寸所限，并不是特别吸睛，是比较容易被客户忽略的，所以 Banner 广告的广告词要有让人打开的冲动。Banner 广告一般使用 GIF 格式的图像文件，可以使用静态图形，也可用多帧图像拼接为动画图像，这种广告形式在 App 的底部或者顶部出现，尺寸较小，如图 10-15 所示。

图 10-14　携程投放的开屏广告 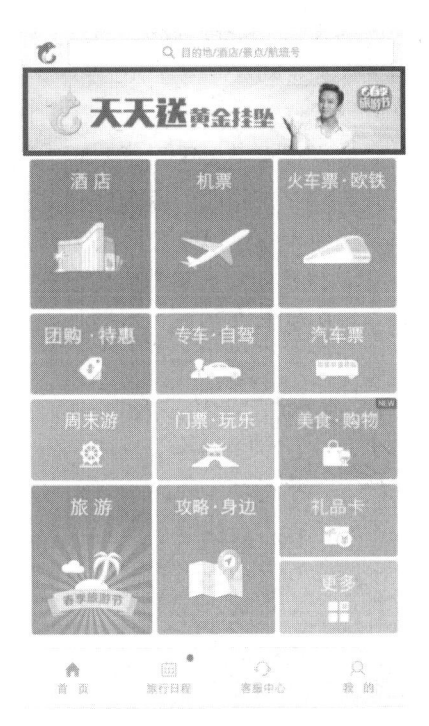　　　　图 10-15　携程的 Banner 广告

（三）插屏广告的实施

插屏广告的形式如图 10-16 所示，一般就是在应用开启、暂停、退出时以半屏或全屏的形式弹出，展示时机巧妙地避开用户对应用的正常体验。误点概率很大，比较影响用户体验。但插屏的广告形式更加大气美观，插屏广告主要采用了自动广告适配和缓存优化技术，可支持炫酷广告特效，视觉冲击力强，开发者可定义于"开屏广告""退屏广告"，与自身 App 完美结合，拥有更佳的用户体验和更好的广告效果。携程的插屏广告主要以携程移动客户端推广为主，不过现在携程在插屏广告的投放有所减少，原因就是插屏广告会影响客户的一些操作体验。

图 10-16　携程的插屏广告

开屏广告、Banner 广告、插屏广告都属于图片效果类的广告。图片效果类广告的制作要点如下。

（1）突出产品及其特征，采用有吸引力的宣传用语，适当弱化公司名称和标识。

（2）突出重点是关键，要用吸引眼球的图片，让人一眼就记住，最好具有爆点。

（3）合理安排画面内容，做到主次对比鲜明。

（4）颜色不宜过度夸张，努力营造愉悦、舒服的感观感受。

以上 4 点是图片效果类广告制作最基本的原则。移动端图片效果类广告的发展越发迅猛，但不管创意多有新意，在图片制作上也要注意原则的把握，只有这样才能做出好的移动端广告图片。

（四）信息流广告的实施

微博、QQ 空间上的信息流广告是比较典型的信息流广告投放平台。目前，像今日头条、网易等一些流量比较大的 App 也在做信息流广告了，它们和正常的消息一起发布，让用户在不知不觉中就阅读了广告内容。而随着微信朋友圈逐渐开放信息流广告，坐上头班车的几个媒体和应用都大受关注和讨论。携程当然不会错过这么好的推广方式，携程以驴友的文章或是旅游攻略作为信息流广告的内容，对携程的移动端进行软文广告的推广，并选择在微博、微信朋友圈等社交平台上进行推广，这种推广方式会让用户有一种身临其境的广告体验，用户的接受程度自然也会更高一些，所获得的客户质量很高，不易失去客户。

（五）积分墙广告的实施

携程客户端推广中最重要的推广形式就是积分墙广告，通过对比积分墙广告的几种形式，最终选定了推广最为稳定的 App 内积分墙这一形式（见图10-17），选择了国内知名的移动互联网广告商来做自己积分墙广告的推广。下面就来看点入公司是怎样为携程做积分墙广告推广的。

点入广告深入了解了携程的产品特性及目标受众属性。在每个季度的投放中，点入广告针对用户旅游需求的高低调整投放策略，在节假日、大型集会和活动期间，增加投放频次和定位媒体类别，在娱乐、游戏类基础上增加了生活服务、地图导航、运动健身、新闻资讯等，与此同时，根据旅游高峰制约因素的属性，及时、有效地优化与调整投放时段和投放人群，实现了精准投放。

1. 采用定向投放策略

场景定向：长线测试期根据目标受众上网的不同场所（公共场所、家庭、公司、学校等）进行区域定向，排除旅游高峰期，发现在公司场景中的点击量最高，家庭场景次之。

地域定向：北京、上海、广州、深圳等一、二线 200 多个城市。

媒体定向：生活服务、地图导航、运动健身、娱乐、游戏、金融、新闻资讯等。

2. 投放执行的确定

时段优化：测试阶段发现，排除旅游高峰期，在周一到周五的 10:00~14:00、20:00~22:00，互动量和点击量明显较其他时段高，在后续投放中，在这一时段进行集中投放。

曝光频次：分析发现，广告曝光 3~6 次对于促进产品认可度及后续的使用行为最为有效，优化期利用 Cookie 定向技术，确定合理曝光频次。

算法优化：利用点入广告特有的自动试探和自动出价功能进行优化，使携程在积分墙排行中占据有利排名。

图 10-17　广告效果展示

3．营销效果

由图 10-18 和表 10-1 可以看出，点入积分墙广告有效地增强了携程品牌与受众黏性，提高了目标人群对携程品牌的忠诚度，携程客户端的激活率上升幅度明显。

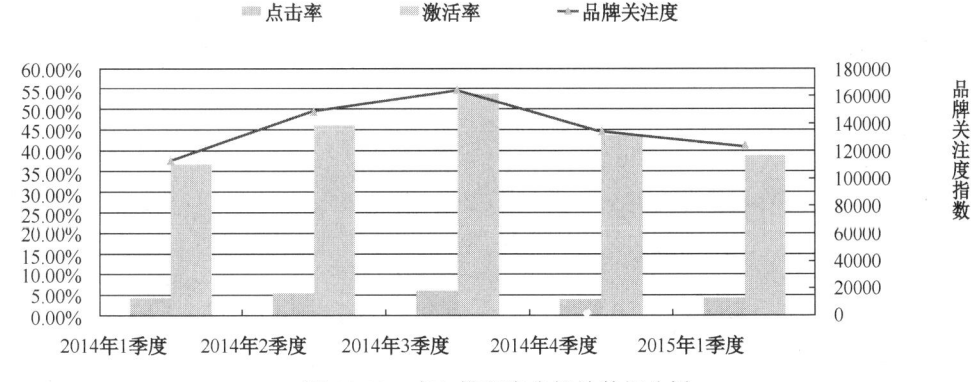

图 10-18　点入携程广告投放数据分析

（六）移动 SEM 广告实施

百度、搜狗、神马、360 目前都有移动端的搜索推广。移动端的信息检索为网民自主发起的即时搜索请求。搜索词多为品牌相关词，包括自己的品牌词和同行的企业名词（竞品词）。这类词的转化率比较高，建议移动端推广品牌相关词一定要覆盖全面（竞品词不要提，防止被投诉扣信誉分）。携程不仅仅是单一的旅游网站，更是商旅人士的好伙伴。对于携程来说，机票预订是其业务中非常重要的一项，商务人群是机票预订的主要人群，而"机票"是携程在百度投放广告中的一个关键词，当客户在百度搜索与机票相关的词时，搜索结果排在第一位的就是携程优惠机票的信息广告和携程 App 下载链接，如图 10-19 所示。通过这样的关键词投放来强势锁定需求客户。

表 10-1　点入携程广告投放数据分析表

时段	曝光数	点击数	日均点击率(%)	激活率(%)
2014 年 1 季度	16643988	718686	4.32	36.9
2014 年 2 季度	16874456	919154	5.45	46.2
2014 年 3 季度	17424332	1053923	6.05	53.5
2014 年 4 季度	16094112	643920	4.00	44.1
2015 年 1 季度	22226009	982390	4.42	38.9

图 10-19　携程移动 SEM 广告

移动 SEM 广告最关键的就是关键词的设置，选择什么样的关键词决定了是否可以准确锁定目标客户。对自己关键词周边的保护也要全面，以免造成模糊搜索，造成客户的流失。

移动 SEM 广告的投放可以锁定一部分有明确需求的客户，但移动 SEM 广告属于被动推广型，广告投入成本较高，而且对客户黏度的提升效果较弱。

三、移动广告的效果监控与数据分析

移动推广效果如何，最有力的证明就是数据。本次携程推广的目的是吸纳更多的携程 App 新用户，效果如何自然就要关注 App 的新增用户数、活跃用户数、累计用户数、活跃用户的构成、应用启动次数、页面的访问次数、页面的跳出率、页面的跳转情况等一系列相关数据。为了确保数据的真实性、有效性、及时性，数据的监测和提供通常是由第三方数据统计平台来完成的，国外的 Flurry 和国内的友盟就是这样的第三方数据统计平台。本次携程与国内知名的第三方数据提供商友盟进行了合作。友盟帮助携程统计和分析应用的趋势、流量来源、用户留存情况、内容使用、用户属性和行为数据，以便携程利用数据进行产品、运营、推广策略的决策。

友盟的六大数据模块服务如下。

1．应用整体趋势

整体的应用趋势可以清晰展现应用每天的新增用户、活跃用户、启动次数、版本分布、行业指标等数据的变化曲线，如图 10-20 所示。通过这些曲线可以了解客户的实际装机量和用户实际使用量，整体掌控应用的推广情况及增长动态。

2．投放渠道分析

在哪里做推广最有效？从哪里获取的用户最有价值？友盟的统计渠道分析功能可以实

时查看不同渠道的新增用户、活跃用户、次日留存率等用户指标，如图 10-21 所示。通过数据对比评估不同渠道的用户质量和活跃程度，从而衡量各渠道的推广效果。

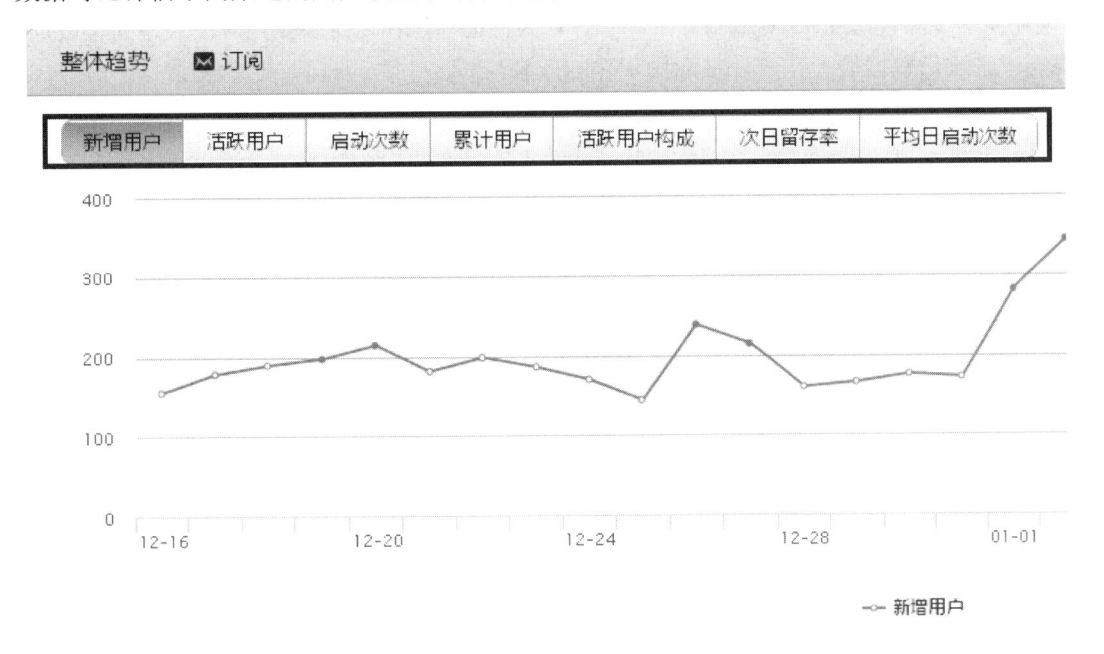

图 10-20　整体趋势

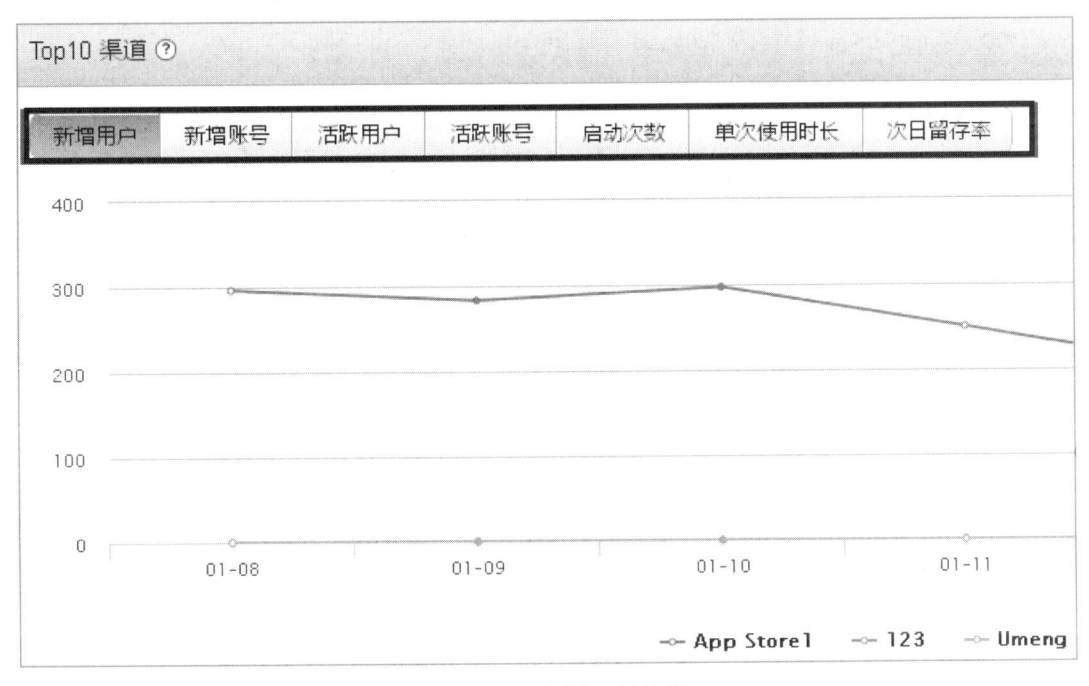

图 10-21　各渠道质量数据

3．用户留存分析

通过新用户的留存分析数据（见图 10-22）可以掌握每日（周/月）的新增用户在初次使用后一段时间内的留存率，留存率的高低在一定程度上反映了用户对于应用的认可程度。

4. 用户行为分析

针对性地进行应用内的数据统计（见图10-23），了解用户在应用内各页面的停留、离开情况，从而掌握用户对应用的使用细节、行为特征和操作习惯，找到应用改进的突破点，根据改进过后数据的变化，评估应用优化的效果。

留存用户 ⑦

首次使用时间	新增用户	留存率				
		1天后	2天后	3天后	4天后	5天后
2016-01-08	296	35.1%	27.7%	16.2%	14.5%	12.8%
2016-01-09	283	35%	20.8%	15.5%	13.4%	
2016-01-10	297	37.7%	25.9%	17.5%		
2016-01-11	250	33.2%	22.8%			
2016-01-12	202	39.1%				

图10-22　留存用户数据

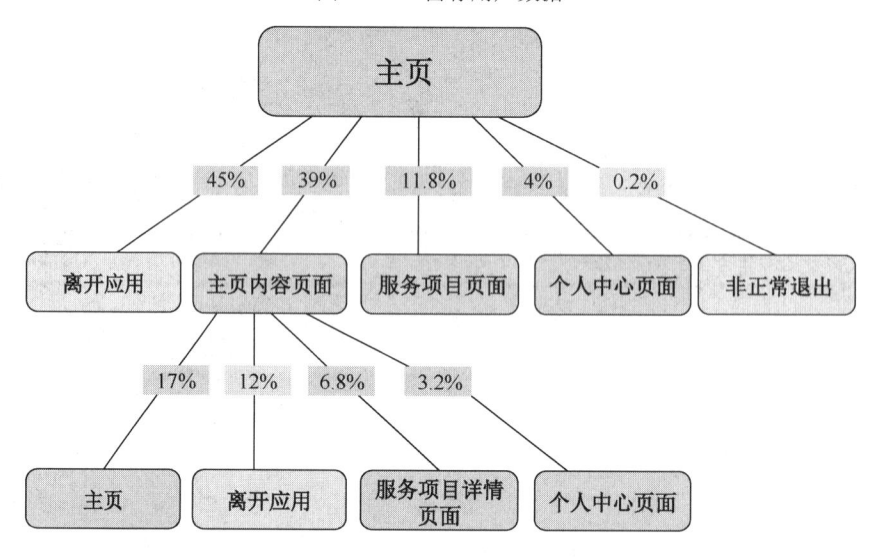

图10-23　用户页面操作分析

5. 用户地域属性

根据各城市新增用户、活跃用户、启动次数数据（见图10-24），可以清楚地了解推广应用在各个城市的用户下载使用情况，判断广告投放的目标地域是否达到预期效果，是否在用户数据较低的城市增加投放数量和时长。

6. 应用错误分析

通过收集并归类应用的崩溃日志（见图10-25），提供应用在用户使用过程中发生错误的版本型号、错误发生的时间、错误发生的次数、错误的内容摘要，帮助应用更好地解决应用所存在的使用问题，从而提高应用的稳定性，改善应用质量，提升客户应用体验，提高客户留存率。

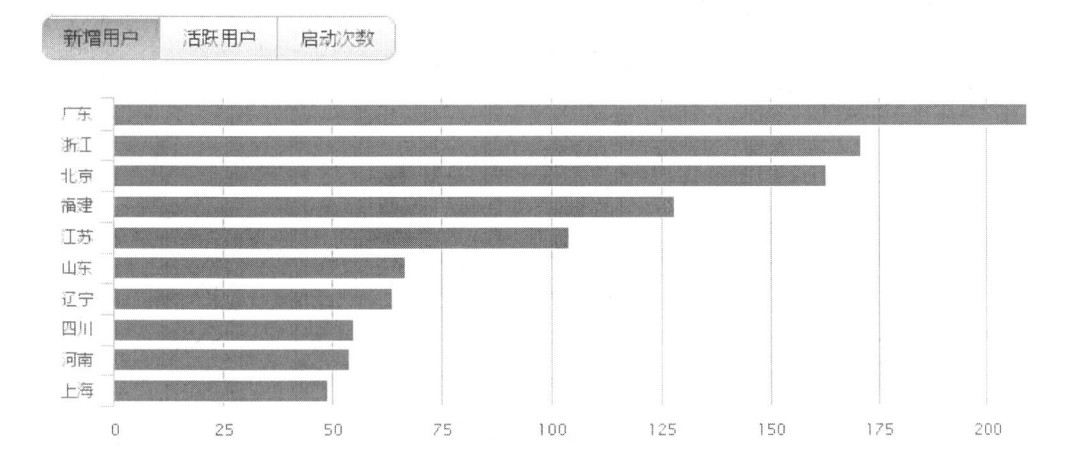

图 10-24　用户地域行为数据

图 10-25　错误统计数据

模块二 相关知识

一、广告联盟

(一) 定义

广告联盟通常指网络广告联盟。网络广告联盟，又称联盟营销，指集合中小网络媒体资源（又称联盟会员，如中小网站、个人网站、WAP 站点等）组成联盟，通过联盟平台帮助广告主实现广告投放，并进行广告投放数据监测统计，广告主则按照网络广告的实际效果向联盟会员支付广告费用的网络广告组织投放形式。

(二) 优势

1. 低营销成本保障广告效果

联盟营销是按效果付费的，因此与不能够保障效果的购买广告位不同，可以有效地控制广告费，实现广告费用与广告效果挂钩。广告主通过在具有潜在目标顾客的联盟会员网站上投放广告，诱导用户访问广告主网站及购买商品。只有当购买行为或注册会员等实际效果发生时才支付费用，广告主以最小的营销费用得到最好的效果。

2. 选择广泛

无论对广告主还是联盟会员来说，在一个公共联盟营销管理系统平台上进行广告投放交易，都会扩大自己的选择余地。广告主可以根据联盟会员的网站排名、拥有的潜在受众选择适合自己广告的网站；而联盟会员也可以根据自己网站的风格选择适合的网络广告。

3. 更广的网络覆盖面以及品牌强化

如果广告主的网站在 Google 或百度等搜索结果中的排名较低，而联盟会员网站却可能在排名较高的位置中占据了一半，甚至排在前 3 位，那么，广告主无须特别对自身网站进行网站优化，或者在 Google 排名等方面的建设就可直接凭借自己在联盟会员网站上的链接（Link）和旗帜广告（Banner）吸引目标市场的大部分潜在用户，这是一种省时省力效果好的有利方式。

4. 集中精力进行产品开发和销售服务，提高工作效率

由于这种广告投放形式完全将广告投放问题交给中间的联盟营销服务商来做，对于广告双方（联盟会员和广告主）来说，既可以基本解决网站访问量问题，又可从繁杂的营销问题中解脱出来，商家可以集中精力进行产品开发、客户服务等主营活动，从而大大提高了工作效率。

5. 可计算的结果，支持营销活动

联盟网络营销"按效果付费"的广告支付方式比传统方式最大的一个进步是：客户的每一个点击行为和在线活动都可以被管理软件记录下来，从而可以让广告主了解广告费用的用途，使其支付的每一分钱都用在刀刃上；另外，强大的联盟营销管理平台具有跟踪记录、分析记录，并使用这些记录分析来为产品开发和营销策略提供科学决策依据的功能。

6. 准确、可靠的费用结算

资费行为是建立在准确的数据记录基础上的，所有费用都是在联盟营销管理平台上

统一结算的，无须人工操作。传统的合作营销体系是广告主与多家合作单位进行一一结算，这样就为广告主带来了很多不便之处。采用中间管理平台后，一方面，中间管理平台完全按照各个联盟会员网站给广告主带来的效果统一进行结算，广告主最后只需要确认总的营销效果是否与广告费用相一致，即可解决与多数联盟会员网站的结算问题，为广告主减少了不必要的工作，节省了大量时间；另一方面，准确、可靠的费用结算系统也为联盟会员提供了佣金保障。由中间服务商100%定期预付给联盟会员佣金的信用金保证制度可以确保佣金收入安全，保障了联盟会员的权利。联盟会员再也不需为佣金不能按期到账而担心了。

7．额外的增值服务

提供中间联盟营销管理平台的服务商可以为广告双方提供许多额外的增值服务，主要包括两个方面。一是有价值的市场营销报告。广告主开展营销活动时，中间服务商可以根据公共联盟营销管理平台上的统计数字为广告主提供业绩报告。报告内容可以包括根据广告条件发生的购买数、购买额、代理费等内容，还可以包括按不同时间段、不同网站及购买详细信息等内容来评价客户网上行为的信息，以及其他广告主管理联盟网站所需要的有效资料。二是其他营销活动支持服务。中间服务商还可以为网站促销活动提供策划及运作、E-mail 营销支持、与联盟网站进行交流及宣传活动等支持服务，提高广告主的营销活动效果。

（三）广告模式

1．CPM 弹窗形式广告

根据独立 IP 用户访问广告联盟旗下合作媒体的网站时，弹出广告商的目标页面来计费，相同 IP 用户 24 小时内反复弹出只计费一次，如果弹窗被浏览器拦截，将不会计费。

这种广告形式对于用户群较大的广告商来说是一种性价比很高的推广形式，在迅速提升网站访问量的同时会沉淀下很多用户，对于初创的网站来说无疑是很好的推广选择。

展现形式：直接全屏弹出要宣传的页面。

2．CPC 点击形式广告

根据用户访问广告联盟旗下合作媒体的网站时，点击页面上用户所感兴趣的广告商广告条根，到达相应的广告页面来计费，相同 IP 用户 24 小时内反复点击相同广告商广告条只计费一次。

这种广告形式可以比较精准地获取对广告主广告内容感兴趣的用户，对宣传效果非常有帮助，一般对于做品牌宣传的广告主非常适用。

展现形式：网页固定或漂浮广告条以及文字链。

3．CPA 注册形式广告

根据用户访问广告联盟旗下合作媒体的网站时，点击页面用户所感兴趣的广告商广告条根，到达相应的广告页面后并完成相应的注册或者信息提交要求来计费，相同 IP 用户 24 小时内反复注册或提交信息只计费一次。

这种广告形式可以最直接地让广告主获取用户或者想要用户提供的信息，一般适合阶段性的活动或者需要累积注册用户的广告商。

展现形式：网页固定或漂浮广告条以及文字链。

4. CPS 销售提成形式广告

根据用户访问广告联盟旗下合作媒体的网站时，点击页面上用户所感兴趣的广告商广告条根，到达相应的广告页面后并完成购买行为来计费。

这种广告形式最大限度地保证了客户的推广要求，零风险，一般适合电商类和有充值功能类的客户。

展现形式：网页固定或漂浮广告条以及文字链。

5. CPV 富媒体形式广告

用户访问广告联盟旗下合作媒体的网站时，网站右下角会出现带关闭按钮的浮动图片或者视频窗口，当广告展示完毕，会根据独立 IP 展示广告的次数来计费，相同 IP 用户 24 小时内反复展示相同广告商广告条只计费一次。

这种广告形式最大限度地保证了客户广告的曝光量，位置极佳，对于品牌和网站活动宣传有很好的推动作用，性价比极高，适合绝大多数的广告客户。

展现形式：网页右下角跟随漂浮图片或视频。

二、App 推广移动广告效果评估数据

（一）用户总数

用户总数是指安装应用的用户总值。这是一个基础数据，主要取决于应用的质量和推广的效果。

（二）日活跃率

日活跃率指当日活跃用户占用户总数的比率。这取决于应用的类型和运营的情况，如快递查询应用，用户不可能每天都使用，只是在希望了解快递的进度时才会使用此应用，应用的日活跃率就低一些。

用户总数×日活跃率=日活跃用户数。

（三）人均使用时长

人均使用时长是指平均每个用户一天的使用时长，由人均日启动次数乘以平均使用时长来获得。这与应用的类型和应用内容相关，开发者可以通过适当地丰富应用的内容来提高用户的使用时长，如目前很多与天气相关的应用都增加了洗车指数、穿衣指数、当日运势等功能来丰富应用的内容，很好地提高了用户的使用时长。

日活跃用户数×人均使用时长=单日展示时长。

（四）页面访问占比

页面访问占比是指用户访问各个页面总时长的占比，此数据作为内容优化的基础参考。例如，用户停留时长很短的页面，页面内容无法吸引客户，就可以考虑页面布局和内容的调整。

（五）留存率

留存率是指用户安装应用后，持续使用的比率。根据时间维度留存率分为日留存率、周留存率、月留存率。如果增加推广后，用户的留存率却出现了明显的下降，那么意味着用户流失增加，需要尽快找出原因并调整广告投放策略。

三、移动广告的投放技巧

如果说以往投放广告就是选媒体、定天数、报价格，那么现在移动广告的投放越来

越像一门"技术活",现在的移动广告已经从简单的"广告位时代"迈向精准的"人群时代",广告主可以直接在整个互联网上按照"人群"来投放广告。这意味着要在如此碎片化的网络海洋中挖掘到"自己的目标客户人群",除了需要借助更为先进的数据和技术手段作为支持外,还需要运用大数据优势充分把握互联网人群的行为特征及趋势,深入洞察,发现规律。

首先,移动手机、移动 iPad 等电子产品的屏幕都有限的,不及计算机屏幕,所以这就导致了在一个屏幕上移动用户能够观看和浏览到的信息是有限的,也可以说是没有计算机上那么多的。除此之外,手机用户在使用手机进行网上信息浏览时速度远比在计算机上要快得多,因此,在移动互联网上进行网络广告投放时,广告信息一定要简短精悍,要保证在较短时间内实现信息的最大化展示,这样才能方便移动用户在使用手机上网时快速浏览到自己投放的广告信息。

其次,移动互联网中广告的投放也必须得重视用户体验,这要求其投放的广告信息不仅要在内容上最大化满足用户,也要在其展示模式和展示时间上满足用户的需求和个别要求。手机用户对于网络广告的用户体验感受更为严格,他们都希望可以自主选择自己想观看的或者自己需要的广告信息,而不是被一大堆广告信息强制性绑架,所以,在移动互联网广告投放中必须重视用户体验。

最后,在移动互联网市场进行网络广告投放时,广告的投放模式和展示模式一定要实现多样化,目前网络广告市场中有太多相似的网络广告模式,同质化现象越来越严重,已经无法对用户和消费者产生较大的吸引力了。因此,只有实现网络广告投放和展示的与众不同性,才能对移动用户产生视觉冲击效果,吸引更多的消费者关注投放的广告信息。

(一)移动广告投放的条件设置

(1)根据广告受众的手机价格进行区分,高端设备指 2000 元以上的设备;中端设备指 1000~2000 元的设备;低端设备指 1000 元以下的设备。不同的价格情况可以代表受众不同的收入情况,可以选择性地进行广告投入。

(2)根据广告受众的网络类型进行区分,分为中国移动、中国联通、中国电信和 Wi-Fi 情况下收到企业广告。

(3)根据广告受众的手机操作系统进行选择,分为 iOS、安卓、塞班、Winphone 等。

(4)根据地域进行定向,适用于在较大范围、精度要求较粗的情况下进行广告投放,最大精准到区。

(5)根据广告受众的使用习惯进行专业时间设定,用户在上下班途中、午间休息以及睡前是智能终端设备的使用高峰期。

(6)根据智能终端设备的保有量以及地域受众的使用习惯,广告投放主要集中在六大经济区,包含以北京、天津为首的华北,以上海、杭州、南京为首的华东,以沈阳、长春、哈尔滨为首的东北,以武汉、长沙为首的华中,以广州、深圳、福州、厦门、三亚为首的华南以及以成都、重庆、西安为首的西南。

(7)移动互联网上经典的投放广告形式——LBS 推广,定向某一个地点或多个地点周边人群,适用于定向商户周边、精度要求较细的情况。

(二)移动广告投放的策略

1. 与用户第一时间产生互动

手机媒体最大的优势是互动,更多的互动才能产生更多的信赖和行动。

建议：不要采取单独的广告展示，广告要带有活动性质，如问卷调查、抽奖、小游戏等。

2．让用户手机里留下你的东西

移动营销最大的特点是把你的东西植入用户手机里，要在用户看广告的时候，留点你的东西给用户。

建议：如果有App一定要引导用户下载App，有公众平台或者个人微信号等要引导用户去关注，或是让用户主动把页面截图保存到手机里等。

3．收集用户的联系方式

收集客户的信息是移动营销最重要的目的和手段，多设置一些让用户主动留下联系方式的引导。

建议：采取填写手机号、邮箱、QQ、微信号，以及发送验证码的形式等。

4．借力推广平台

除了常规的借力话题、借力节日外，大部分移动互联网推广载体也都具有一定的品牌性。同样，有活动做集中推广时，借力他们的活动和推广进行自己的推广。

5．选择可利用的平台载体做推广

选择目标人群集中的载体，将它的目标人群变成自己的用户。推广的终极秘籍：不管线上还是线下，只要花钱做了推广，就要想办法把这些花钱载体的目标人群变成你的用户。

6．避免投放广告的恶意点击

（1）恶意点击主要有4个来源：①竞争对手；②自己不慎点入；③网络游民；④不良网站和App。

（2）应对方法：①选择IP定向控制；②自己人上线以域名方式登录；③引导到粉丝平台，通过微信公众平台等；④每天做详细的统计，每周统计投放计划表与对比表，选择最好的网站及App。

同步训练

一、实训概述

本次实训为京东到家App进行移动广告策划实训，学生通过本项目的学习，要能够完成京东到家App移动广告的策划，并能够完成广告的目标受众分析、环境定向、渠道选择、投放方式、推广效果等活动。本项目要求学生在完成知识模块内容的学习后，能够独立进行移动广告形式的选择和移动广告的策划等。

二、实训素材

相关实训软件、智能手机实训设备。

三、实训内容

任务一　移动广告推广形式的选择

教师布置任务，学生以小组为单位选择合适的移动广告推广形式，说明选择原因，并完成下表。

移动广告的推广形式	学生所确定的移动广告推广形式
选择原因	选择这个推广形式的原因

教师检查学生表格的填写情况，并安排小组之间互相进行评比。

任务二　移动广告的策划

学生完成对京东到家 App 移动广告的策划，主要包括营销背景、目标受众分析、投放方式 3 个方面。教师根据学生广告策划的可实施性，对学生的移动广告策划进行点评，并进行实训评比。

营销背景	营销环境及营销实施原因及目标
目标受众分析	确定目标受众
移动广告形式	选择合适的移动广告形式

任务三　营销效果分析

学生对移动广告的营销效果进行简单分析，并以小组为单位发表实训心得。

第四部分

App 的运营与推广

移动互联网创业产品面临更多机会也面临更多挑战，运营团队总是在尝试用最小的投入获取更多的用户，用最小杠杆使品牌效应最大化，集中人、财、物把手里的资源集中在一个最有可能爆发的点上，不断分析，不断优化，不断放大，等待爆发，最终吸引更多的用户，提高自己的市场份额。随着移动终端的迅速普及，各类 App 如雨后春笋般涌现出来，但是真正运营成功的产品寥寥无几。推广 App 应用有一个漫长的积累用户的过程，很多团队在这个过程中消逝，也有很多团队在这个过程中不断挣扎。那么究竟该怎样运营 App 才能让自己的团队笑到最后，在精品 App 市场占领一席之地呢？

项目十一

App 的运营与推广

移动互联网时代，越来越多的互联网企业、电商平台将 App 作为自己的主要战场，谁先占领用户的手机桌面，谁就拥有了市场，可以说 App 已经成为移动互联网时代营销的第一入口。但现在的 App 数量众多，新的 App 层出不穷，竞争异常惨烈，许多 App 可能还没有进入用户的视野就已经"胎死腹中"了。如何从众多 App 中生存下来并逐渐做好做大享有 App 市场的一席之地？App 运营和推广是首要考虑的，如何做好运营推广是当下每个 App 都需要去考虑的一个重要问题。

学习目标

知识目标

1. 了解什么是 App 运营与推广。
2. 了解影响应用市场搜索排名的主要因素。
3. 熟悉常见的 App 数据统计工具。
4. 明确 App 运营推广的渠道和方式。

能力目标

1. 能够完成 App 产品定位及竞品分析。
2. 能够完成 App 上线前的内容、渠道、物料等准备。
3. 掌握 App 线上及线下渠道推广方式。
4. 掌握 App 应用市场搜索优化。
5. 掌握 App 移动营销数据分析。
6. 能够完成 App 运营与推广方案的策划。

项目情景

近年 O2O 模式下的移动端 App 越来越普及，开始在人们的日常生活中扮演重要角色，以滴滴出行为首的移动出行类手机应用更是 O2O 模式下的代表。

滴滴出行是我国国内第一家使用移动互联网技术和新型网络智能叫车系统的应用类软件。近年来，滴滴出行接入微信平台和支付宝平台，并支持通过微信和支付宝实现约车功能和支付功能。滴滴出行的最大价值是匹配用户和司机的需求，改变传统的打车方式，在移动互联网时代下引领用户现代化的出行方式。

模块一　任务分解

☑ 任务一　认识 App 运营与推广

智能手机和平板电脑出货量的增长，带来了移动应用快速和多样化的发展，来自 IDC 的数据显示，中国成为应用下载量增长最快的国家，2011 年的增幅高达 298%，这也表明国内 3G 市场正在迎来新的临界点。它代表着 App 在移动互联网发展过程中举足轻重的位置，也从另一个层面显示着 App 在移动营销中的闪亮价值。

App 是移动互联网的活跃因子，是移动互联网产业的新鲜血液，更是移动整合营销服务中的核心要素，它整合了各种移动互联网先进技术和推广手段的移动营销方案。

一、App 运营推广的认知

App 运营推广主要是指网络营销体系中一切与 App 的运营推广有关的工作，主要包括 App 流量监控分析、目标用户行为研究、App 日常更新及内容编辑、网络营销策划及推广等内容。App 运营是指网络营销体系中一切与网站的后期运作有关的工作，现在它是手机主流推销方式。

App 运营可分为三个阶段和三大核心目标。三个阶段分别是吸引用户、留住用户、使用户消费，如图 11-1 所示。三大核心目标则是扩大用户群体、寻找合适的盈利模式以增加收入、提高用户活跃度，如图 11-2 所示。

图 11-1　App 运营的三个阶段

图 11-2　App 运营的三大核心目标

用户群体是任何一款 App 产品产生盈利的必备条件。因此，目前很多 App 都采取免费下载的模式，首先积累用户，再去实现盈利。

对 App 运营的分工和种类进行细分，运营可以分为以下几类。

（1）基础运营：维护产品正常运作的最日常、最普通的工作。

（2）用户运营：负责用户的维护，扩大用户数量，提升用户活跃度。对于部分核心用户的沟通和运营，有利于通过他们进行活动的预热推广，也可以从他们那得到调研数据和用户反馈。

（3）内容运营：对产品的内容进行指导、推荐、整合和推广，给活动运营等其他同事提供素材等。

（4）活动运营：针对需求和目标策划活动，通过数据分析来监控活动效果，适当调整活动，从而达到提升 KPI，实现对产品的推广运营作用。

（5）渠道运营：通过商务合作、产品合作、渠道合作等方式，对产品进行推广输出，通过市场活动、媒介推广、社会化媒体营销等方式对产品进行推广传播。

二、AARRR 模型

AARRR 是 Acquisition、Activation、Retention、Revenue、Refer 这个 5 个单词的缩写，分别对应一款移动应用生命周期中的 5 个重要环节。

（一）获取用户（Acquisition）

运营一款移动应用的第一步毫无疑问是获取用户，也就是大家通常所说的推广。

这个阶段，最初大家最关心的数据是下载量。不过，下载了应用不等于一定会安装，安装了应用也不等于一定使用该应用。所以激活量很快成为这个层次中大家最关心的数据，甚至是有些推广人员唯一关注的数据。通常激活量（即新增用户数量）的定义是新增的启动了该应用的独立设备的个数。

（二）提高活跃度（Activation）

这里面一个重要的因素是推广渠道的质量。差的推广渠道带来的是大量的一次性用户，如积分墙，刷量的渠道。好的推广渠道往往精准作用在目标用户，精准推广，永远是运营人员特别需要记住的点。

此外，还有些应用会通过体验良好的新手教程来吸引新用户，这在游戏行业尤其突出。

DAU（日活跃用户）和 MAU（月活跃用户）两个数据基本上说明了应用当前的用户群规模，这是两个运营人员必看的指标。其实还要看另两个指标：每次启动平均使用时长和每个用户每日平均启动次数。这两个数据可以结合在一起看。

版本、页面转换路径和自定义事件也是很好的分析维度。对产品经理来说，分析它们有助于不断改进应用。

（三）提高留存率（Retention）

有些人会发现应用被下载后，没有用户黏性，次日留存、7 日留存很低，用户留不住。

通常保留一个老客户的成本要远远低于获取一个新客户的成本，但很多应用并不清楚用户是在什么时间流失的，于是一方面他们不断地开拓新用户，另一方面又不断地有大量用户流失。

解决这个问题首先需要通过日留存率、周留存率、月留存率等指标监控应用的用户流失情况，并采取相应的手段在用户流失之前，激励这些用户继续使用应用。

留存率与应用的类型也有很大关系。通常来说，工具类应用的首月留存率可能普遍比游戏类的首月流存率要高。

有些应用不是需要每日启动的，这样一来周留存率、月留存率等指标会更有意义。留存率也是检验渠道的用户质量的重要指标，如果同一个应用的某个渠道的首日留存率比其他渠道低很多，那么这个渠道的质量是比较差的。

（四）获取收入（Revenue）

获取收入是应用运营最核心的一块，极少有人开发一款应用只是纯粹出于兴趣，绝大多数开发者最关心的就是收入，即使是免费应用，慢慢地也需要考虑其盈利的模式。

收入有很多种来源，主要的有 3 种：付费应用、应用内付费以及广告收入。

无论是以上哪一种，收入都直接或间接来自用户。所以，前面所提到的提高活跃度、提高留存率，对获取收入来说，是必需的基础。用户基数大了，收入才有可能上量。

关于收入，最常用的观察是 ARPU（平均每用户每月收入）值。

（五）自传播（Refer）

以前的运营模型到第四个层次就结束了，但是社交网络的兴起使得运营增加了一个方面，就是基于社交网络的病毒式传播，这已经成为获取用户的一个新途径。这个方式的成本很低，而且效果有可能非常好，唯一的前提是产品自身要足够好，有很好的口碑。

通过 AARRR 模型，我们看到获取用户只是第一步，后面如何留住他们，增加黏性也很重要。

三、App 运营与推广的渠道

（一）线上渠道

1. 基础上线

各大手机厂商市场、第三方应用商店、大平台、PC 下载站、手机 WAP 站、收录站、移动互联网应用推荐媒体等基本可以覆盖安卓版本发布渠道，推广的第一步是要上线，这是最基础的。无须过多付费，只需最大范围地覆盖。主要包括以下渠道。

安卓 App Store 渠道：百度、腾讯、360、阿里系、华为、小米、联想、酷派、OPPO、VIVO、金立、魅族、Google Play、其他互联网手机品牌、豌豆荚、机锋、安智、PP 助手、刷机助手、手机管家等。

运营商渠道：MM 社区、沃商店、天翼空间、华为智汇云、腾讯应用中心等。

PC 端：百度应用、手机助手、软件管家等。

WAP 站：泡椒、天网、乐讯、宜搜等。

Web 下载站：天空、华军、非凡、绿软等。

iOS 版本发布渠道：App Store、91 助手、PP 助手、同步推、快用苹果助手、iTools、限时免费大全、爱思助手等。

2. 运营商渠道推广

中国移动、中国电信、中国联通的用户基数较大，可以将产品预装到运营商商店，借力于第三方应用商店没有的能力，如果是好的产品，还可以得到其补助和扶植。市场部门要有专门的渠道专员负责与运营商沟通合作、出方案、进行项目跟踪。

3. 第三方商店

由于进入早、用户积累多，第三方商店成为很多 App 流量入口，全国有近百家第三方应用商店。渠道专员要准备大量素材、测试等与应用市场对接。各应用市场的规则不一，如何与应用市场负责人沟通、积累经验与技巧至关重要。资金充足的情况下，可以投放一些广告位及推荐等。

4. 手机厂商商店

大厂家都在自己品牌的手机里预装商店，如联想乐商店、HTC 市场、OPPO NearMe、魅族市场、MOTO 智件园等。渠道部门需要较多运营专员来跟手机厂商店接触。

5. 积分墙推广

积分墙是在一个应用内展示各种积分任务（下载安装推荐的优质应用、注册、填表等），以供用户完成任务获得积分的页面。用户在嵌入积分墙的应用内完成任务，该应用的开发者就能得到相应的收入。积分墙起量快，效果显而易见。

积分墙推广大部分是采用 CPA（即按激活付费，费用=实际激活量×激活单价，一般采用竞价形式，激活通常指用户下载安装并打开 App）形式，价格 1~3 元不等。但以活跃用户等综合成本考量，成本偏高，用户留存率低。业内公司有 Tapjoy、微云、有米、万普等。积分墙适合大型有资金，需要尽快发展用户的团队。

6. 刷榜推广

刷榜推广属于非正规手段，但是在国内非常受欢迎，毕竟绝大部分苹果手机用户都会使用 App Store 去下载 App。如果你的 App 都在前几名的位置，当然可以快速获得用户的关注，同时获得较高的真实下载量。

不过，刷榜的价格是比较高的，国内榜 Top25 名的价格在每天 1 万元左右，Top5 的价格每天需要 2 万多元，由于这种推广成本比较高，所以一般会配合新闻炒作一起推，这样容易快速地出名。

7. 社交平台推广

目前主流的智能手机社交平台，潜在用户明确，能很快地推广产品。这类推广基本采用合作分成方式，合作方法多样。业内公司有微云、九城、腾讯、新浪等。

8. 广告平台

广告平台起量快，效果显而易见。成本较高，以目前主流平台为例，CPC（按应用广告的点击计费）价格在 0.3~0.8 元，CPA 在 1.5~3 元。不利于创业融资前的团队推广使用。业内公司有 AdMob、多盟、微云、有米、点入等。

9. 换量

换量主要有两种方式。

（1）应用内互相推荐。这种方式可以充分利用流量，增加曝光度和下载量，量级不大，但曝光度较好。有内置推荐位的应用可以相互进行换量，但这需要以一定的用户量作为基础。

（2）买量换量。如果自身无法给某一应用带量或者量很小，可以找网盟跑量，以换取应用商店优质的资源位或者折算成钱进行推广。这种方式也是比较实用的方式，包括应用宝、小米等在内的商店都可以换量，通过某些代理，还能与 360 等进行换量，可能会比直接在 360 做 CPT（即每时间段成本）有更好的效果。

（二）线下渠道

1. 手机厂商预装

手机厂商预装是出厂就存在，用户转化率高，最直接发展用户的一种方式。用户起量周期长，从提交测试包测试—通过测试—试产—量产—销售到用户手中需要 3~5 个月的时间。

（1）推广成本：应用类产品预装量付费价格在 3 元左右，CPA 方式价格在 1.5~5 元。游戏类产品采取免费预装，后续分成模式，CPA 价格在 2~3 元，通常为小包单机产品。

（2）业内公司：华为、中兴、酷派、TCL、波导、OPPO、魅族、海信等。

（3）操作难点：品牌众多，人员层级多，产品项目多，需要有专业的团队进行针对性的推荐与维护关系。

2. 水货刷机

水货刷机起量快，2~4 天就可以看到刷机用户，数量大，基本上一天可以刷几万台。重刷现象严重，一部手机从总批到渠道到店面会被刷 3~5 次，推广成本剧增，用户质量差，不好监控。刷机单一软件 CPA 在 1~2 元，包机一部机器的价格在 5~10 元。

业内公司：各大国包省包、地级市零售连锁渠道、酷乐无限、乐酷、XDA、刷机精灵、爱施德、天音通讯、斯凯、金玉满堂、鼎开互联等。

3. 行货店面

用户质量高，黏度高，用户付费转化率高，见用户速度快。店面多，店员培训复杂，需要完善的考核及奖励机制。CPA 价格在 1.5~3 元，预装价格在 0.5~1 元。业内公司：乐语、中复、天音、中邮、苏宁、国美、恒波、中域电讯等。

（三）新媒体营销

1. 内容策划

内容策划前需做好受众定位，分析得出核心用户特征，坚持原创内容的产出，在内容更新上保持一天 3 条左右有趣的内容，抓住当周或当天的热点跟进。

2. 品牌基础推广

（1）百科类推广：在百度百科建立品牌词条，建立 SEO 体系和百度指数。

（2）问答类推广：在百度知道、搜搜问答、新浪爱问、百度经验等网站建立问答。

（3）垂直社区：在知乎、豆瓣、微博等社交网络要有相应的内容更新。

3. 论坛、贴吧推广

在手机相关网站的底端都可以看到很多行业内论坛。建议推广者以官方贴、用户贴两种方式发帖推广，同时可联系论坛管理员做一些活动推广。发完贴后，应当定期维护好自己的帖子，及时回答用户提出的问题，搜集用户反馈的信息，以便下个版本更新改进。主要论坛有机锋论坛、安卓论坛、安智论坛等。

4. 微博推广

（1）内容：将产品拟人化，讲故事，定位微博特性，坚持原创内容的产出。在微博上抓住当周或当天的热点跟进，保持一定的持续创新力。

（2）互动：关注业内相关微博账号，保持互动，提高品牌曝光率。

（3）活动：必要时候可以策划活动、转发微博等。

5. 微信推广

微信公众号的运营推广需要一定时间的沉淀，这里可以参考以下几步。

（1）内容定位：结合产品做内容聚合推荐，内容不一定要多，但是一定要精并且符合微信号的定位。

（2）种子用户积累：种子用户可以通过同事好友、合作伙伴推荐，微博引流，官网引流等。

（3）小号积累：开通微信小号，每天导入目标客户群。

（4）小号导大号：通过小号的粉丝积累推荐微信公众号，将粉丝导入到微信公众号。

（5）微信互推：当粉丝量达到一定预期后，可以加入微信互推群。

6. 事件营销

事件营销需要整个团队保持敏锐的市场嗅觉，此外还需要有强大的执行力，配合一定的媒体资源，事件才得以在最快的速度推出去。

事件营销的前提必须是团队成员每天接触大量新鲜的资讯，把这些信息整合，养成随时记录下一些闪现的灵感创意并和成员们及时分享。对于能贴上产品的创意点，集合事件的始终进行推理，若确定营销方案，做出与之匹配的传播计划，开始做项目预算并一边准备好渠道资源。

任务二　App 运营与推广的实施

在不断深入的移动互联网时代，随着智能手机、平板电脑等移动终端设备的普及率大幅提升，用户的行为习惯逐渐改变，企业通过 App 开展营销活动成为一种趋势与必然。滴滴出行在这种大趋势下完成了 App 的运营推广活动，下面就来详细了解滴滴出行 App 的推广过程。

一、App 营销策划

App 在营销策划阶段可分为 3 个部分，即 App 上线前、正式上线和上线后。

（一）上线前

1．产品定位

无论是哪款 App，在没有正式上线之前确定产品定位是营销工作中的重中之重，其中需要前期准备的工作有了解产品市场和目标人群。

1）产品市场分析

滴滴出行作为移动互联网端一款经典的定制服务的智能系统，在对该产品市场进行分析时需要了解的是造成乘客打不到车的原因。

据了解，全国一、二线城市普遍存在"打车难"问题，一方面乘客打不到车，另一方面出租车司机选择性接单，空驶率居高不下，其原因主要为两方面。

第一，出租车市场供求失衡。司机接单方式以扫街为主，效率低；司机更愿意接中长途和顺风车生意；选择性接单造成空驶现象，运营效率偏低。

第二，乘客和出租车司机之间的信息不对称。

在打车软件出现之前，北京在出租车停车站开设电召平台（电话叫车服务）96106，出租车调度中心根据用户提供的地址再通过 GPS 车辆调度监控系统调度出租车，在整个过程中由客服对系统进行需求确定，再通过系统给出租车发出指令，过程复杂且实施较慢，客户等待时间较长，司机确定订单的过程较复杂。

2）目标用户分析

（1）用户年龄分布，如图 11-3 所示。

移动出行类应用的主要用户仍集中在年轻人群，19～40 岁的人群是对互联网接触相对较多的人群，并且更愿意使用这种新型的出行方式。值得一提的是，40 岁以上用户的覆盖率也在逐年增长，开始有更多的年龄较大人群选择移动出行。

（2）用户收入分布，如图 11-4 所示。

用户的收入水平反映出基本的人群属性。可以看出用户主要集中在月收入 3000～5000 元的人群，这部分人群基本以民企白领和国企职员为主。月收入 5000～10000 元相当于公司的中层管理者，这类人的出行频次也比较高，同时年龄不会太大，愿意使用移动出行。而随着收入档次的不断升高，移动出行用户数逐渐减少，分析原因主要有两点：第一，我国高收入人群占比较小；第二，高收入者大多自己有车，习惯开车出行。

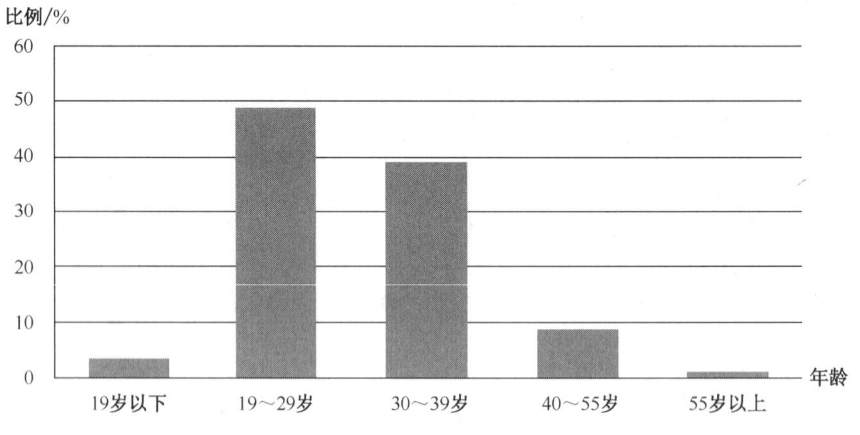

图 11-3 用户年龄分布

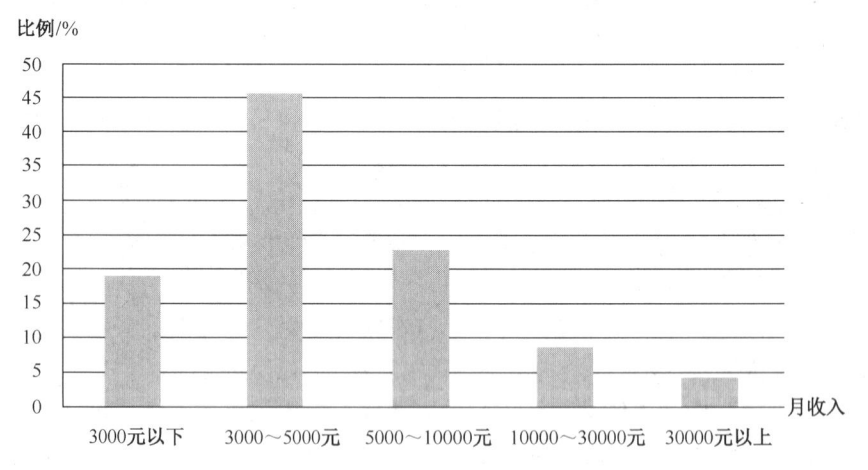

图 11-4 用户收入分布

（3）用户行为分析，如图 11-5 所示。

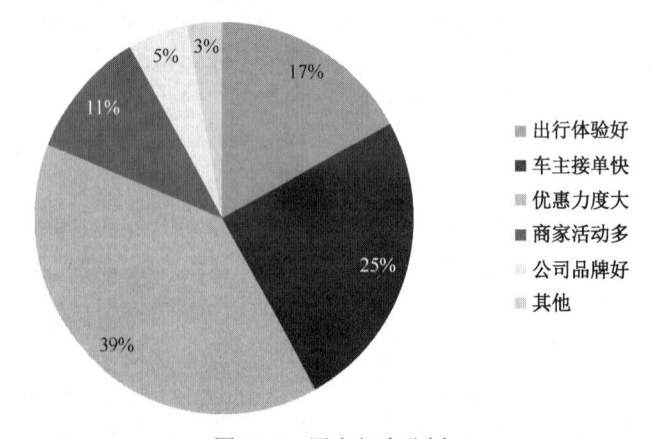

图 11-5 用户行为分析

优惠条件是用户考虑的第一因素。一方面由于商家想要快速圈住用户，另一方面是同类公司当中竞争激烈，同时也为了移动出行的快速普及，各大移动出行软件对用户及车主都有一定程度的补贴，这不仅圈住了一些以前也经常打车的用户，更吸引了大部分不常打车的人群成为用户，而这类人群首要考虑的就是价格。接单速度是用户考虑的第二大因素，毕竟速度意味着效率。随着移动出行软件的大力普及，越来越多的用户开始注重出行体验和服务质量，有 17%的用户会据此做出选择。

2．竞品分析

综合 App 的主要功能点和竞争优势，在图 11-6、图 11-7（数据来源于 Talking Data 移动数据研究中心）的数据基础上，在竞争优势不同、功能差异突出、用户活跃度和覆盖率又比较高的综合因素下，排除相似度特别高又无特色功能的产品类别，选择 UBER、嘀嗒拼车、神州专车、易到用车几款为竞品目标。这几款 App 均有很大的用户群，有一定的用户黏度，在专车市场有着较大的影响力。

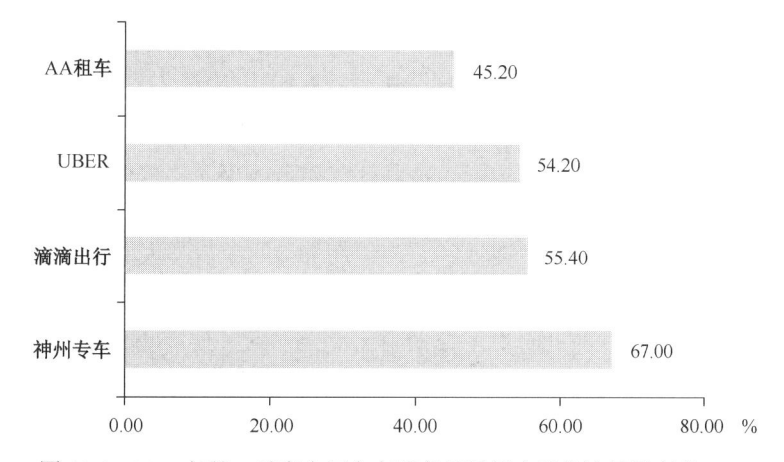

图 11-6　2015 年第 3 季度中国专车服务活跃用户平均次月留存率 Top5

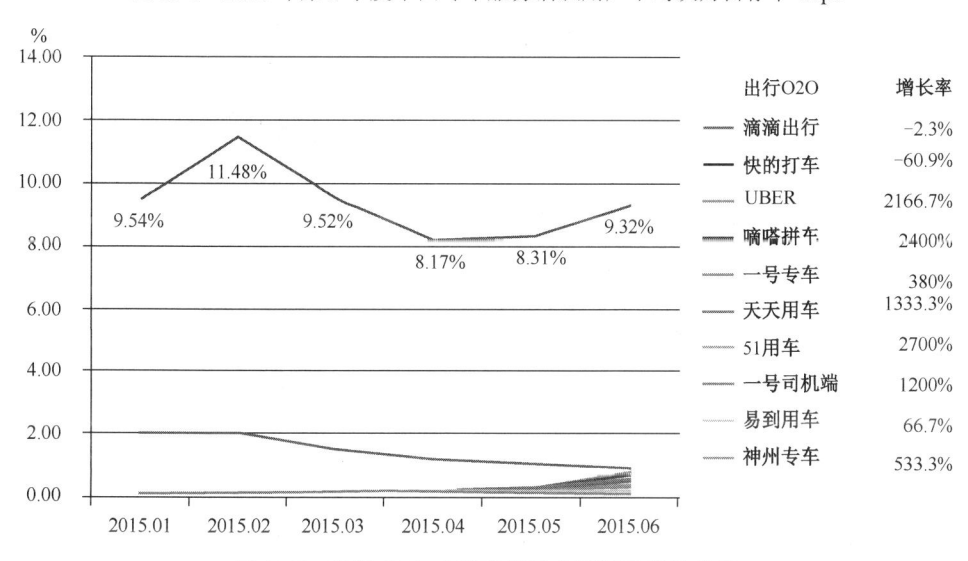

图 11-7　出行 O2O 典型应用用户活跃率变化趋势

数据中，嘀嗒拼车虽不在 Top 范围内，但是其功能相较于 51 用车、天天用车更具特点，在特色功能上值得借鉴。

下面针对上述 4 款 App 的专车业务，结合各自的特点对其进行比较，分析其各自模式下的风险或优势，从而优化滴滴产品。

嘀嗒拼车注重特色化路线，目前主要是上下班情况的拼车，滴滴出行在这方面也已经涉及，只是没有特意强化并将其与其他功能区分开，目前上下班的有车上班族，也用滴滴出行 App 接单，滴滴出行只要继续强化用户黏性就可以保障自身的市场竞争力。

易到用车在商务高端市场的业务开展占得先机优势。这种业务出行模式，尤其主打高端市场，能让其舒适、便利，一步到位的出行解决方案是重点。高端市场的商务用车，需不仅仅局限于国内，如能解决其国外出行，能在国内同时预约接送，利用滴滴出行 App 一键解决行程中的所有接送，则这种服务更能满足需求，所以应着重高端市场高端服务化标准。目前，滴滴出行已与绿城服务展开合作，向高端市场有针对性发展中。

UBER 接入百度地图，主页面是地图定位，下方是出行方式选择，操作流程简单，不困惑。定位和纠正具体地址后开始用车，在同一屏顶部下滑出地址输入栏，输入终点地址，单击中间的叫车按钮，显示价格，如图 11-8 所示，在给出价格的同时提高用户体验，值得滴滴出行借鉴。UBER 与其他打车软件的区别还在于其支付形式，滴滴出行、神州专车除第三方支付平台外，软件内还设置有账户充值，UBER 则以第三方支付为主。UBER 在保持当前高水准的技术水平和用户体验下，加大推广力度，是滴滴出行最大的竞争对手。

神州专车通过几次更新将到达地址、不同用车和订单提交等功能设置到另一页，如图 11-9 所示，其中还提供了预约、半日租、日租功能值得滴滴出行学习的地方。神州专车在功能上推出接送机专车业务，页面相比易到用车豪华，业务模式相差无几，地图中显示车辆并不多，相距定位点较远。

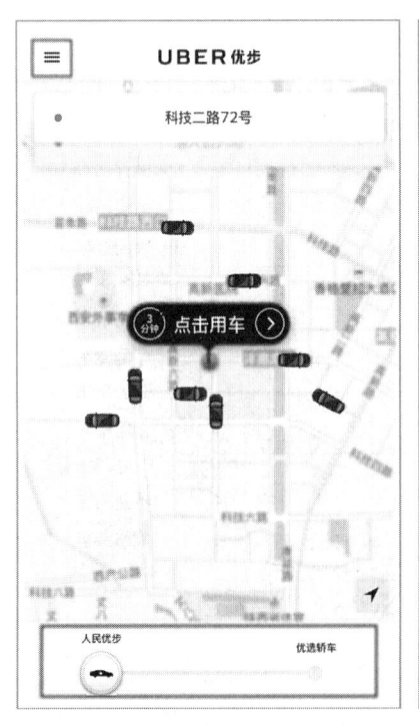

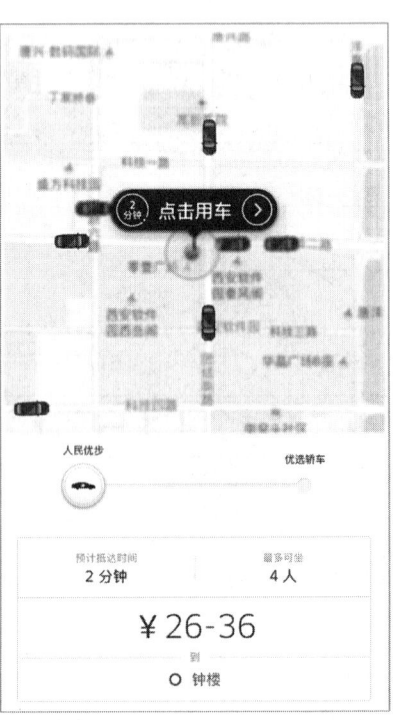

图 11-8　UBER 界面

图 11-9　神州专车界面

（二）正式上线

软件在正式上线后的核心工作是确定 App 推广渠道，这里将推广渠道分为线上和线下两种。

1. 线上渠道

首先应基于不同系统的软件应用市场，做针对性投放与推广，如通过安卓市场、手机助手（机助手、百度系等）、厂商应用商店（小米商店、华为智慧云、联想乐商店）、下载市场（机锋、安智、应用汇等）、运营商应用商店（MM 社区、沃商店、大翼空间等）等平台对 App 进行投放推广，其中尤为重要的是 App 首发，首发分为独家首发和联合首发两种，在选择首发时需要对首发平台做数据调查。而 iOS 则会通过苹果商店、同步推、XY 助手、iTools 等平台进行推广。除应用市场外，我们还可以加入网盟，并通过积分墙、海外运营平台等方式对 App 进行推广。

其次是借助新媒体，滴滴出行通过运营微信公共号、官方微博、论坛贴吧等社交平台与用户进行互动，以此来增加用户黏性。

（1）微信公共号相关文章的发布——公司简介、活动等；大 V 转发。

（2）官方微博自身上线的告知、公司的简介；大 V 转发。

（3）论坛包括目标受众群体论坛和一些渠道论坛，软文发布、目标群体互动、引流等。

最后为其他平台推广，如在新闻媒体的门户网站上投稿，发布软文，通过在豆瓣、知乎等网站上编写文章、回答问题等进行推广，寻找自媒体人并与之深度合作，撰写新闻稿，对滴滴出行进行宣传。

2. 线下渠道

线下渠道主要分为预装、地推、报纸杂志以及线下活动。预装主要是与芯片商、方案商、渠道商等不同阶段的商家进行合作，完成 App 的大量预装。地推是一种可以让 App 开发商直面受众的推广方式，而且转化率相较于其他线下推广方式更高，地推主要考虑的几个问题是场地的选择、人员的分工和赠品的选择。

（三）上线后

1. App 应用市场搜索优化

App 在做应用市场搜索优化时主要针对产品的名称、描述、关键词、图标进行优化，以此来提高应用下载量和增加应用曝光度，在内容优化上遵循以下原则。

（1）名称。在确定名称时需要考虑到用户在应用商城搜索此类应用最常用的关键词，如滴滴出行是打车软件，在名称中就应出现"打车""拼车"等关键字，总体来说，应在应用中添加高流量、高难度的关键字。

（2）关键词。沿着品牌词—关联词—竞品词—竞品关键词的思路发掘理想的高关联度关键词，可以使用相应工具对关键词进一步确认。

（3）描述。描述主要针对安卓应用市场，在安卓应用的描述里多次出现关键词也是一种 SEO 的方法，如果用户搜索"打车"，在描述里出现 6 次的应用会比在描述里出现 5 次的应用排位靠前。一个好的描述包括两部分：第一，描述需短小精湛，说清应用的用途；第二，与同类应用相比有什么优势。

（4）图标。在如此庞大的应用商店，平均一个图标如果在 1.5 秒内不能吸引用户的注意，就很容易被忽略。图标的好看与否不仅能看出应用本身的设计水平，更能提高被下载的概率。一个设计优良的图标上一定有一个简单而新颖的 LOGO，同时这个图标的颜色是鲜艳的。

2. 移动营销数据统计分析

移动数据能直接反映出 App 的营销效果，其中需要监控的数据有很多，如排名、下载量、活跃用户、新增用户、关键词排名、评论数等，这里选择较为重要的数据进行统计分析。

（1）关键词排名变化。ASO（应用商店优化）过程中，排名会出现显著的上升，但上升的幅度、走势是否健康，要在一定时间段内进行持续的关注。

（2）榜单历史排名。通过将 App 在榜单中的历史排名和当前排名进行对比，判断优化的效果，同样也要求我们对曲线进行掌控。

（3）每日新增评论数据。指在苹果商店的新增评论数量，评论的星级和内容会影响 App 的权重，在一定程度上也反映了优化的程度。

二、App 运营与推广的实施

根据滴滴出行 App 的策划推广方案，滴滴出行 App 的线上推广渠道主要是在主流应用市场、厂商应用商店和运用新媒体方式多渠道发力。在线上推广过程中，App 应用市场的搜索优化工作也是 App 线上推广的关键工作之一。而线下活动更多的是与其他商家合作的形式，形成资源互享的模式。

（一）线上渠道

1. 应用市场推广

（1）iOS 市场。

目前，在 iOS 系统下的应用市场主要有 91 助手、同步助手、威锋、搞趣等，并分为越狱版和正版。在与软件应用市场合作之前首先要考虑该平台的综合实力，包括用户量、软件量，Web 站的流量，价格、转化率等信息，如 91 助手，用户数量为 4000 多万、日均 PV 为 3000 多万、价格在 1 万～1.2 万元。其次是该平台是否会根据 App 的类型和推广目标制定相应的推广方案，目前大多数平台的推广形式包括但不限于全屏广告、轮播广告、搜索关键词推荐、精品应用推荐、软件分类排行榜、新品应用推荐、装机必备、软件专题等，滴滴出行会根据这些信息确定是否作为长期合作伙伴。

除以上市场外，滴滴出行还注重苹果自带的应用商店 Apple Store（见图 11-10）。在该平台占据重要位置相对来说较为困难，平台中有精品推荐、排行榜、探索、搜索等栏目，其中精品推荐里的 App 是由苹果公司内部运营团队通过对当地市场及下载量的统计与分析，根据结果进行的相应类别 App 的推进，对于榜单则是运用一定的算法，其主要影响因素为下载量、好评比例、当天的卸载率等。

图 11-10 滴滴出行排名

针对 Apple Store 应用商店，滴滴出行的主要工作在优化和冲榜上，在产品正式上架后进行 ASO 优化（标题、关键词、评论等），其次是通过 App 刷榜技术迅速提升 App 进入 App Store 免费总榜（中国区）的 Top150 至 Top10。

（2）安卓应用市场。

App 应用首发是少有的免费资源，并且带来的下载量也是最直接、最显著的，一般的推荐位置都在首页的精品推荐和分类页中。图 11-11 为滴滴出行之前在小米应用商店中首页精品推荐及分类页中精品推荐的首发位置，不同平台的展示时间不同，基本上都在 1～2 天，有些甚至会在 4 天，所以在做 App 营销时首发是必不可少的营销方式。

图 11-11　滴滴出行在小米应用商店的首发位置

在选择首发平台之前需了解各平台首发的申请方式、申请要求、首发天数等，如表 11-1 所示，不同平台的首发天数和要求是不一样的。

表 11-1　不同商店的首发信息

应用商店	申请入口	首发申请要求	首发天数
360 首发	后台自助申请	首发需要提交 APK	1 或 2 天
应用宝	后台自助申请	比较容易通过申请	1 天
百度、91、安卓	邮件申请	日均下载量不低于 500	1 天
小米应用商店	邮件申请	首发需要提交 APK	3 或 4 天
联想乐商店	邮件申请	比较容易通过申请	2 天

除此之外，还需了解各商店用户量、用户活跃度、转化率及市场占比，根据具体数据选择首发平台。如图 11-12、图 11-13 所示，在中国手机应用商店用户活跃度方面，360 手机助手在用户活跃度中位列首位，用户活跃度达到 43.10%，腾讯应用宝和百度手机助手活跃度紧随其后。市场份额则是以百度应用系列为主，占到 42.2%，其次是腾讯和 360。

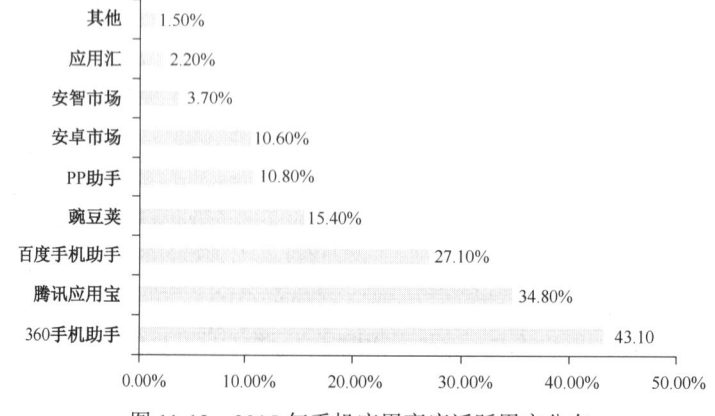

图 11-12　2015 年手机应用商店活跃用户分布

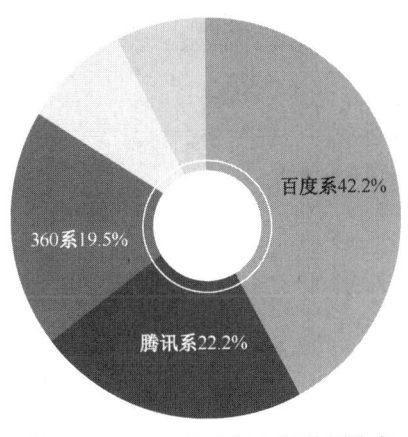

图 11-13　2015 年应用市场份额分布

根据以上的数据对比确定首发平台。如图 11-14 所示，滴滴出行将最新版本的首发平台选定为腾讯应用宝，原因在于该应用市场的综合实力较为适中，不管是用户活跃度还是市场份额，相对其他应用市场来说都较为平衡。

图 11-14　滴滴出行在应用宝首发

2．其他平台的发布

在完成首发后，接下来是其他市场的发布，包括手机运营商商店（如中国移动、中国电信等）、手机厂商商店（如小米商店、魅族市场、联想乐商店等）、第三方商店（如 360、安智、安卓、百度应用商店等）。每个商店的 App 都是从网页端上传的，可以打开多个平台同时上传。上传时需要注意标题、简介和描述，在写标题的时候，遵循 SEO 的规则，如标题必须有产品关键词"滴滴出行"，另外在简介和描述中，对产品功能做详细的介绍，如图 11-15、图 11-16 所示，这样做的目的是方便搜索蜘蛛的快速抓取。

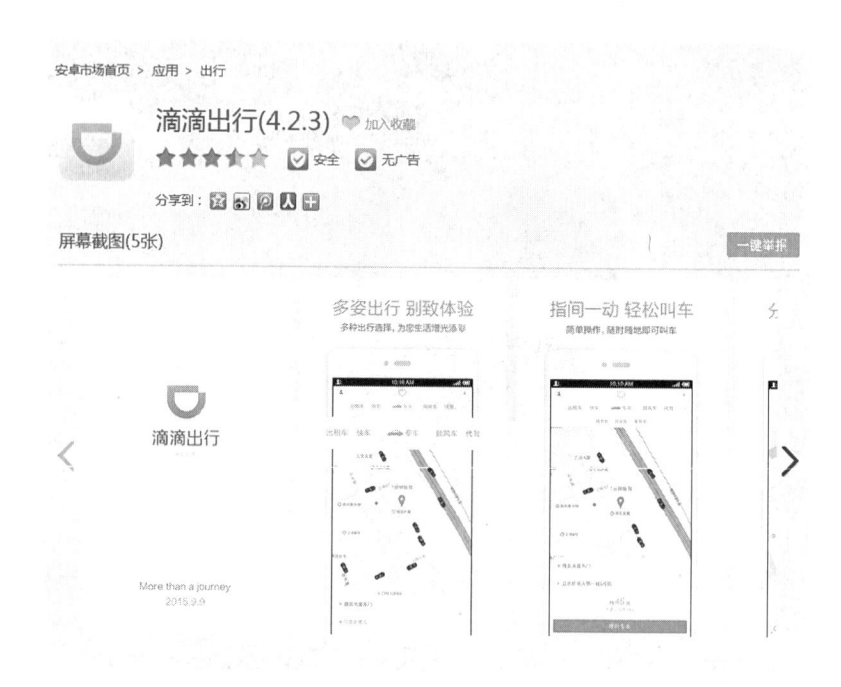

图 11-15 滴滴出行安卓市场软件下载界面

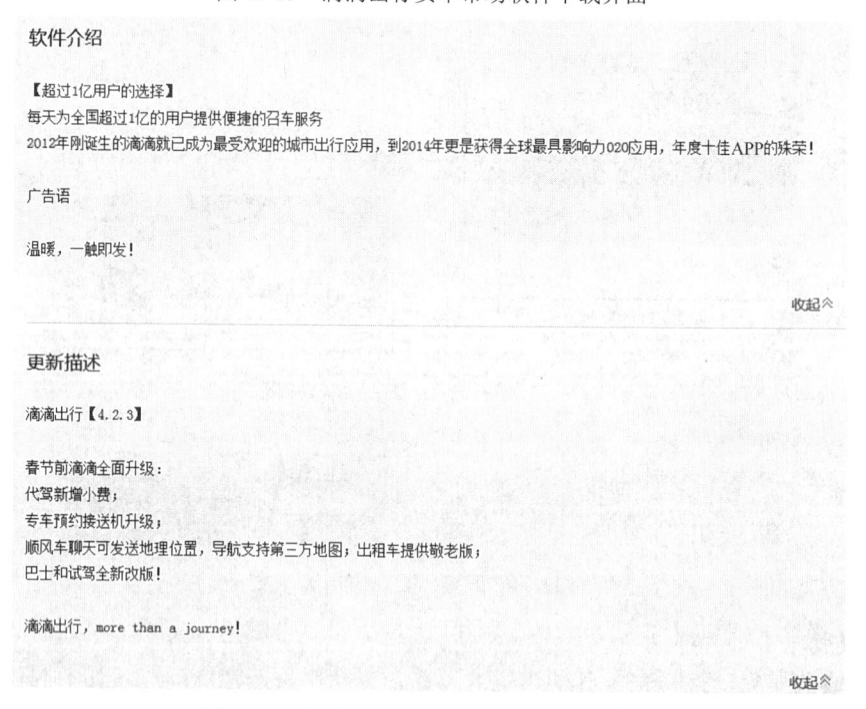

图 11-16 滴滴出行在安卓市场的介绍和描述

一般大的渠道，搜索引擎对其更新快，权重高。另外，大的渠道要最先上传，因为其流量大，同时建议在周四、周五更新，App 在周六、周日是下载高峰，所以新更新的 App 最容易引来大的流量。

3．新媒体推广

首先是微信推广，滴滴出行注册了多个公众账号，如图 11-17 所示。除"滴滴出行"

外，根据它的功能还分为"滴滴专车""滴滴顺风车""滴滴快车"等公众账号，并注册不同地区的公众账号，如图 11-17 中所示的"滴滴西安"。

图 11-17　滴滴出行的微信公众账号

在微信公众账号中发布产品文章及活动信息，如图 11-18 所示。

图 11-18　产品宣传

图 11-19 所示为滴滴出行通过微信公众账号在春节期间推出的一次活动"打开车门就是家门"，解决了国民在春节期间回家难的问题。该活动通过长页的形式展示活动内容，整体颜色搭配以橘红、白色、黄色为主，内容上分为 4 个部分：活动主要内容、参与资格说明、奖品设置说明、其他说明，在页面顶端加入滴滴顺风车标示，接着是活动主题"回家是一种信仰、春节回家用跨城、加油券/免单等你拿"，紧接着是活动时间、主要内容、车主获得加油券的条件、乘客获得免单奖励内容，用图片和金额吸引用户，整个活动页面根据内容主次层层递进，促使用户进一步了解活动内容，达到最终的营销目的。

图 11-19　滴滴顺风车春节活动

其次是微博，以新浪微博为例。如图 11-20 所示，滴滴除"滴滴出行"外，还开通了"滴滴顺风车""滴滴快车""滴滴专车"等多个微博账号进行营销活动，所有的微博头像都以其 LOGO 为主，并且在左侧的信息栏中有公司名称和简介进行二次宣传。除此之外，滴滴也同时开通了地方微博，名称则是滴滴出行（专车、快车等）+地名，如"滴滴出行深圳""滴滴打车成都""滴滴打车西安"等。

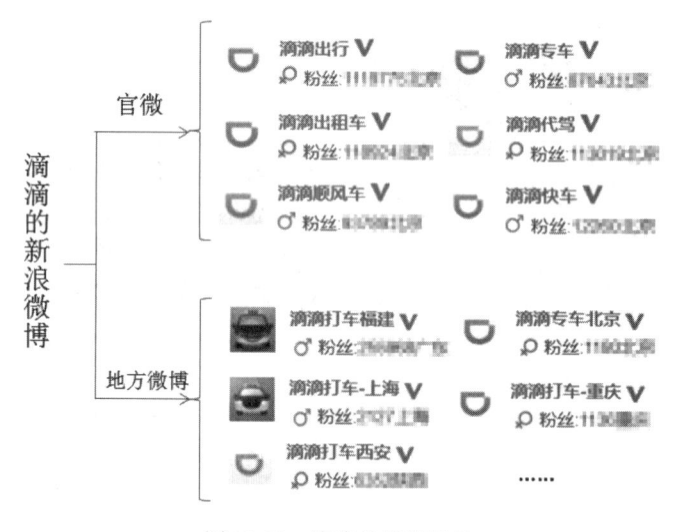

图 11-20　滴滴的微博账号

滴滴出行在微博中最主要的营销方式是赠送滴滴券和滴滴红包，滴滴出行在春节后发布了一条关于出行数据的微博："那些春节你不知道的，身边的大数据……"如图 11-21 所示，合理使用微博中 140 个字符的空间，文字简单明了地阐述了本次营销的目的。在中间位置加入 H5 的页面链接，并在后面加上红包，图片则是 H5 页面中的具体图文。在营销内容上大数据主要选择几个重要城市中不同交通工具每天的人流量，其中巧妙地嵌入自己的产品，让人们了解数据的同时加深对产品功能的认识。在用户浏览完整个数据后让用户领取滴滴红包，在红包页中滴滴出行不忘二次宣传——邀请好友得红包，每一步的文案与页面设计都紧紧抓住用户的眼球。

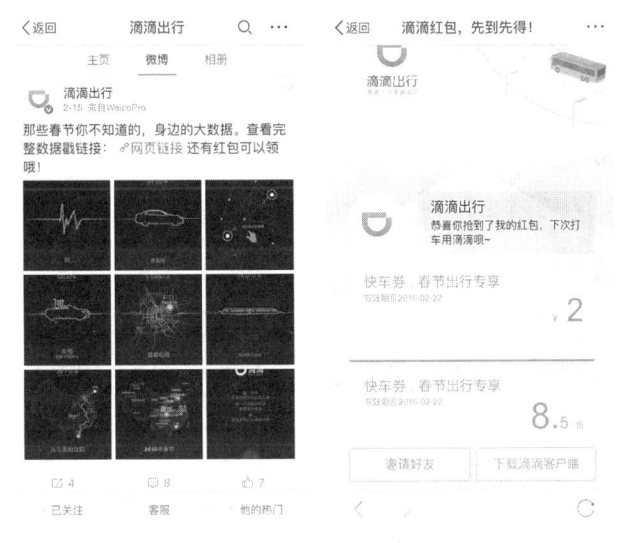

图 11-21　滴滴出行的微博营销

除此之外，滴滴出行还通过微博 App 应用市场发布滴滴出行 App，如图 11-22 所示，方便粉丝及微博用户下载。

图 11-22　滴滴出行的微博下载

不管是微信还是微博，都需要把控信息发送的时间，根据目标用户群体确定发送时间段，如微信公众账号基本在中午的 12 点左右和下午的 6 点以后，微博则主要集中在早上的 8 点左右、中午 11 点以后等。

滴滴出行作为一款融入到人们生活中的打车软件，悄无声息地将品牌理念植入到了我们日常常用的 App 中去，进一步笼络了消费者的心。例如，微博、微信上的滴滴红包活动就是典型的线上线下活动的完美结合，它既在网络上引发了高热度的事件活动，又在线下实施了相应的活动与之相互呼应，营造了全民狂欢、全民滴滴打车的良好营销氛围。

4. 其他媒体推广

滴滴出行通过搜狐、网易、新浪等新闻门户网站对滴滴出行进行软宣传，图 11-23 所示为一篇关于滴滴出行代驾业务拓展的宣传文。

图 11-23　滴滴出行的新浪新闻

滴滴出行通过知乎平台对 App 进行软营销，如图 11-24 所示，在知乎中创建"滴滴出行"的话题，提问或回答相关问题。

图 11-24　滴滴出行的知乎话题

除此之外，滴滴出行还通过创建百度百科、制作宣传视频等方式对 App 进行推广。

（二）线下渠道

滴滴出行在机场、车站、加油站等地方设立服务区，并结合线下的宣传和海报为司机免费安装 App，指导其使用。除此之外，滴滴出行还运用口碑营销，让用户将产品推荐给亲戚朋友使用，并获得打车券。

滴滴在全国多个主要城市正式推出上万座线下车站（见图 11-25、图 11-26），车站配备服务人员，帮助用户下载客户端，方便用户使用。

图 11-25　滴滴出行线下推广　　　　　图 11-26　上海的滴滴车站

滴滴与导航服务商飞歌共同推出双十一"滴滴&飞歌的女神御驾活动"的惊喜，如图 11-27 所示，出人意料的福利活动，在香车美女之余，还有 1111 现金相送，承包了广大打车一族全年的滴滴费。

图 11-27　滴滴与飞歌共同推出双十一"滴滴&飞歌的女神御驾活动"

滴滴与订房宝合作，如图 11-28 所示，滴滴打车方面准备了 50 万元的滴滴红包，向订房宝酒店用户免费发放。双方不仅通过线上微信发福利，同时线下也逐步尝试，以期面向酒店用户的大量品牌曝光。在以上真金白银的合作之外，双方还缔结了线下渠道互相推广的友好协定，滴滴打车将会在多个线下渠道为订房宝谋求展现，而订房宝将会通过滴滴打车覆盖更多的酒店用户。

图 11-28　滴滴与订房宝合作

滴滴出行 App 在高校推广，如图 11-29 所示，云地推整合 40 多家校园新媒体资源，通过多方面地推渠道推广滴滴出行红包，提升滴滴校园知名度，以及推广用户下载。

图 11-29　滴滴出行高校推广计划

2015 年春节临近时蒙牛与滴滴联合宣布启动战略合作，如图 11-30 所示，双方以 2015

年春节为契机，开展一系列打通线上线下活动。由此，蒙牛也成为国内首家与滴滴出行进行跨界合作的快消品企业，开启了传统企业与互联网企业跨界合作新模式。

图 11-30　蒙牛与滴滴联合宣布启动战略合作

单耳兔商城作为珠三角互联网领域最专业的消费服务型网站，集美食、网购、本地生活服务于一体，行业覆盖餐饮、酒店、旅游、休闲娱乐等领域。通过与滴滴的合作，单耳兔将深入到滴滴打车的粉丝群体中，为其提供优质的生活服务、更多实惠和便利。除此之外，单耳兔将和滴滴在品牌推广方面强强联手，在各自平台中进行品牌推广活动。单耳兔在滴滴打车"积分商城"中推出积分免费兑换茅台晓镇香酱香白酒活动，产品上线两天，兑换数量达到 3500 瓶，从中既体现了滴滴打车平台强大的用户群，同时也是晓镇香品牌产品广受消费者欢迎的一种体现。

图 11-31　单耳兔与滴滴携手

七天优品与滴滴出行开展了品牌合作活动，如图 11-32 所示。七天优品主要经营进口产品，全国门店覆盖率广，滴滴出行与七天优品的合作是线下推广的有力举措。

图 11-32　七天优品与滴滴出行的品牌合作

滴滴的线下合作多元化，除了自己建立线下服务点外，还利用合作双赢模式吸引拥有线下丰富资源的企业与之合作，达到多方合作、全面推广的目的。

滴滴出行这些推广渠道，无论是线上还是线下，无论是社交平台上的宣传，还是群体性的活动，无一例外地都非常重视消费者的体验，重视消费者的反馈，以消费者的口碑为主要的活动核心。不管是香车美女活动，还是抢红包、开门就是家活动，都是以消费者的生活需求、心理情感为出发点，创造各种消费者喜闻乐见的事件营销活动，从而精准地抓住消费者的心，因此得到了良好的口碑。

（三）App 应用市场搜索优化

应用市场优化分为安卓类商店的 ASO 优化和 App Store 优化，在这之前需了解 App Store 和安卓应用市场是如何排序搜索结果的。

如果用户搜索 iOS 的应用，App Store 会这样排序：名字→关键词→评分（几颗星）→评分（次数），如图 11-33 所示。

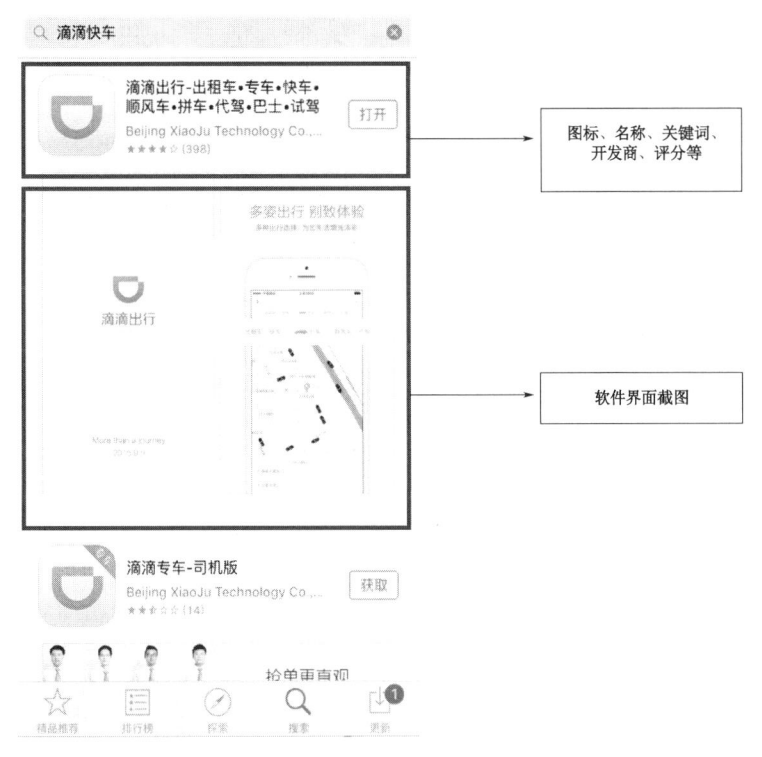

图 11-33　滴滴出行在 iOS 系统中的界面

如果用户搜索安卓应用，Google Play 会这样排序：名字→关键词→更多关键词→同类应用，如图 11-34 所示。

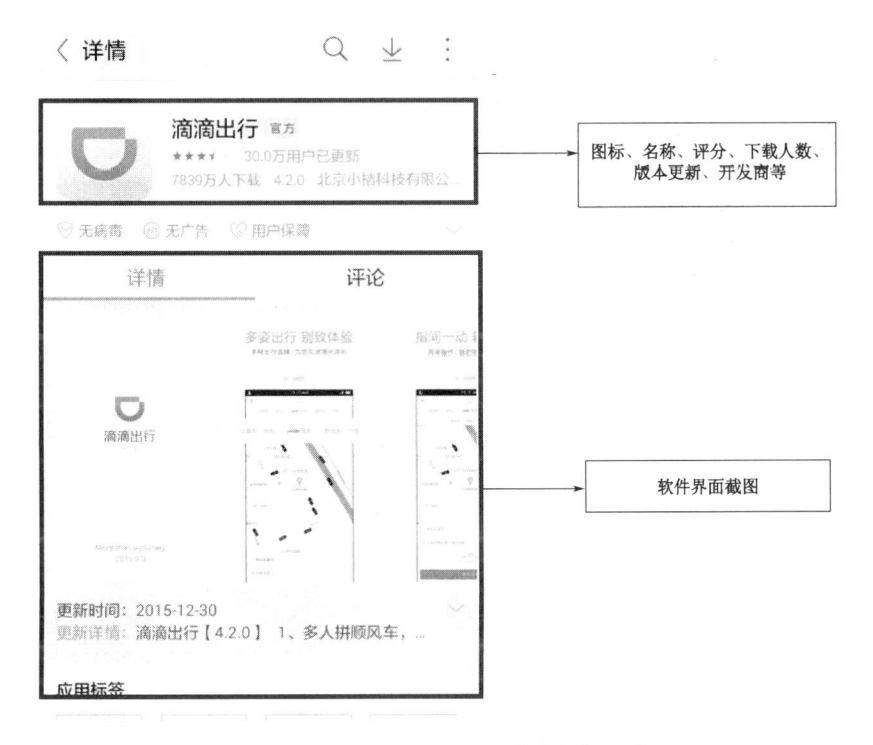

图 11-34　滴滴出行在安卓系统中的界面

清楚排序后需要了解 ASO 优化最终效果，如图 11-35 所示，在小米应用商店中搜索关键词"打车""专车"等，下拉列表中会出现"滴滴打车""滴滴专车"等与滴滴有关的关键词，并且在搜索页中有较好的排名。

图 11-35 关键词搜索

1. 安卓类商店的 ASO 优化

国内安卓市场比较多，各家的标准不一，各家的关键字、搜索结果往往有部分是运营来控制的，部分是销售售卖的，需要具体市场具体分析。

滴滴出行在安卓市场的优化主要表述为：热词优化、下载量优化、评论优化、产品等级优化、活动曝光、专题曝光、榜单曝光。

（1）热词优化主要在后台提交覆盖更多热词，主要是从产品名称、产品简介、关键词上去考虑，如"DIDI""滴滴""滴滴打车""滴滴顺风车"等，当然覆盖时要避免热词冲突风险。

（2）下载量优化主要是加强内部活动导流或者其他运营方式，如滴滴出行在临近春节时推出"滴滴打年货"活动，如图 11-36 所示，以短信或微信的形式将活动发送给朋友并推荐其使用会得到相应的打车优惠。

图 11-36　滴滴出行的活动引流

（3）评论优化主要是通过内部用户导评，提升评论评级。

（4）滴滴出行在产品等级优化上主要参与商店的策划活动，主动参与商店产品的开发分享等合作，同时增加产品等级积分，方便双方沟通操作。

（5）活动等曝光，多多占据商店的曝光位置，以及活动页面、专题页面、榜单等曝光量较大的位置，同样积极与应用商店的运营保持沟通，争取更多曝光位置。

2．App Store 优化

在 App Store 中滴滴出行主要针对关键词的权重（即关键词的排名）进行优化，就目前可优化的内容而言，主要包括名称、关键词、描述、评论，权重大小排序：名称>关键词>描述>评论。滴滴出行针对 App Store 商店的名称优化、关键词优化、描述优化、评论优化主要遵循以下原则。

（1）名称优化。

名称控制在 255 个字节之内，并充分利用所有字符，如图 11-37 所示，滴滴出行将关键词进行缩减，只保留产品名称。

在苹果审核日趋严格的大环境下，单纯的热词堆砌是行不通的，在用热词填充名称时需要保证语句的通畅以及无矛盾存在。

确保名称与关键词不叠加，如名称为滴滴出行，在关键词设置时应避开名称设为滴滴打车、滴滴拼车等，因为两者的权重无法叠加，如果在名称中出现，最好不要在关键词再出现，以免浪费字符。

名称可采用主标题加副标题的形式，主标题是 App 名，副标题介绍 App 的作用并提升核心关键词的权重，如滴滴出行－打车神器－全国第一家智能叫车系统。

图 11-37　滴滴出行的名称优化

（2）关键词优化。

关键词控制在 100 个字符以内（为 50 个汉字）。

无搜索排名、无热度的，并且分词没意义的，更新版本时删除。

大量分析竞品的关键词，比对热度，建立属于自己 App 的热词库，如图 11-38 和图 11-39 所示。

挑选 10 个竞品，按照热度降序，排名前 5 的竞品词可以放在关键词中。

热度	名称	热度	名称
6733	打车	6066	快的打车
5995	打车软件	4809	快的打车司机版
4736	打车软件司机版	4624	快的打车-司机版
4663	打车司机	4608	快的打车-打车神器
4622	打车app	4605	快的打车-专车出行
4610	打车司机版	4605	快的打车-出租车 专车 代驾 出行
4610	打车神器	4605	快的打车app
4606	打车-司机版	4605	快的打车乘客
4605	打车u	4605	快的打车乘客版
4605	打车司机端	1988	快的打车司机版(快的司机)

图 11-38　"打车"关键词热度

App 的运营与推广　项目十一

热度	名称
8746	滴滴出行
5242	滴滴出行司机版
4948	滴滴出行-出租车·专车·快车·顺风车·拼车
4663	滴滴出行app
4636	滴滴出行司机端
4623	滴滴出行-出租车·专车·快车·顺风车·拼车·代驾
4606	滴滴出行-出租车·专车·快车·顺风车·拼车·代驾·巴士
4606	滴滴出行企业版
4606	滴滴出行司机
4605	滴滴出行,买车,易车网,加油,优步,养车,汽车超人,违章查询,违章,汽车,汽车报价大全,洗车,查违章

图 11-39　"滴滴出行"相关关键词热度

（3）描述优化。

描述中包含 App 的特性和功能，并保证核心关键词以 8～12 的频次出现。

描述中对关键词进行补充（可以设置为长尾关键词），关键词的权重和描述的权重是可以叠加的。滴滴出行的描述如图 11-40 所示。

图 11-40　滴滴出行的描述

241

（4）评论优化。

2014年下半年苹果对刷榜行为进行了严打，下载量和评论的权重被逐步调低。即使评论的权重被相应调低，但依旧是比重很高的一项，催生出现在的真实账户评论的业务。滴滴出行在用户使用软件后促使用户进行真实评论，同时公司运营也会进行评论，在评论之前写好评论，如果想重点优化某些关键词，可让这些关键词在每条评论中频繁出现，这样操作对关键词排名的提升有很大帮助。

三、App 运营与推广的效果分析

滴滴出行在 App 推广过程中对于关键词排名、榜单历史排名、每日评论数、下载量等数据进行了统计分析，来实时监测推广的效果。

首先是关键词。如图 11-41 所示，通过 App 数据查询工具查询滴滴出行 2015 年 12 月相关关键词的排名情况，通过各种方式的推广和优化，核心关键词在搜索排名中都占据着重要位置，基本上都在前 5 名。

其次是榜单历史排名。如图 11-42 和图 11-43 所示，可以看到滴滴出行在苹果端的总榜和分类榜中近 3 个月和不同时段的历史排名情况，可以看出滴滴出行的排名为上升趋势（数据来源：http://www.ann9.com）。

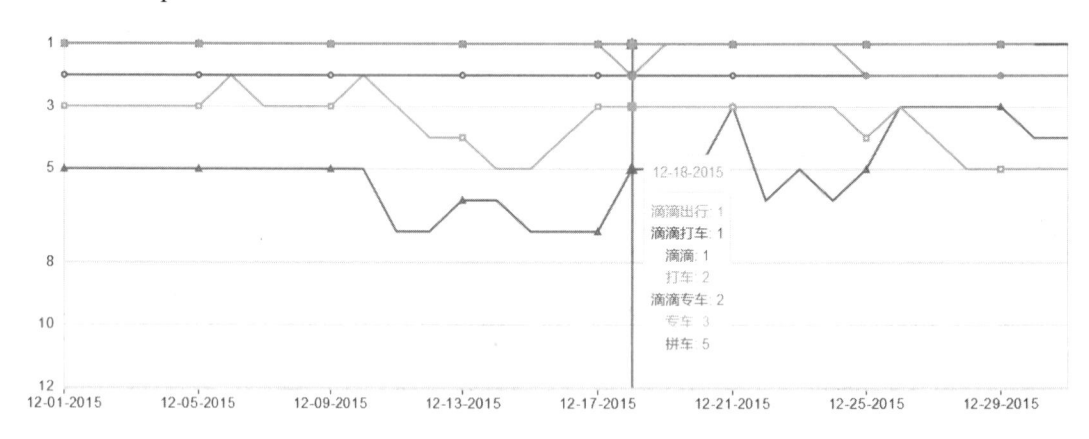

图 11-41　滴滴出行的关键词排名

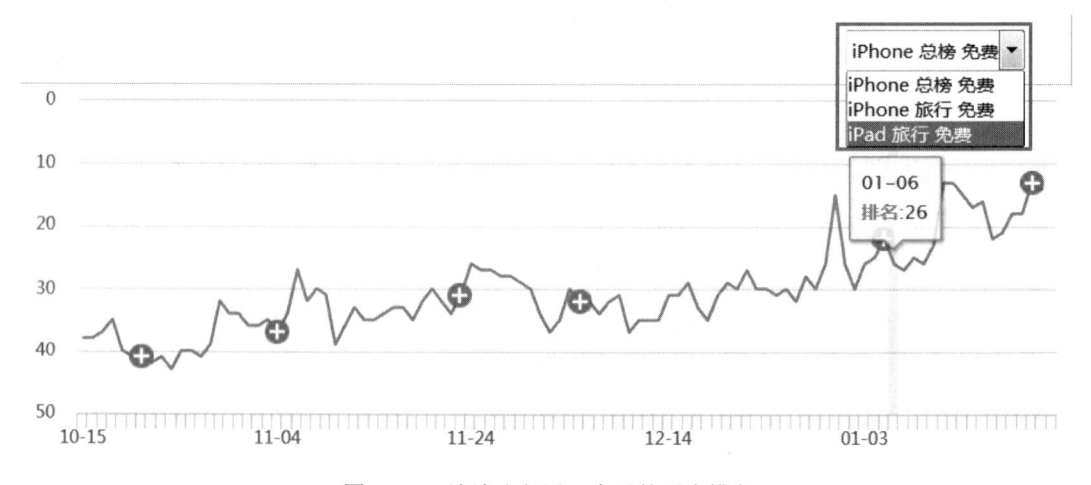

图 11-42　滴滴出行近 3 个月的历史排名

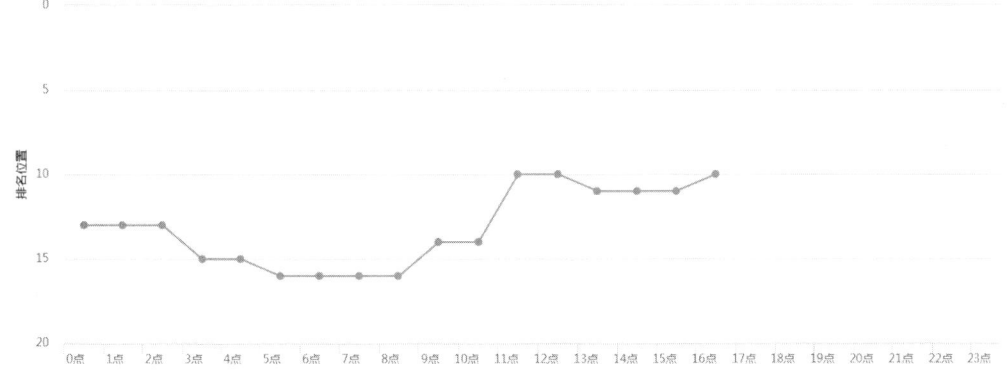

图 11-43 滴滴出行时段排名趋势

再次是评论分析。如图 11-44 所示，滴滴出行的评论有正面评论也有负面评论，从图中可以看出虽然正面大于负面，但滴滴出行仍需加强对产品的优化与更新，将负面评论降到最低。

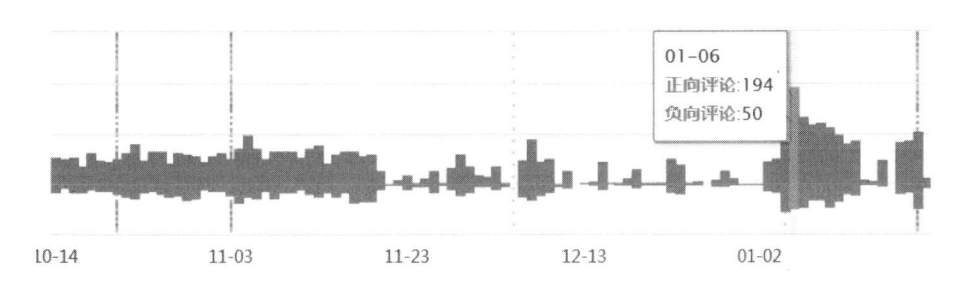

图 11-44 滴滴出行的评论数

最后是 App 的下载量分析，如图 11-45 所示，滴滴出行选择具有代表性的平台进行统计分析，如 360、百度、应用宝等，从图中可以看出滴滴出行在近一个月的下载量呈上升趋势，就应用宝市场而言，每天的下载增长量在 10 万以上。

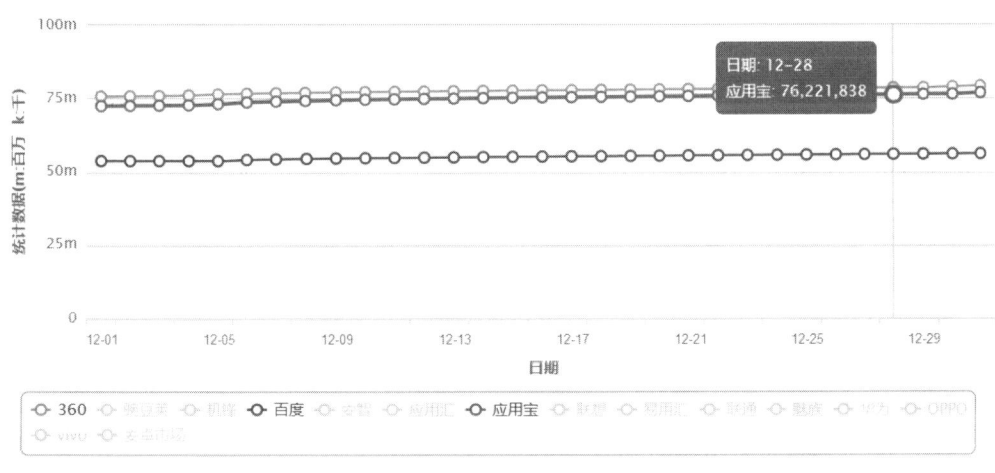

（单击市场名称，显示/隐藏曲线）

图 11-45 滴滴出行 App 的下载量分析

从以上数据可以看出滴滴出行的推广效果较为显著，不管是关键词排名、评论质量、还是历史排名都具有显著提升，滴滴出行在营销方面接下来要做的工作就是在维持各项数据上升的同时进一步完善新增关键词的优化排名、降低负面评论等。

模块二 相关知识

一、影响 App 搜索排名的五大因素

每一个应用开发软件在各大安卓应用市场上架后，都希望被更多用户快速、准确地找到并下载，因此更靠前的搜索排名就显得至关重要。例如，"窝牛装修"这款 App，希望在查询"装修"这个关键词时 App 的排名能够更靠前。经过近半年的数据优化和跟踪分析，"窝牛装修"目前已经获得各大安卓市场前 5 位的"装修"搜索排名。在这个过程中总结出影响安卓应用市场搜索排名的五大因素。

（一）Meta 信息

Meta 信息包括应用的标题、描述、关键词，目标关键词在上述 Meta 信息中出现的频率越高、位置越靠前，对搜索排名越有利。例如，在 360 手机助手上搜索"装修"，排名前 3 位的应用在标题、描述中都包含"装修"这个关键词，并且在搜索结果中都会有红色字体标出，方便用户更好地识别。

（二）下载量

下载量比较重要，因为下载的用户越多，说明 App 越受欢迎，应用市场对 App 的评级也会越高。提升下载量的方式有多种，如购买应用商店的广告推荐位、进行应用市场 App 数据优化、通过新媒体（微博、微信）策划营销活动鼓励用户到指定的应用市场进行下载试用。

（三）用户评论

点星、五星好评，用户评论一直是大家比较关注的因素，虽然量不大，但往往对转化率起到决定性作用。一般拥有好评和差评的应用在相同位置可达 30%的差距，因此，定期鼓励用户进行评论是非常有必要的，同时，也可以根据评论中用户提出的问题进行及时回复和优化。

（四）应用资质

是否具备官方版、优质应用、安全、无病毒、无广告、MTC（百度移动云测试中心）等多种资质认证也是重要的影响因素之一。在应用上传的时候，应该尽可能多地提交材料并通过各种认证，更多的资质认证能让用户获得更多的认同感，同时有些安卓应用市场（如豌豆荚）对认证看得比较重，排名靠前的 App 都是认证得比较全面的应用。

（五）版本更新

对应用市场来说，经常更新版本的应用将会获得更好的评级，考虑到应用市场审核应用一般需要 1~2 个工作日，而周六、周日是用户下载应用的高峰，所以建议每周四、周五进行版本更新比较好。

当然，影响安卓应用市场搜索排名的因素不只是这些，还包括应用的图标、截图、分类、产品、上架时间等，搜索排名的优化也不是一朝一夕能够完成的，建议制定长期（3~6 个月）的排名优化方案，有条不紊地进行操作，搭配其他 App 推广方式进行组合式营销。

二、App 运营与推广后的有效措施

（一）多方合作

1. 渠道合作

渠道合作首先是主流应用商店市场首发，如 360 手机助手、百度系、小米、华为等。配合首发申请相关下载有礼专区活动，或者自家新媒体做造势进行活动宣传，以通过首发及活动达到目标效果最大化。其次是申请应用商店与产品相关的主题推荐。最后是换量或资源互换合作，产品在推广前期没有用户量时为对方产品在网盟买量，或者通过其他自身资源来合作。根据对方的具体情况具体分析。

2. CP 合作

CP 合作包括换量合作、活动合作、产品合作等。换量合作主要表现为互换资源，在应用推荐位置 Banner 等进行互推；活动合作是对方或我方提供奖品进行节日或话题借势做活动合作，推广形式可以是把产品及双方新媒体公共账号一起推；产品合作，根据用户反馈及需求，可以在产品迭代丰富自身功能的前提下，把用户急需的功能加入到产品中来，给合作方带流量，并且让对方给自己带量。

（二）产品自身优化

App 优化主要分为搜索引擎优化及应用市场优化，搜索引擎优化包括百度、好搜的 SEO、SEM 等；应用市场优化包括 ASO、MSO（媒体搜索优化）。

（三）App 营销数据统计

通过 App 营销数据统计我们可以了解哪个推广效果最好，哪个渠道最有利，哪类活动最能吸引用户，使工作取得更好的效果。

在 App 运营推广过程中，下载量、用户数、留存率、转化率、活跃用户数、活跃时长是很多公司作为数据指标的一个考核，也是进一步改进优化工作的一个依据。

当然，产品阶段的不同，关注的数据指标肯定不同。例如，App 初期，应更加关注下载量和用户数。App 上线之后，需比较关注活跃用户、留存率、转化率等数据。所以，运营阶段的不同，所关注数据的侧重点也会有所不同。

三、App 数据统计工具

目前，市场上的 App 数据统计分析工具比较多，比较出名的有友盟+、百度移动统计、Talking Data 等移动统计工具。

（一）友盟+

友盟+是全球领先的第三方全域大数据服务提供商，2016 年年初由友盟、CNZZ、缔元信•网络数据 3 家国内顶尖的大数据公司合并而成（见图 11-46）。

友盟+集 3 家公司的优势于一身，通过全面覆盖 PC、手机、传感器、无线路由器等多种设备数据，打造全域数据平台。它秉承独立第三方的数据服务理念，坚持诚信、公正、客观的数据信仰，为客户在基础统计、运营分析、数据决策和数据业务 4 个方向提供数据产品和服务，帮助企业缩减运营成本、提高运营效率，从而促进整个数据产业链高效有序地发展。

图 11-46 友盟+

截至 2016 年第一季度，友盟+每天可触达全球独立互联网活跃用户数超过 9 亿，每天收集线上线下各类应用场景的数据 200 多亿条，其中网页数据 120 多亿条，移动 App 数据 80 多亿条。总数据量达 20PB 以上，服务 App 应用接近 100 万款，服务大中小型网站共计近 500 万家网站（友盟+官网：http://www.umeng.com/）。

（二）百度移动统计

百度移动统计是百度公司继成功推出"百度网站统计"工具之后，又一次顺应移动互联网大潮，推出的基于移动 App 统计的分析工具（见图 11-47）。

自 2012 年 4 月上线以来，百度移动统计一直秉承着百度"简单可依赖"的精神，为开发者提供专业、免费、高效的移动统计分析服务，每天处理会话请求超过 10 亿次。独创的"六大分析"，支持 iOS 和安卓两大平台，全面帮助移动开发者实现数据化、精细化运营。百度移动统计快速迭代，已经孵化出统计分析、开发工具、营销推广等多种服务类型，从开发到运营到推广，为开发者提供真正意义上的"一站式"服务（百度移动统计官网：http://mtj.baidu.com/）。

（三）Talking Data

Talking Data 是近期新出现的一个移动应用统计分析平台（见图 11-48），作为移动应用统计领域的"新生事物"，Talking Data 有着自己独特的一套统计分析体系。例如，对于留存用户和渠道分析，Talking Data 已经提供了完整的支持，虽然在渠道分析功能上尚有不足，但不难看出 Talking Data 在产品设计方面确有独到的见解（Talking Data 官网：http://www.talkingdata.com/）。

图 11-47　百度移动统计

图 11-48　Talking Data 移动数据统计工具

Talking Data 的所有统计分析都被安置在用户和使用、参与度分析、渠道统计和自定义事件这 4 个大的分类中，这一点与其他统计分析平台有很大区别，而这 4 个分类恰好是由浅入深，从基本数据统计到深入数据分析这样的一个流程，这应该是由 Talking Data 对移动应用数据分析的理解而产生的产品设计。

同步训练

一、实训概述

本次实训为 App 运营与推广实训，学生通过本项目的学习，要能够完整分析 O2O 模式下的移动互联网产品——58 到家。在了解该产品背景之后，通过互联网搜索、亲身体验以及相应的工具对产品的营销进行分析，其中包括 App 营销策划、App 推广实施、App 应用市场搜索优化、App 推广数据分析等，从而掌握 App 的运营推广方法及技巧。

二、实训环境

1．配有计算机和互联网的实训室。

2．智能手机实训设备。
3．App 数据分析工具，如应用雷达、百度移动统计等。

三、实训内容

学生分组，并选出各组组长，以小组为单位进行实训操作。

任务一 App 营销策划

学生根据提供的互联网产品，详细说明该产品在上线前、正式上线、上线后的主要工作，并完成下表。

产品受众	该产品的受众是谁
竞争对手	该产品的竞争对手有哪些
推广手段	该产品在不同阶段的推广手段有哪些
数据监控	在后期数据监控中需要监控哪些数据

任务二 App 推广实施

学生通过线上和线下搜索，汇总出 58 到家的推广手段，并完成下表。

营销手段	具体渠道	
线上	不同的应用市场	不同市场发表的截图
	微博	截图
	微信	截图
	新闻	截图
	论坛	截图
	……	
线下	传单	截图
	易拉宝	截图
	……	

任务三 App 应用市场搜索优化

步骤 1：学生在不同市场上搜索 58 到家相关关键词，并对关键词进行汇总，阅读产品介绍，清楚关键词分布，并观察其评论、图标、标签等信息，做详细记录。

步骤 2：完成以上内容后填写下表。

安卓应用市场	在该市场中主要有哪些内容需要着重优化
App Store 优化	确定产品在该市场搜索优化的内容有哪些

任务四 App 推广数据分析

步骤 1：学生使用数据统计工具，如应用雷达，搜索产品信息，在搜索框中输入"58 到家"（会出现很多关键词，对这些关键词进行汇总并尝试在不同平台搜索），单击进入，搜索数据。

步骤 2：学生对该产品的营销数据进行统计，具体包括下载量、每日新增用户、评论数等，并对营销效果进行简单分析。

参 考 文 献

[1] 李国建．移动营销．北京：机械工业出版社，2015．
[2] 李国建．移动营销——企业快速转型与升级秘笈．北京：机械工业出版社，2015．
[3] 谢晓萍．微信力量．北京：机械工业出版社，2015．
[4] 王红蕾．移动电子商务营销．北京：机械工业出版社，2015．
[5] 冯英健．网络营销基础与实践．北京：清华大学出版社，2013．
[6] 商玮，段建．网络营销．北京：清华大学出版社，2012．
[7] i 博导．http://www.ibodao.com．
[8] 微盟．http://www.weimob.com．
[9] 人人都是产品经理．http://www.woshipm.com．
[10] 鸟哥笔记．http://www.niaogebiji.com．
[11] App 营．http://www.appying.com/．
[12] 百度开发者中心．http://developer.baidu.com/．
[13] 互联网的那点事．http://www.alibuybuy.com/．
[14] 钛媒体．http://www.tmtpost.com/．